EU통상정책 특수문제연구 I

EU통상정책 특수문제연구 I

변재웅 | 이로리 공저

계명대학교 출판부
Keimyung University Press

머리말

한국-EU FTA의 타결과 리스본조약의 발효 등으로 새롭게 변화된 EU에 대한 관심이 높아졌고, 이와 함께 관련 전문서적에 대한 수요도 학계와 산업계에서 증가하고 있다. 'EU통상정책 특수문제연구 I'은 이러한 EU연구의 중요성을 인식하고, EU통상정책에 있어 국제통상 및 법적 측면의 최신 동향과 다양한 사례를 제공하는 전문도서로서 집필되었다.

본 저서는 공동저자들이 그동안 각자의 전문 분야에서 발표하였던 관련 논문 및 수행한 정부연구용역의 보고서에 기초하여 2009년 이후의 EU통상정책 및 통상법의 변화를 대폭 수정, 연구하여 새로이 출간한 것으로서, EU통상정책(제3장, 제4장, 제5장, 제9장, 제10장, 제11장)은 국제통상학과 변재웅 교수가 EU통상법(제2장, 제6장, 제7장, 제8장)은 법학과 이로리 교수가 각각 집필하였다.

본서에서는 EU통상정책 및 통상법의 특수문제로서 최근 유럽연합(EU)의 확대 및 발전, EU통상정책의 결정과정 및 무역장벽규제(TBR), 무역구제제도 (반덤핑, 상계관세, 세이프가드제도), EU의 환경 및 투자유치정책, 한국-EU FTA 등 주요 이슈를 분석하였다. 특히, 제2장 EU의 확대 및 발전은 2009년 12월 발효된 리스본조약에 의한 EU의 법적, 기관 측면의 변화 및 통상적 시사점을 구체적으로 반영하였고, 제3장에서는 EU조약 및 EU 기능조약상의 공동통상정책 결정기관, 관련 기관들의 관할권 및 한계, 관련절차 등을 일본제도의 변화와 함께 반영하였다. 제4장, 제5장에서는 EU의 일방적 무역장벽규제(TBR) 제도와 미국의 무역장벽규제제도(301조)에 대해 비교법적으로 분석하였다. 제6장의 반덤핑제도, 제7장의 상계관세제도, 제8장의 세이프가드제도에서는 2009년 발효된 개정이사회규칙들을 중심으로 관련 제도를 기술하였다. 그리고 제9장, 제10장, 제11장에서는 EU의 환경정책과 최근 영국의 투자유치사례, 한-EU FTA에 대해서 각각 최근 동향을 각각 반영하여 분석하였다.

EU 통상정책 관련 전문서적의 출간을 기쁘게 생각하며, 그 동안 저자들의 학문적 성장을 격려해 주신 최상호 부총장님, 류건우 학장님, 김정수 동아대학교 교수님 (한국무역학회 회장), 이종원 수원대 교수님 (前 한국유럽학회 회장), 박노형 고려대학교 법학전문대학원 교수님 (前 한국국제경제법학회 회장) 등 여러 교수님들, 그리고 출판에 도움을 주신 계명대학교 출판부에게 감사의 인사를 드린다. 끝으로, 저자들의 연구 활동을 늘 지지해주고, 격려해 주는 사랑하는 가족들에게도 감사의 마음을 전한다.

2010년 8월 23일, 처서.

아름다운 계명대학교 성서 캠퍼스에서

저자 일동

목 차

제10장 EU 해외투자유치 사례: 영국의 투자유치정책

제11장 한-EU FTA

제 1 장

서 론

제1장 서론

한국-EU FTA의 타결과 리스본조약의 발효 등으로 새롭게 변화된 EU에 대한 관심이 높아졌고, 이와 함께 관련 전문서적에 대한 수요도 학계와 산업계에서 증가하고 있다. 'EU통상정책 특수문제연구 I'은 이러한 EU연구의 중요성을 인식하고, EU통상정책에 있어 국제통상 및 법적 측면의 최신 동향과 다양한 사례를 제공하는 전문도서로서 집필되었다.

제2장은 유럽연합(EU)의 확대 및 발전을 분석한다. 1952년 출범한 6개 유럽 국가들의 석탄철강공동체(ECSC)에서 시작된 유럽통합의 역사는 2004년과 2007년의 EU확대 그리고 2009년 12월 발효된 리스본조약에 의하여 지역적으로 보다 확대되고 내용적으로 심화된 국제법적 법인격을 갖춘 지역공동체로서의 EU로 발전하였다. 특히 리스본조약은 확대된 EU가 대내적으로는 보다 효율적이고, 민주적으로 기능하며, 대외적으로는 일관성 있게 기능하게 할 목적으로 채택되었다.

그러한 목적에서 동 조약에 따라 EU의 지위 및 EU의 관할권 및 기관의 변화들이 채택되었는데, 그러한 변화들 가운데 주목할 점은 먼저, EU가 국제법상 법인격을 갖추게 됨으로써 향후 통상관계에서의 국제협상 및 조약의 체결 등과 같은 대외적 활동을 EC가 아닌 EU의 이름으로 할 수 있게 되었다는 점이다.

둘째, EU의 권한의 종류 (EU의 배타적 권한, 회원국들과 공유되는 권한 및 EU의 보완적 권한) 및 한계가 분명하게 정의되었다.

셋째, EU의 외교정책 및 대외관계 부분이 EU의 대외적 활동이라는 새로운 제목으로 편입되었고, 대외적 활동을 규율하는 원칙의 적용을 받게 되었다. EU의 통상정책, 제3국과의 경제, 재정 및 기술협력 등도 EU의 대외활동에 포함되므로, EU조약 및 EU기능조약상의 대외활동을 규율하는 원칙의 적용을 받게 되었다.

넷째, EU의 대외관계에서 EU를 대표할 수 있는 유럽이사회의 상임의장직과 EU외교안보정책고등대표직이 신설되어 대외관계에서 일관성 있는 정책의 수립 및 추진이 가능하게 되었고, 유럽대외활동서비스가 신설되어 관련활동에 있어 EU와 회원국들과의 협력의 기반이 마련되었다.

다섯째, EU의 대외활동에 있어서 유럽의회의 역할이 보다 확대되었다. 특히 EU가 제3국과 무역협정을 협상하거나 체결하는데 있어 유럽위원회가 공식적으로 그리고 정기적으로 협상의 진전 상황을 유럽의회에 보고할 의무를 갖게 되었으며, 유럽의회는 모든 통상조약의 체결에 대한 동의권을 갖게 되었다. 통상조약의 협상 및 체결뿐만 아니라 무역구제제도 등과 같은 EU통상정책의 결정에 있어서 유럽의회가 보다 강화된 권한을 행사할 수 있게 됨에 따라 EU와 교역하는 국가들이 EU와의 통상 문제에 대응하는데 있어 유럽의회의 동향 등을 면밀하게 분석하여야 한다.

제3장은 EU 통상정책 결정과정에 대한 비교법적 연구이다. 본 장에서는 EU · 미국 · 일본의 통상정책 결정과정의 특징과 EU · 미국 · 일본의 통상정책 결정과정의 비교 및 시사점을 주로 분석한다. 제 3장에서는 EU조약 및 EU 기능조약상의 공동통상정책 결정기관, 관련 기관들의 관할권 및 한계, 관련절차 등을 일본제도의 변화와 함께 반영하였다. 특히 최근 EU의 확대 및 발전은 2009년 12월 발효된 리스본조약에 의한 EU의 법적, 기관 측면의 변화 및 통상적 시사점을 구체적으로 반영하여 분석한다.

WTO 체제의 출범으로 세계는 국경 없는 교역을 추구함에 따라 세계경제의 통합과 생산의 국제화 추세가 확대되고, 개별국가의 국내규범에 따른 자율적인 통상정책의 변화는 과거와는 달리 교역 상대 국가들에게 매우 민감한 영향을 주고 있다. 또한 최근 선진국을 중심으로 상호협력을 강화하고, WTO의 뉴 라운드 추진을 통한 자국 관심분야에 대한 국제적 규범을 마련하고자 노력을 경주하고 있는 실정이다.

일국의 통상정책은 대외 경제정책의 일부로서 외국과의 교역활동을 규제하는 제반 정부시책을 의미한다. 이러한 통상정책이 추구하는 궁극적인 목적은 고용증진, 산업발전, 국제수지균형 등을 통하여 자국의 경제적 이익을 극대화하는 것이라고 할 수 있다. 통상정책은 각국의 경제발전단계, 산업구조, 대외경제여건 등 여러 상황을 반영하며, 통상정책의 결정은 다양한 정책담당기관, 국내산업 및 여러 계층의 이해관계와 세력에 따라 그 기본방향이 결정된다고 할 수 있다. 따라서 국가간・기업간 경쟁의 첨예화, 개방화・세계화 시대에서는 경쟁력 증진의 하나의 방편으로 효율적인 통상정책이 요구되며, 동시에 각국의 통상정책 결정체계의 이해가 우선 필요하다.

각국의 통상정책 결정 메카니즘의 차이에 관한 연구는 외국의 통상압력의 원인 규명과 앞으로의 통상분쟁에 대한 대책을 강구하는데 도움을 줄 수 있어 한국에 시사하는 바가 크다. EU는 최근 리스본조약 이후, 일본은 2001년 모리 정부 이후 내각 통폐합에 의해서 관련 기관의 변경이 있었는데 이를 분석한다.

제4장은 EU의 일방적 무역장벽규제(TBR) 제도를 분석한다. 많은 국가들은 반덤핑, 반보조금 정책, 긴급수입제한조치 등을 자국의 기업, 산업 등 역내 시장을 보호하기 위한 정책 수단으로 활용하고 있으며, 역외국 시장에 대한 접근을 보다 적극적으로 추구하기 위하여 미국의 통상법 301조, 유럽의 TBR(Trade Barriers Regulation)과 같은 일방적 무역규제수단을 보유하고 있다. 일방적 무역규제란 한 국가가 다른 국가의 무역관련 제도 및 활동과 관련하여 자의적인 판단 하에서 관세 및 비관세 조치를 통하여 보복을 가하는 일종의 규제조치이다. 일방적 무역규제조치가 WTO에서 엄격히 금지되어 있음에도 불구하고 실제로 주요 선진국에서 제도화하고 있으며 또한 자주 사용되어지고 있어 국제통상의 주요 이슈로 거론되어 왔다. 선진국들은 다자간 규범의 불충분성을 자국의 일방적 제재수단으로 보완하려는 의도를 갖고 있다.

EU의 경우, 로마조약에 의해 공동통상정책에 대한 권한을 확보하고 반덤핑 및 상계관세에 관한 규칙을 채택하여 역외 공동관세 부과, 역외국가의 덤핑이나 보조금에 의한 역내수출에 대한 공동체차원의 대응을 시도하였다. 하지만 불공정무역에 대한 법적 대응수단에 대하여 운영의 복잡성, 소요기간의 장기성 등의 문제점과 EU의 경쟁력 약화로 인해 공동체차원의 대응이 미흡하였다.

결국 EU는 외국기업의 불공정 무역관행으로부터 역내기업을 보호하고 동시에 제3국 시장에서의 불공정경쟁으로 인한 EU 기업을 보호하기 위해 기존의 통상정책을 강화할 필요성에 따라 1984년 신통상정책수단(NCPI: New Commercial Policy Instrument)을 마련하게 되었다. NCPI의 주된 목적은 통상이익을 최대한 확보하는데 있었다. 하지만 NCPI는 증가하는 제3국에 의한 통상장벽에 유효하게 대처하지 못하여 1995년 WTO 체제하의 공동체 권리의 실현을 보장하기 위한 절차를 규정하는 무역장벽수단(TBR)으로 수정・보완되었다.

EU는 한국에 대하여 1998년 화장품 수입 관련 제도, 1999년 의약품 관련 제도와 관행, 그리고 2000년 한국 조선업계의 불공정 관행 문제로 세 차례에 걸쳐 TBR 절차를 개시하였다. 일례로 한국-EU간의 조선분쟁은 WTO 분쟁절차상 유례없는 대형 사안이었다. 따라서 국제통상에서 EU의 일방적 무역규제수단인 TBR의 중요성이 증대되고 있다.

이어서 제5장은 EU와 미국의 무역장벽규제제도에 대한 비교법적 연구이다. 미국의 일방적 무역규제 수단인 301조는 일반 301조, 슈퍼 301조, 스페셜 301조 등으로 구성되는데 그동안 대외개방 압력수단으로 활용하고 있다. 일례로 한국을 포함하여 미국 시장의존도가 높은 국가들을 상대로 쌍무협상을 통하여 그 동안 자동차, 보험, 그리고 지적재산권보호 등의 분야에 관련 통상법 301조를 적용하였다. WTO, FTA 등 국제통상환경의 변화에 따라 한국측의 대응전략을 마련하기 위하여 주요 교역 상대국인 미국과 EU의 일방적 무역규제수단에 관한 체계적인 연구가 필요하다. 제 5장은 이러한 맥락에서 미국과 EU의 일방적 무역구제수단의 특징과 한국적용 사례분석을 통하여 양 제도를 비교・분석한다.

제6장은 EU의 무역구제제도 중 하나인 반덤핑(anti-dumping)제도를 분석한다. EU의 반덤핑제도는 EU공동통상정책의 일부이므로 반덤핑조사의 개시 및 조치의 부과 결정은 EU 27개 회원국의 개별적인 결정이 아닌 EU차원에서 이루어진다. EU반덤핑제도의 법적 근거는 2009년 12월 23일 발효한 이사회규칙 1225/2009로, 동 이사회규칙은 기존에 존재하던 이사회규칙 384/96을 대체한다.

EU가 수입품에 대하여 반덤핑조치를 발동하기 위해서는 상기 이사회규칙상의 실체적, 절차적 요건을 충족하여야 한다. 반덤핑조치를 부과하기 위한 실체적 요건으로는 (1) 덤핑의 존재, (2) 덤핑된 수입품에 의해 동종상품을 생산하는 국내 산업에 초래된 실질적 피해(material injury) 또는 그러한 피해의 위협, (3) 덤핑과 피해간의 인과관계 그리고 (4) 공동체 이익(community interests)에 대한 결정이 요구된다. (1)-(3)의 요건이 충족된다 하더라도 반덤핑조치의 부과가 공동체의 이익에 부합하지 않는 것으로 판단되는 경우, 반덤핑조치가 부과되지 않을 수 있다.

반덤핑조치 부과의 실체적 요건이 충족된 경우라 하더라도 반덤핑조사의 절차상 흠결이 있는 경우 동 조치를 부과할 수 없다. 반덤핑조사개시는 반덤핑조사 신청에 의해 이루어지는데, 반덤핑조사는 개인, 법인 또는 공동체산업을 대표하여 행동하는 법인격 없는 조합의 서면신청에 의해 이루어진다. 서면신청은 덤핑, 피해 그리고 주장되는 덤핑과 피해간의 인과관계에 관한 증거를 포함하여야 한다. 반덤핑조사는 동종상품을 생산하는 공동체 생산자에 의해 표명된 조사신청에 대한 지지 또는 반대의 정도를 검토하여 그 신청이 공동체산업을 대표하여 이루어진 것이라는 결정이 난 후에 개시된다.

반덤핑조사에 대한 지지 또는 반대를 표명한 공동체 산업이 동종상품의 총 생산 중 50%이상을 구성하는 공동체 생산자에 의해 동 신청이 지지되면 그러한 신청이 공동체산업에 의하여 또는 공동체산업을 위하여 이루어진 것으로 간주된다. 그러나 동 신청을 지지하는 공동체 생산자가 공동체 산업이 생산하는 동종상품 총 생산의 25% 미만인 경우에는 반덤핑조사가 개시되지 않는다. 각 회원국 대표로 구성되고, 유럽위원회 대표가 의장인 자문위원회가 조사신청을 검토한다. 자문위원회와의 협의 후 절차의 개시를 정당화하는 충분한 증거가 있음이 분명한 경우, 유럽위원회는 신청서가 접수된 45일 이내에 절차를 개시하고, 관보인 OJ(Official Journal)에 조사의 개시를 공고하여야 한다.

반덤핑조사는 유럽위원회가 회원국과 협력하여 EU차원에서 수행 되는데, 동 조사는 덤핑과 피해에 대한 조사를 포함하며, 그러한 조사는 동시에 이루어져야 한다. 덤핑의 조사기간은 절차 개시 전 보통 적어도 6개월의 기간을 포함하는 기간으로 선정되어야 하며, 유럽위원회가 관련 당사자에게 질의서를 발송하고, 관련 당사자가 60일 이내에 질의서에 답변하여야 한다. 유럽위원회가 관련 당사자들의 답변을 수령한 후 관련 공무원들이 조사를 수행한다. 관보에 공고된 기간 내에 이해 당사자가 공청회를 서면으로 요청한 경우, 의견진술의 기회를 부여하여야 한다.

반덤핑조사는 1년 이내에 종결되어야 하고, 어떠한 경우에도 그러한 조사는 가격약속의 결정 또는 확정조치의 결정에 따라서 조사 개시 15개월 이내에 종료되어야 한다. 유럽위원회는 자문위원회의 회원국들과 협의한 후 잠정조치를 취할 것인 지 여부 또는 절차를 종료시킬 지 여부 등을 결정할 수 있다. 잠정조치는 덤핑 및 그로 인한 피해가 존재한다는데 대한 유럽위원회의 예비적 긍정결정이 내려지고, 공동체의 이익이 그러한 피해를 막기 위하여 즉각적인 개입을 요구하는 경우, 조사대상 수입품에 부과 되는 잠정반덤핑관세를 의미하는데, 유럽위원회는 자문위원회와 협의 한 후 또는 긴급한 경우에는 회원국들에게 통보한 후 잠정조치를 취할 수 있다. 후자의 경우 동 조치에 대한 통보가 회원국들에게 이루어진 날로부터 10일 이내 협의를 하여야 한다.

잠정반덤핑관세는 잠정적으로 확정된 덤핑마진을 초과할 수 없으며, 보다 낮은 관세가 공동체 산업에 대한 피해를 제거하는데 적절하다면 덤핑마진보다 낮게 부과될 수 있다. 잠정반덤핑관세는 6개 월 동안 부과될 수 있으며, 추가로 3개월 연장되거나 9개월의 기간으로 부과될 수 있다. 이사회는 최종적으로 확립된 사실이 덤핑과 그로 인한 피해가 있음을 입증하고, 공동체 이익이 개입을 요청한다고 판단하는 경우, 해당 수입품에 대하여 확정반덤핑관세를 부과할 수 있다.

유럽위원회가 자문위원회와 협의 한 후 제출한 제안에 대하여 제안일로부터 1개월 이내에 이사회가 단순다수결로 동 제안을 거절하기로 결정하지 않은 한, 유럽위원회의 제안은 채택된다. 잠정반덤핑관세가 발효 중인 경우 확정반덤핑관세에 대한 제안은 동 잠정반덤핑관세의 만료 전 적어도 한 달 전에 제출되어야 한다. 잠정반덤핑관세와 마찬가지로 확정반덤핑관세는 덤핑마진을 초과할 수 없으며, 보다 낮은 수준의 관세가 공동체 산업에 대한 피해를 제거하기에 적절한 경우 최소부과원칙이 적용되는 것이 바람직하다.

반덤핑관세는 덤핑으로 수입되고, 그로 인하여 피해를 초래하는 것으로 결정된 모든 수입원으로부터의 수입품에 대하여, 각 경우에 있어서 적절한 금액으로, 비 차별적으로 부과되어야 한다. 피해는 관련 수입이 1% 미만의 시장점유율을 차지하고, 그러한 국가들이 전체적으로 공동체 소비의 3% 또는 그 이상을 차지하는 경우가 아니면 일반적으로 무시할 만한 수준으로 간주되어야 한다. 수출가격에 대하여 덤핑마진이 2% 미만으로 결정되는 경우, 반덤핑조사는 확정반덤핑조치의 부과 없이 종료된다.

반덤핑관세는 덤핑으로 인하여 초래된 동종상품을 생산하는 공동체산업에 대한 피해를 상쇄시키는데 필요한 범위 내에서만 유효하다. 확정반덤핑관세는 부과되는 날로부터 5년이 되는 시점에 소멸하거나 재심에서 동 조치의 만료가 덤핑 및 피해의 지속 또는 재발을 초래할 가능성이 있는 것으로 결정되지 않는 한, 덤핑 및 피해 모두를 포함하는 가장 최근의 재심 종결일로부터 5년이 되는 시점에 소멸하여야 한다. 확정반덤핑조치의 부과 이후 조치의 계속적 부과의 필요성에 관한 재심이 실시 될 수 있는데, 그러한 재심으로 중간재심, 만료재심, 신규수출자재심 등이 있다.

제7장은 EU의 상계관세(countervailing duty)제도를 분석한다. EU의 상계관세제도는 반덤핑제도와 마찬가지로 EU공동통상정책의 일부이므로 상계관세조사의 개시 및 조치의 부과 결정은 EU 27개 회원국의 개별적인 결정이 아닌 EU차원에서 이루어진다. EU상계관세제도의 법적 근거는 2009년 8월 7일 발효된 이사회규칙 597/2009로 동 이사회규칙은 기존에 존재

하던 이사회규칙 2026/97을 대체한다.

EU가 수입품에 대하여 상계관세를 부과하기 위해서는 상기 이사회규칙상의 실체적, 절차적 요건을 충족하여야 한다. 상계조치를 부과하기 위한 실체적 요건으로는 (1) 상계 가능한 보조금의 존재, (2) 보조금을 지급 받은 수입품에 의해 동종 상품을 생산하는 국내 산업에 초래된 실질적 피해(material injury) 또는 그러한 피해의 위협, (3) 보조금 지급과 피해간의 인과관계 그리고 (4) 공동체 이익(community interests)에 대한 결정이 요구된다. (1)-(3)의 요건이 충족된다 하더라도 수입품에 대한 상계관세의 부과가 공동체의 이익에 부합하지 않는 것으로 판단되는 경우, 상계관세가 부과되지 않을 수 있다.

상계관세 부과의 실체적 요건이 충족된 경우라 하더라도 상계관세조사의 절차상 흠결이 있는 경우 상계관세를 부과할 수 없다. 상계관세조사의 개시는 상계관세조사 신청에 의해 이루어지는데, 개인, 법인 또는 공동체산업을 대표하여 행동하는 법인격 없는 조합의 서면 신청에 의해 이루어진다.

서면신청은 상계조치가 가능한 보조금의 존재 (가능한 경우, 금액 포함), 그로 인한 공동체 산업에 대한 피해, 그리고 보조금 지급이 주장되는 수입품과 주장되는 피해간의 인과관계에 관한 증거를 포함하여야 한다. 상계관세조사는 동종상품을 생산하는 공동체 생산자에 의해 표명된 조사신청에 대한 지지 또는 반대의 정도를 검토하여 그 신청이 공동체산업을 대표하여 이루어진 것이라는 결정이 난 후에 개시된다. 상계관세조사에 대한 지지 또는 반대를 표명한 공동체 산업이 동종상품의 총 생산 중 50% 이상을 구성하는 공동체 생산자에 의해 동 신청이 지지되면 그러한 신청이 공동체산업에 의하여 또는 공동체산업을 위하여 이루어진 것으로 간주된다. 각 회원국 대표로 구성되고, 유럽위원회 대표가 의장인 자문위원회가 조사신청을 검토한다. 자문위원회와 협의 후 절차의 개시를 정당화하는 충분한 증거가 있음이 분명한 경우, 유럽위원회는 신청서가 접수된 45일 이내에 절차를 개시하고, 관보인 OJ(Official Journal)에 조사의 개시를 공고하여야 한다.

상계관세조사는 유럽위원회가 회원국과 협력하여 EU차원에서 수행 되는데, 동 조사는 보조금 지급과 피해에 관한 조사를 포함하며, 그러한 조사는 동시에 이루어져야 한다. 보조금 지급의 조사기간은 절차 개시 전 보통 적어도 6개월의 기간을 포함하는 기간으로 선정되어야 하며, 유럽위원회가 관련 당사자에게 질의서를 발송하고, 관련 당사자가 60일 이내에 질의서에 답변하여야 한다. 유럽위원회가 관련 당사자들의 답변을 수령한 후 관련공무원들이 조사를 수행한다. 관보에 공고된 기간 내에 이해 당사자가 공청회를 서면으로 요청한 경우,

의견진술의 기회를 부여하여야 한다. 상계관세조사는 1년 이내에 종결되어야 하고, 어떠한 경우에도 그러한 조사는 가격약속의 결정 또는 확정조치의 결정에 따라서 조사 개시 13개월 내에 종료되어야 한다.

유럽위원회는 조사과정에서 원산지국 또는 수출국에게 사실상황을 명확하게 하고, 상호 합의된 해결책을 도출하기 위하여 협의를 지속하기 위한 합리적인 기회를 제공하여야 한다. 유럽위원회는 자문위원회의 회원국들과 협의한 후 잠정조치를 취할 것인 지 여부 또는 절차를 종료시킬 지 여부 등을 결정할 수 있다. 잠정조치는 조사 대상 수입품에 잠정상계관세의 형식으로 부과되는데, 보조금 지급 및 그로 인한 피해가 존재한다는 사실에 대한 유럽위원회의 예비적 긍정결정이 내려지고, 공동체의 이익이 그러한 피해를 막기 위하여 즉각적인 개입을 요구하는 경우에 취해진다. 잠정상계관세는 조사 개시일로부터 60일 이내에는 부과될 수 없으며, 조사개시일로부터 9개월 내에 부과될 수 있다. 잠정상계관세의 수준은 잠정적으로 확정된 상계 가능한 보조금액을 초과할 수 없으며, 보다 낮은 관세가 공동체 산업에 대한 피해를 제거하는데 적절하다면, 최소부과원칙이 적용될 수 있다.

잠정상계관세는 최대한 4개월의 기간으로 부과될 수 있다. 이사회는 최종적으로 확립된 사실이 상계 가능한 보조금의 존재와 그로 인한 피해가 있음을 입증하고, 공동체 이익이 그러한 개입을 요청하는 경우, 수입품에 대한 확정상계관세의 부과를 결정할 수 있다. 유럽위원회가 자문위원회와 협의 한 후 제출한 제안에 대하여 제안일로부터 1개월 이내에 이사회가 단순다수결로 동 제안을 거절하기로 결정하지 않은 한, 유럽위원회의 제안은 채택된다. 잠정상계관세가 발효 중인 경우 확정상계관세에 대한 제안은 동 잠정관세의 만료 전 적어도 한 달 전에 제출되어야 한다. 잠정상계관세와 마찬가지로 확정상계관세는 상계 가능한 보조금액을 초과할 수 없으며, 보다 낮은 수준의 관세가 공동체 산업에 대한 피해를 제거하기에 적절한 경우 최소부과원칙이 적용되는 것이 바람직하다.

상계관세는 상계 가능한 보조금으로부터 혜택을 받고 있고, 그로 인한 피해가 초래되었다고 결정된 모든 수입원으로 부터의 수입품에 대하여, 각 경우에 있어서 적절한 수준으로 그리고 비차별적으로 부과되어야 한다. 단, 가격약속이 수락된 수입원으로부터의 수입품은 제외된다. 잠정조치와 확정상계관세는 결정이 내려진 이후 반입된 상품에 대해서만 적용된다. 상계관세는 피해를 초래하는 상계 가능한 보조금의 효과를 상쇄시키는데 필요한 범위 내에서 유효하며, 확정상계관세는 동 관세가 부과된 날로부터 5년이 되는 시점에 소멸하거나 재심에 의해 동 조치의 만료가 피해의 지속 또는 재발을 초래할 가능성이 있는 것으로 결정되지 않는 한, 보조금 및 피해를 모두 포함하는 가장 최근의 재심의 종결일로부터 5년이 되는 시점에 소멸한다. 상계조치의 재심에는 중간재심, 신속재심, 만료재심이 있다.

제8장은 EU의 세이프가드(safeguard)제도를 분석한다. EU의 세이프가드제도는 반덤핑, 상계관세제도와 마찬가지로 EU공동통상정책의 일부로서, 세이프가드조사의 개시 및 조치의 부과 결정은 EU 27개 회원국의 개별적인 결정이 아닌 EU차원에서 이루어진다. EU세이프가드제도의 법적 근거는 2009년 4월 20일 발효된 이사회규칙 260/2009로 동 이사회규칙은 기존에 존재하던 이사회규칙 3285/94를 대체한다.

세이프가드조치는 수입이 급증하여 공동체 내 동종상품 또는 직접경쟁상품을 생산하는 공동체생산자에 대하여 심각한 피해(serious injury) 또는 그러한 피해의 위협을 초래하는 경우 부과되는 조치인데, 동 조치는 반덤핑 및 상계관세와 달리 불공정 무역행위가 존재하지 않는 무역관계에서 예외적으로 공동체 산업을 보호하기 위하여 부과되는 조치이므로 세이프가드조치의 부과요건은 반덤핑 및 상계관세 부과 기준 보다는 상대적으로 엄격하다.

EU가 수입품에 대하여 세이프가드조치를 부과하기 위해서는 상기 이사회규칙상의 실체적, 절차적 요건을 충족하여야 한다. 세이프가드조치를 부과하기 위한 실체적 요건으로는 (1) 특정 상품의 수입급증, (2) 공동체 내의 동종상품 및 직접경쟁상품을 생산하는 공동체 생산자에 대한 심각한 피해 또는 그러한 피해의 위협, (3) 수입급증과 그러한 피해 간의 인과관계에 관한 결정이 이루어져야 한다. 세이프가드 조사 시 수입급증을 검토함에 있어 GATT1994 XIX조의 WTO관세 양허 후 예상하지 못한 상황의 발전으로 인한 수입급증도 반드시 고려되어야 한다.

EU회원국은 세이프가드조치를 요구하는 것으로 보이는 수입의 변화를 유럽위원회에 통보하여야 한다. 회원국의 요청 또는 유럽위원회의 발의로 자문위원회 내에서 수입조건, 경제적 상업적 상황 및 취해질 조치 등에 대한 검토를 목적으로 하는 협의가 이루어 질 수 있다. 그러한 협의 후 세이프가드조사 개시를 정당화 하는데 충분한 증거가 있는 경우, 유럽위원회는 한 달 내에 세이프가드조사를 개시하고, 관보인 OJ(Official Journal)에 동 절차의 개시를 정당화 하는 정보를 요약하여 공표하여야 한다.

유럽위원회는 세이프가드조사의 종료 시점에 자문위원회에 결과보고서를 제출하여야 한다. 유럽위원회가 조사 개시 후 9개월 내에 어떠한 공동체 감시 또는 세이프가드조치도 필요하지 않다고 판단하는 경우, 동 조사는 자문위원회와의 협의를 거친 후 1개월 내에 종결될 수 있다. 세이프가드조사의 종료결정은 조사의 주요 결론 및 근거에 대한 요약을 언급한 공고의 형태로 관보인 OJ에 공표되어야 한다.

유럽위원회가 공동체의 감시 또는 세이프가드조치가 필요하다고 결정한 경우, 조사 개시일로부터 9개월 내에 필요한 결정을 취해야 한다. 예외적인 상황에서 이러한 시한은 최대 2개월까지 연장될 수 있다. 잠정세이프가드조치는 세이프가드조치의 연기가 동종상품 또는 직접경쟁상품을 생산하는 공동체 생산자에게 회복하기 어려운 피해를 초래하고, 즉각적인 조치가 필요한 경우 그리고 예비결정이 증가된 수입이 동종 또는 직접경쟁상품을 생산하는 공동체 산업에 심각한 피해를 초래하거나 그러한 위협이 있다는 명백한 증거를 제공하는 경우 조사의 어느 단계에서든 취해질 수 있다. 그러나 잠정세이프가드조치의 부과는 200일을 초과하지 못한다.

잠정세이프가드조치가 심각한 피해를 방지하거나 회복시킬 가능성이 있는 경우 잠정세이프가드조치는 기존의 관세수준을 인상하는 형식으로 취해진다. 심각한 피해 또는 피해의 위협이 존재하지 않는 것으로 결정되면 동 잠정조치는 철회되고, 잠정조치의 결과 징수된 관세는 자동적으로 조속히 환급되어야 한다. 유럽위원회가 세이프가드조사 종결 시 확정세이프가드조치가 필요하다고 판단하는 경우, 조사 개시일로부터 9개월 이내 필요한 조치를 취할 수 있으며, 예외적인 상황에서 이러한 시한의 연장은 연장기간 및 이유의 요약을 명시하는 공고를 OJ에 공표하고, 추가적으로 2개월 연장될 수 있다. 세이프가드조치의 형태는 수량쿼터(quantitative quotas), 관세할당(tariff quotas) 등이 있는데, 세이프가드조치의 목적을 달성하기 위하여 가장 적합한 조치를 선택할 수 있다. 동 조치의 부과기간은 심각한 피해를 방지 또는 구제하고, 공동체 생산자 측면에서 구조조정을 촉진하는데 필요한 기간에 한정된다.

세이프가드조치의 부과기간은 잠정조치를 포함하여 4년을 초과할 수 없다. 예외적인 상황에서 동 조치의 연장이 필요한 경우 동 조치의 총 부과기간은 8년을 초과할 수 없다. 세이프가드조치의 부과기간이 1년을 초과하는 경우, 동 조치의 부과기간 동안 일정한 간격을 두고, 세이프가드조치는 점진적으로 자유화되어야 한다. WTO회원국인 개도국으로부터 공동체로의 당해 상품의 수입이 3% 미만이고, 조사대상국이 2개국 이상인 경우에 수입액 총액이 공동체 수입의 9% 미만인 경우 세이프가드조치를 부과할 수 없다.

유럽위원회는 회원국의 요청 또는 유럽위원회의 발의로 세이프가드조치의 효과를 검토하고, 동 조치에 대한 추가적인 자유화의 적절성 및 조치의 적용이 여전히 필요한 지 여부를 검토하기 위하여 자문위위원회와 협의한다. 세이프가드조치의 부과기간이 3년을 초과하는 경우 유럽위원회는 조치의 적용 기간 중간 시점에 그러한 협의를 모색하여야 한다. 자문위원회와의 협의 결과에 따라 세이프가드조치가 철회되거나 수정될 수 있다.

제9장은 EU의 환경정책을 분석한다. 특히 EU의 최근 환경정책, EU 산업별 환경기준과 대응사례와 대응전략을 중심으로 분석한다. 최근 선진국들은 청정생산과 자원순환형 사회경제 체제 구축을 위해서 환경규제를 지속적으로 강화하고 있으며, EU도 각종 환경관련 규제들을 도입하여 친환경적인 제품생산을 유도하고 있다. EU의 환경규제정책은 환경의 질을 유지 보호함으로서 인간의 건강보호를 목적으로 한다. 그리고 합리적인 방식으로 자연자원을 재이용하고, 지역적 혹은 지구적 환경문제를 해결하기 위하여 국제적 차원에서의 협력 등 제반조치를 취한다.

EU 환경기준은 EU 수출국에게는 이중적인 의미를 내포하고 있다. EU 환경규제조치는 가전제품, 정보통신기기 등의 소비재로 확산되고 있어 환경기준을 충족시키지 못하는 역외국 기업들에게는 무역장벽으로 작용한다. 이면에는 유럽의 우수한 환경기술로 환경규제를 지속적으로 강화하고 있다. EU는 실질적으로는 수량규제, 반덤핑관세 등의 직접적인 수입규제보다 복잡한 환경규제로 수입품의 진입을 통제하고 있다. 또한, 유럽업계는 환경기준 자체를 제정하는 과정에도 EU 기업의 입장을 반영시켜, 수입품은 유럽시장에서 상대적으로 불리한 상황이다.

한국의 경우, EU 환경규제로 인해 한국기업의 수출에 적지 않은 영향을 미칠 것으로 전망되어 이에 따른 적절한 대응이 필요한 실정이다. 또한 국내기업들이 EU 환경규제로 인해 수출물량의 적기 생산 및 납품에 어려움이 발생하는 등 기업의 애로가 증대하고 있다. 그러나 다른 측면에서 EU의 환경기준은 이를 충족할 수 없는 국가 제품의 시장접근을 봉쇄시킴으로써 환경기준을 충족할 수 있는 국가제품에게는 보다 유망한 시장 환경을 제공한다는 긍정적인 측면이 있다. 특히, EU의 환경 기준은 세계 최고 수준인 만큼 이를 충족시킬 경우 제품의 국제적 경쟁력이 향상되어 EU 이외의 다른 시장 진출에도 큰 도움이 될 수 있다. 따라서 현행 EU 환경규제 뿐만 아니라 장기적인 관점에서 선진국의 산업환경정책 방향을 주시하고, 기업 활동 전 과정에 걸친 환경친화성을 제고하기 위한 계획 수립과 시행이 필요하다. 이러한 맥락에서 EU의 환경정책에 대한 연구의 필요성이 증대되고 있다.

제10장은 EU 해외투자유치 사례로 성공적인 투자 유치국으로 평가받는 영국의 투자유치

정책을 분석한다. 특히 영국의 투자유치정책 및 제도, 투자유치성과 및 성공요인을 주로 분석한다. FDI(Foreign Direct Investment) 유치가 경제에 미치는 긍정적인 효과로는 경제성장 촉진의 효과, 무역규모 확대 및 국제수지 개선효과, 고용창출효과, 기술이전효과가 있다. 일례로 해외직접투자는 국내의 자본형성과 국내기업의 생산성향상을 증가시켜 경제성장을 촉진하는 긍정적인 효과가 있다.

국내로 유입된 해외직접투자 자본은 직접적으로 유입된 산업의 생산력을 증가시키고, 고용창출을 통해서 부가가치 창출에 영향을 미치게 된다. 관련 산업의 생산증가와 부가가치 창출 등 다양한 파급효과(spillover effect)로 궁극적으로는 국내의 경제성장을 촉진하는 효과가 있다. 이러한 해외직접투자의 여러 가지 긍정적인 효과로 각국은 적극적인 해외투자를 유치하고자 노력하고 있다.

영국의 해외투자 유치 전략은 매우 적극적 이여서, 2007년 기준으로 세계 2위의 투자유치국이며, 세계 6위 무역대국이다. 영국은 해외투자가 경제성장, 고용창출에 기여할 뿐 아니라 산업경쟁력을 직접?간접으로 강화시키는데 기여한다고 판단하고 해외투자 유치에 적극적이다.

영국은 철저한 내외국기업 평등주의에 입각하고 있어 외국인투자가에 대한 차별이 없다. 주요 EU 회원국 중 가장 낮은 수준의 법인세율을 실시하여 세금 공제 전 경상이익의 30%를 보장하며, EU 최저 수준의 개인세율로 경쟁력 있는 세제환경을 제공한다. 또한 영국은 외국인투자 유치를 위해 보조금 지원제도, 공장부지, 건물지원 및 사회간접자본 시설지원, 외환이동 및 세제 지원, 기업규제 완화와 투자기업 보호 등의 다양한 정책을 통하여 해외투자를 유치하고 있다.

최근 한국의 경우도 국가차원에서 뿐만 지방자치단체에서도 외국인투자를 유치하기 위해 적극적이다. 경제자유구역이 지정됨으로서 FDI 유치가 경제자유구역의 성공에 중요한 요인으로 작용하고 있다. 이러한 맥락에서 외국의 해외투자 유치정책의 성공요인 분석의 필요성이 더욱 증대된다. 하지만 외국의 해외투자 유치정책의 성공요인 분석에 관한 연구는 아직까지 적은 실정이여서 이 분야의 연구가 필요하다.

마지막 제11장은 한국-EU FTA를 분석한다. 한-EU FTA 주요 이슈 분석, 산업별 관세효과, 그리고 한-EU FTA의 대응전략을 분석한다. EU가 최근 한-EU 자유무역협정(FTA) 협정문을 승인하고 한국과 EU가 정식 서명키로 함에 따라 양측은 한-EU FTA 발효를 위한 의회의 비준절차에 돌입할 수 있게 되고, 2011년 7월 한-EU FTA 잠정발효하기로 합의했다.

한국-EU FTA 발효로 한국은 세계 최대 경제권인 EU에 대한 수출 확대의 돌파구를 마련하는 계기가 되었다. EU는 5억 인구에 GDP는 총 18조 3,300억 달러로서 세계 최대 시장이며, 2008년 한국의 제2의 교역국(583.7억 달러, 비중 13.8%, 2위)이자 최대 무역 흑자국(184억 달러)이다. 한국과는 2000년 이후 연평균 12% 정도의 수출입 증가세를 보이면서 2008년 기준으로 중국에 이어 두 번째 교역국으로 미국과 일본보다 교역규모가 크다. 무역흑자도 증대되고 있으며, 외국인직접투자(FDI)도 급증하여 한국으로서는 상당히 중요한 시장이다. EU도 동아시아 시장의 미국 영향력 확장 견제와 교두보로 한국을 활용하게 된다.

협상타결의 의의로는 미국에 이어 EU와 FTA협상 타결로 본격적인 FTA시대 개막의 신호이다. 한국은 글로벌 경제의 양대 축인 EU 및 미국과 FTA를 타결한 유일한 아시아 국가이며, 세계적 경제위기 속에서 한국과 EU간의 교역과 성장의 새로운 기회를 창출한다. 또한 교착상태에 빠진 한-미 FTA와 협상중인 FTA(중국, 일본)에 긍정적 영향으로 작용할 수 있다는 점이다.

또한 한-EU FTA는 한-미 FTA보다 경제적 효과가 더 클 것으로 추정된다. 한-EU FTA는 교역을 통한 경제적 이익 증가가 크며, 한국은 對EU 무역수지 흑자를 유지하는 '수출우위' 상황이므로 관세인하에 따른 효과는 종합적으로 한국에 이득이 예상된다. 전반적으로 농업과 기계산업을 제외한 분야는 긍정적인 효과가 예상되지만, 업종별로 그 명암이 교차되어 이에 대한 분석과 대책이 필요하다.

제2장

유럽연합(EU)의 확대 및 발전

제2장

유럽연합(EU)의 확대 및 발전

【I】 유럽연합 (EU)의 의의

2007년 1월 1일 루마니아와 불가리아의 가입으로 유럽연합(European Union: 이하 'EU' 라 함)은 27개국으로 확대되었다. 1951년 6개 회원국의 유럽석탄철강공동체(European Coal and Steel Community: ECSC) 설립조약을 기초로 석탄과 철강의 공동 관리를 시작한 유럽통합의 역사는 관세동맹, 공동시장의 단계를 넘어 유로의 단일화폐를 도입함으로써 경제 · 통화 공동체를 달성하였고, 2009년 12월 1일 리스본조약[1]이 발효됨에 따라 27개 회원국의 EU는 고유한 법인격을 향유하여 국제사회에서 보다 심화되고 확대된 지역공동체로서 기능하게 되었다.

리스본 조약은 EC(European Community)를 EU로 통합시켜 EU에 법인격을 부여하고, EU의 삼주체제(three pillars system)를 해체하였다. EU는 동일한 법적 가치를 갖는 EU조약과 EU기능조약에 기초하는데, EC가 EU로 대체 · 승계됨[2]에 따라 EC조약은 EU기능조약으로 개명되었고, 그 내용의 개정도 함께 이루어졌다. EU기능조약은 EU의 기능을 조직하고, 그 관할권의 행사 분야, 관할권의 한계결정 및 관할권의 행사방식을 결정한다.[3] EU는 2007년 12월 수정된, 2000년 12월 7일의 EU기본권헌장(Charter of Fundamental Rights of the European

1) The Treaty of Lisbon amending the Treaty of the European Union and the Treaty establishing the European Community(OJ C 306, 17.12.2007).

2) EU조약 1조.

3) EU기능조약 1조.

Union)이 위 두 조약들과 동일한 법적 가치를 갖는다고 명시함으로써 기본권헌장을 EU조약에 편입시켰고,[4] 인권 및 기본적 자유보호를 위한 유럽협약(European Convention for the Protection of Human Rights and Fundamental Freedoms)에 가입을 허용하여 동 협약에서 보장하는 기본적 권리들이 EU법의 일반적 원칙을 구성하도록 하였다.[5] 유럽원자력공동체설립조약은 리스본조약에 부합되도록 개정되어 계속 존재하고, 이 범위 내에서 '공동체' (Community)라는 단어도 살아남게 되었다. 리스본조약은 1951년 유럽석탄철강공동체(ECSC), 1952년 유럽원자력공동체(Euratom) 및 유럽경제공동체(European Economic Community: EEC)의 3개 유럽공동체들(European Communities)로 출발한 유럽통합이 EC/EU체제를 거쳐 명실상부한 EU체제로 출범할 수 있게 해 주었다.[6] 그러나 리스본 조약 하에서의 EU는 기존의 EU와 완전히 차별화되는 새로운 EU라기 보다는 기존의 EC를 대체하고 승계하면서 보다 확대되고 심화된 통합의 기능을 수행하는 지역공동체라고 할 수 있다. 다음에서는 유럽통합의 근거가 된 주요 조약들을 중심으로 유럽통합의 역사를 개관하고, 리스본조약 발효 이후 새로이 정비된 EU의 기관의 구성과 기능들을 중심으로 검토한다.

【Ⅱ】 유럽통합의 역사

① 유럽통합의 배경

유럽통합은 지난 수 백 년 유럽의 지식층에 의해 주창되었고, 1945년 제2차 세계대전 종전

---

4) EU조약 6조 1항. 폴란드와 영국에 대한 EU기본권헌장의 적용에 관한 의정서(Protocol on the Application of the Charter of Fundamental Rights of the European Union to Poland and to the United Kingdom)는 이들 두 국가에 대해서 일정한 예외를 인정하고 있는데, 첫째, 헌장은 EU사법재판소나 영국 또는 폴란드 재판소의 능력을 확대하여 이 두 국가의 법령이나 행정규정, 관행 또는 행동이 동 헌장과 일치하지 않는다는 판정을 내릴 수 있게 하지 않는다. 둘째, 특히, 헌장은 영국이나 폴란드의 국내법에서 그 같은 권리를 규정하고 있는 경우를 제외하고는 이 두 국가에서 개인의 제소권(justiciable rights)을 창설하지 않는다. 셋째, 헌장의 어느 규정에서 국내법 및 관행(national laws and practices)을 지칭하고 있는 경우 헌장은 그것이 담고 있는 권리 또는 원칙이 영국이나 폴란드의 법이나 관행에서 승인되고 있는 범위 내에서만 이 두 국가에게 적용된다. 김대순, "2007년 EU리스본조약의 개관", 대한국제법학회, 국제법학회논총 제53권 제1호(2008년 4월), p. 149~150.

5) EU조약 6조 2항, 3항.

6) 김대순, *supra* note 4, p. 147.

후 유럽을 재건하는 과정에서 유럽통합의 구상이 현실적으로 구체화되기 시작하였다. 제1차 세계대전과 제2차 세계대전 등 두 차례 큰 전쟁의 참화를 경험하면서 유럽경제는 황폐화되었고, 미국은 유럽에서의 舊소련의 공산주의 세력의 확장으로부터 서부 유럽 국가들을 보호하기 위하여 마셜플랜(Marshall Plan)을 통한 유럽의 경제부흥을 도모하였다. 마셜플랜의 수행을 위하여 경제협력개발기구(OECD)의 전신인 유럽경제협력기구(Organization for European Economic Cooperation: OEEC)가 1948년 창설되었다. 이러한 과정에서 서부 유럽 국가들의 긴밀한 협력이 필요하였고, 군사적 차원의 협력을 위하여 북대서양조약기구(North Atlantic Treaty Organization: NATO)가 1949년 창설되었다. 유럽의 10개 국가들은 제2차 세계대전의 참화로부터 경제적 재건을 위한 노력을 하는 중에 군사문제를 제외한 정치, 경제, 사회, 문화 분야에서의 협력을 증진할 목적으로 1949년 5월 5일 유럽평의회(Council of Europe)를 창설하였다. 유럽평의회는 국제적인 인권의 보호와 신장에 있어 독보적인 활동을 하고 있다. 특히 이들 유럽 국가는 1950년 11월 4일 로마에서 인권보호를 위한 조약인 유럽인권협약(European Convention on Human Rights)을 채택하고, 1958년 9월 3일 유럽인권법원(European Court of Human Rights)을 설치하였다. 이러한 유럽국가들의 경제적, 정치적 협력이 통합을 향한 분위기를 조성하는데 역할을 하였다. 다음에서는 구체적으로 유럽통합의 기초가 된 조약을 중심으로 유럽통합의 배경을 살펴본다.

② 유럽석탄철강공동체(ECSC) · 유럽원자력협력공동체(EURATOM) · 유럽경제공동체(EEC)

유럽통합에 있어서 가장 중요한 인물은 프랑스의 장 모네(Jean Monnet)로 그는 유럽의 경제협력을 통한 평화 유지 방안을 당시 외무장관인 로버트 슈만(Robert Schuman)에게 제시하였다. 모네는 두 차례의 세계대전으로 적대적 관계에 있었던 프랑스와 독일의 평화적 관계 구축을 위하여 전쟁 수행에 필요한 기간산업인 석탄과 철강 산업을 통합하여 양국의 공동관리 하에 둠으로써 차후의 전쟁 가능성을 사전에 방지하려고 하였다. 이러한 독일과 프랑스의 양국 간 협력구상에 다른 유럽 국가들도 참여하였다.[7] 프랑스, 독일, 이탈리아, 벨기에,

---

7) John Van Oudenaren, Uniting Europe: An Introduction to the European Union(Second Edition), ROWMAN & LITTLEFIELD PUBLISHING (Oxford: 2005), pp. 30~31.

룩셈부르크 및 네덜란드의 6개 국가는 1951년 4월 18일 유럽석탄철강공동체(European Coal and Steel Community: 이하 'ECSC' 라 함)를 창설하는 파리조약(ECSC조약)에 서명하였다. 1952년 7월 24일 동 조약이 발효됨에 따라 ECSC가 50년의 기간으로 창설되었다.[8] ECSC는 모든 이들 6개회원국간의 무역에 대한 모든 관세장벽 및 제한이 금지되는 공동시장(common market)을 창설하였다. 공동시장의 운영을 보장하기 위하여 ECSC조약은 유럽위원회(High Authority), 이사회(Council), 유럽의회(Assembly), 및 사법법원(Court of Justice)의 4개 기관을 설치하였다.

ECSC는 석탄과 철강무역에 대한 국가의 무역장벽의 제거 및 공동정책을 통한 공동시장의 창설을 목적으로 하는 점에서 경제적 목적을 가졌다. 그러나 ECSC를 창설한 파리조약의 전문은 경제공동체의 창설은 "유혈충돌에 의해 오랫동안 분열된 사람들 사이에서 보다 광범위하고, 보다 심화된 공동체의 기초이며, 앞으로 공유될 운명에 방향을 지시해줄 기관들의 초석을 마련하기 위한" 것임을 확인하여 ECSC가 유럽의 평화와 통합이라는 궁극적으로 웅대한 목적을 달성하는 수단임을 명시하고 있다.

ECSC의 창설 후 유럽군 (軍)의 설치를 내용으로 하는 유럽방위공동체(European Defence Community)와 공동외교정책의 형성을 내용으로 하는 유럽정치공동체(European Political Community)의 창설이 제안되어 ECSC회원국들의 유럽통합을 위한 노력이 경주되었다. 그러나 당시 그러한 제안은 매우 과감한 것으로 인식되어 구체화되지는 못하였다. 대신 1956년 당시 벨기에 외무장관인 스파크(Paul-Henri Spaak)가 위원장이었던 정부간위원회(intergovernmental committee)가 유럽통합의 발전을 위하여 원자력 분야와 일반 경제 분야의 공동체 창설을 제안하였다. ECSC를 창설한 6개 유럽 국가들이 1957년 3월 25일 로마에서 유럽원자력공동체(Euratom)를 창설하는 조약과 유럽경제공동체(EEC)를 창설하는 조약에 각각 서명하였다. 이들 로마조약들에 근거하여 Euratom과 EEC가 1958년 1월 1일 각각 창설되었다.[9] 이들 조약들은 ECSC조약과는 달리 조약의 만료시한이 정해져 있지않다. Euratom의 목적은 원자력의 사용에 관한 통일된 안전기준의 약속과 원자력의 평화적 사용의 촉진이다. 회원국들은 동 조약에 따라 원자력에 관한 주권적 권한을 Euratom으로 이전하였다. 따라서

---

8) ECSC조약 97조에 따라 동 조약은 2002년 7월 23일 만료되었고, 석탄 및 철강분야는 EC조약에 포함되었다가 리스본조약 발효 이후 EU조약체제에 편입되었다.

9) Oudenaren, *supra* note 7, pp. 34~35; Margot Horspool & Matthew Humphreys, *European Union Law*(5th edition), Oxford University Press(Oxford: 2008), p.5.

Euratom 회원국들의 원자력에 관한 정책 등의 결정은 회원국들 자신이 아니라 ECSC의 경우처럼 4개의 독립된 기관이 수행하게 되었다. 이들 4개의 기관들 중에서 현재의 유럽의회와 유럽사법법원은 ECSC와 Euratom에 공동으로 활동하였다. ECSC조약과 Euratom조약은 각각 석탄 및 철강 그리고 원자력 분야에서 공동시장의 설립을 목표로 체결되었기 때문에 이들 공동체들은 조약의 목적 범위 내에서 제한적인 활동 범위를 가진다.

그러나 EEC조약은 회원국들 경제의 거의 모든 분야에서 통합을 목적으로 체결되었기 때문에 EEC는 위 두개의 공동체들 보다 광범위한 활동 범위를 가진다. 회원국들은 EEC조약이 규정하는 정책에 대한 자신의 주권적 권한을 EEC에 이전하였고, 따라서 EEC조약의 적용을 받는 분야에 대한 결정은 회원국들이 아니라 ECSC의 경우처럼 4개의 독립된 기관이 수행하게 되었다. 이들 4개의 기관 중에서 현재의 유럽의회와 유럽사법법원은 ECSC, Euratom 및 EEC에서 공동으로 활동하였다. EEC는 1993년 11월 1일 EU조약(마스트리히트조약)이 발효하면서 공식적으로 'EC'(European Community)로 그 명칭이 바뀌었다. '유럽공동체'(European Communities)는 ECSC, Euratom 및 EEC의 세 공동체를 전체로서 지칭하는 용어다. 이 경우의 유럽공동체는 종래의 EEC에서 EU조약(마스트리히트조약)에 의하여 'EC'로 바뀐 유럽공동체(European Community)와는 구별된다.

1965년 4월 8일 브뤼셀에서 서명되고, 1967년 7월 1일 발효된 통합조약(Merger Treaty)은 3개의 공동체를 창설하였던 1951년 파리조약 (ECSC)과 1957년 두 개의 로마조약(Euratom/EC)을 처음으로 개정하였다. 통합조약의 주된 목적은 3개 공동체 기관들을 합병하여 공동의 이사회(Council of Ministers)와 위원회(Commission)를 창설하는 것이었다. 나머지 두 기관인 유럽의회(Assembly)와 유럽사법법원은 이미 3개 공동체를 위하여 활동하고 있었다.[10)]

1960년대 들어와서 유럽공동체의 통합 효과가 나타나기 시작하였다. 이에 따라 영국을 비롯한 다른 유럽 국가들이 유럽공동체에 가입하기를 희망하였다. 영국이 1961년 가입을 신청하였으나 당시 프랑스 대통령이던 드골이 영국의 가입에 대한 반대의견을 공개하는 등 적극적으로 반발하여 영국의 가입이 거부되었다. 당시 영국은 영연방(Commonwealth)의 종주국이면서, 1960년 5월 창설된 유럽자유무역연합(European Free Tread Association: EFTA)을 주도하였다. 영국은 1967년 두 번째 가입을 신청하였으나, 다시 거부되었다. 결국 영국은 1973년 1월 1일 아일랜드 및 덴마크와 함께 가입하였다. 그리스는 1981년, 포르투갈과 스페인은

10) Horspool & Humphreys, *supra* note 9, p. 6.

1986년 유럽공동체에 가입하여, 유럽공동체의 회원국은 12개국으로 확대되었다.[11)]

1976년 9월 20일 법(Act of 20 September 1976)은 유럽시민에 의한 직접보통선거제도를 도입함으로써 유럽의회에 새로운 합법성과 권한을 부여하였다. 유럽의회 의원의 첫 직접선거는 1979년 6월에 있었다.

③ 1986년 단일유럽의정서(SEA)[12)]

1987년 7월 1일 발효된 단일유럽의정서(Single European Act: SEA)는 유럽통합의 장벽을 극복하여 유럽단일시장(European Single Market)을 완성하기 위한 목적으로 채택되었다. 1986년 2월 17일 9개 회원국이 SEA에 서명하였고, 이후 1986년 2월 28일 덴마크, 이태리, 그리스가 서명하였다. EEC가 1968년 7월 계획보다 빨리 공동시장(common market)을 완성하여 유럽시장의 통합이 성공적으로 추진되었지만, 이후의 단일시장(single market)으로의 통합과정은 지체되었다.[13)] 당시 세계적인 불경기는 물론 유럽공동체 내의 비효율적인 의사결정 과정이 유럽통합을 어렵게 하는 문제로 부각되었다.

SEA는 3개 유럽공동체 각각의 창설조약을 실질적으로 개정한 첫 조약이라 할 수 있다. 먼저, SEA는 ECSC조약, Euratom 조약 및 EEC조약을 개정하여 회원국 간 정치적 협력을 위한 규정을 포함하였다. 우선 유럽이사회(European Council)를 인정하고 1년에 두 번 회의를 개최하도록 규정하여 회원국들 정상의 정치적 협력을 공식화하였다. 유럽이사회는 회원국의 국가원수 또는 정부수반 및 유럽위원회 의장으로 구성되는데, 1974년 당시에는 법적 근거가 없는 상태에서 프랑스 대통령 발레리 지스카르 데스텡(Valéry Giscard D'Estaing)의 제의로 정기적으로 개최되고 있었다.

둘째, SEA는 유럽공동체 기관의 증대된 효율성과 민주성을 보장하는 규정을 두었다. 우선, 유럽사법법원의 과도한 업무 부담을 경감하기 위해 1심 법원 (Court of First Instance)을 설치하였다. 또한 '협력절차' (co-operation procedure)로 알려진 새로운 입법절차를 도입하여,

---

11) *Id.*, p. 12.

12) Horspool & Humphreys, supra note 9, pp.14~16; Oudenaren, *supra* note 7, pp. 49~50; Richard Ghevontain, *Droit Communautaire,* Édition DALLOZ (Paris: 2004), p.18; European Parliament, *Fact Sheets on the European Union* (2009 Edition), p 17 참조.

13) 로마조약 8조는 1969년 12월 31일 종료되는 12년의 경과기간 동안 3단계의 공동시장의 완성을 규정하였다.

유럽의회(European Parliament)로 개명한 의회(Assembly)가 입법 과정에서 이전보다 증대된 영향력을 행사할 수 있도록 하였다. 유럽의회는 회원국의 가입에 대한 거부권을 행사할 권리도 갖게 되었다. 협력절차를 통한 유럽의회의 입법기능의 강화는 1975년 12월 회원국 정상들이 합의를 한 회원국 시민들에 의한 직접선거에 따른 유럽의회의 강화된 역할의 요청에 따른 것이었다. 유럽의회는 회원국의 직접적이고, 민주적 위임을 받은 첫 공동체기관이라는 점에서 그 의미가 있다.

셋째, SEA는 경제통합을 향한 움직임을 회복시키기 위하여 '역내시장'(internal market)의 개념을 도입하고, 이를 1992년 12월 31일까지 달성하도록 목표시한을 설정하였다. '유럽단일시장'(European single market)으로도 알려진 역내시장은 유럽공동체를 관세동맹에서 경제활동의 완전한 일체성이 보장되는 진정한 의미의 경제공동체로 발전하기 위해 형성되었다.

넷째, 단일시장의 형성이 공동체기관의 실제적인 입법기능을 요구한다는 사실을 자각하여 SEA는 이사회 내의 투표방식을 변경하였다. 각 회원국의 인구수를 반영하여 투표의 가중치가 반영된 가중다수결제도(qualified majority voting)의 사용이 크게 증가되었다. 결과적으로 공동체의 입법절차가 보다 신속하고 효율적으로 수행되게 되었다.

다섯째, 실체적 분야의 공동체 역량을 확장 시켰다. 예컨대, 경제통화동맹, 사회정책, 경제사회적 결합, 연구, 기술, 개발 및 환경 보호를 위한 조치에 대한 협력을 공식적으로 인정하였다.

마지막으로 SEA는 Title 3에서 공식적인 공동체 구조의 밖이기는 하지만 회원국들 간의 정치적 협력을 언급하였다. 이러한 정치적 협력 절차에 유럽위원회와 유럽의회가 관여하게 되었으며, 또한 대외정책, 안보 분야의 협력 발전의 기반이 제공되었다. 이들 규정은 1992년 채택된 EU조약에 의하여 유럽공동체와 함께 다른 2개의 '기둥'(Pillars)으로 발전되었다.

SEA의 규정이 불분명하고 모호하다는 비난도 있었지만, SEA는 유럽의 경제통합을 위한 기반마련에 새로운 동력을 부여하였고, 사회적, 정치적 통합에 있어서도 역시 의미 있는 기초를 마련하였다는 평가를 받고 있다.

④ 1992년 마스트리히트조약 (EU조약)[14)]

1992년 2월 7일 네덜란드의 마스트리히트(Maastricht)에서 서명되고 1993년 11월 1일 발효

14) European Parliament, *supra* note 12, p.18; Horspool & Humphreys, *supra* note 9, p. 16; Zoltán Horváth, Handbook

된 EU조약(Treaty on European Union: TEU, 이하 'EU조약' 이라 함)은 SEA에 의해 가동된 경제통합의 원동력 유지하면서, 유럽연합 (European Union: 이하 'EU' 라 함)의 출범이라는 광대한 목표를 염두 해 두고 체결되었다. 이에 따라 EU조약은 기존의 조약들을 수정하는 부분과 EU를 창설하는 부분으로 구성되었다. EU조약은 공동외교안보정책과 사법 · 내무 분야에서의 회원국들간 협력의 근거를 마련하였고, 이 두 가지 영역에서의 정부 간 협력이 기존의 유럽공동체 (EC)체제에 추가됨으로써 삼주 (三柱)체제로 구성된 유럽연합(European Union)이 출범하였다. 또한, EU조약은 유럽경제공동체(European Economic Community: EEC)를 단순하게 유럽공동체(European Community: EC)로 개명하였다. 공동체의 명칭에서 '경제적'(economic)이라는 단어가 제거되고, 비경제적 분야에서의 회원국간 협력체제가 공식화됨으로써 유럽통합은 경제통합을 넘어서 사회, 정치적 분야 등 비경제적 분야들의 통합을 포함하게 되었다.

EU조약은 통화동맹, 사회, 환경 보호와 같은 목적을 포함하기 위해서 공동체의 목표를 확대하였다. EU 조약은 공동체입법과 공동체기관의 변화를 규정하였고, 유럽통화엽합(European Monetary Union: EMU)의 도입을 위한 일정표를 제시하였다. 입법절차에 있어서 유럽의회의 개입은 SEA에 의해 도입된 협력절차의 사용 확대와 공동결정절차(co-decision procedure)의 도입으로 한층 더 증대되었다. 또한 입법에 관하여 기존에 유럽위원회가 독점적으로 향유하던 발의권(right of initiative)이 유럽의회에도 부여되었다. 유럽의회는 공동체기관과 직원의 잘못에 의한 불만을 조사하기 위하여 유럽 옴부즈만(Ombudsman)을 임명할 권한도 보유하게 되었다. 공동체기관과 관련된 주요 변화는 감사원(Court of Audit)을 공동체기관으로 공식 인정한 것과 유럽중앙은행(European Central Back: ECB)의 창설이다. EU조약은 회원국 시민에게 부여되는 유럽시민권(European citizenship)의 개념을 도입하였다. 경제, 통화정책과 관련하여, SEA가 도입한 유럽통화연합(European Monetary Union: EMU)은 EU조약에서 더욱 구체화되었다. 단일통화의 채택을 향한 여러 단계의 일정표와 자본의 자유로운 이동을 위한 새로운 일정표도 마련 되었다. 또한 EU조약은 민사 및 형사상의 사법협력 및 테러와 마약에 대한 수사협력과 함께 피난처(asylum), 국경외부 통제, 이민 그리고 국제적 사기에 대한 회원국 간 협력의 근거를 마련하였다.

---

on the European Union (3rd edition), HVG-ORAC Publishing House Ltd. (Budapest: 2007), pp. 44~45 참조.

⑤ 1997년 암스테르담조약[15)]

암스테르담조약(Treaty of Amsterdam)은 EU조약, 유럽공동체들(European Communities)을 창설하는 조약들 그리고 일부 공동체법들을 개정하는 조약으로 1997년 10월 2일 암스테르담에서 서명되고 1999년 5월 1일 발효되었다. 유럽통합의 진행을 향상시키고, 효율성을 증가시켜 일반인들이 EU를 보다 쉽게 이해할 수 있게 하는 목적을 가진 통합조약이라고 할 수 있다. 그러한 목적에서 암스테르담조약은 EU조약과 EC조약을 개정하고 그 조문의 번호를 다시 붙였다. EU조약과 EC조약의 통합본은 암스테르담조약에 첨부되었다. EU의 삼주체제에 대한 개정을 통하여 EU가 EU의 의사결정 과정의 개방성을 인권, 민주주의 및 법의 지배에 대한 존중에 바탕을 두었음을 확인하였다. EU의 회원국 자격은 이러한 원칙의 존중에 달려있으며, 암스테르담조약은 EU가 유럽평의회의 유럽인권협약(European Convention on Human Rights) 에서 보호받는 근본적 인권을 존중해야 한다고 선언하였다.

암스테르담조약은 이전에는 제3기둥 영역에 포함되어 있던 일부를 제1기둥으로 이동시켰다. 이러한 영역은 비자, 피난처, 이민 문제와 같이 유럽시민의 자유로운 이동과 세관 협력에 관련된 사항을 포함한다.

제1기둥(ECSC, Euratom, EC의 유럽공동체)과 관련하여, 암스테르담조약은 EC 조약의 조문들을 정리하였다. 그 결과 EC조약의 거의 모든 번호가 다시 부여되었다. 예컨대, 공동통상정책의 근거 규정인 113조는 133조로 변경되었다. 또한 성(性), 인종 또는 민족, 종교 또는 신념, 장애, 나이 또는 성적 편향에 근거하는 차별에 대항하는 목적의 법안을 만들 권한이 EC에게 부여되었다. 회원국들은 공동으로 실업문제에 대처하도록 장려되었고, 공중보건과 소비자 보호에 관한 규정도 개정되었다. 공동체기관과 관련하여 EU조약이 도입한 공동결정절차의 사용분야가 확대되어 입법 과정에서의 유럽의회의 영향력이 보다 강화되었다. EU확대를 위한 준비 차원에서 유럽의회 의원 수는 최대 700명으로 규정되었고, 유럽위원회 위원 수는 여전히 20명으로 한정되었다.

EU 제2기둥(공동외교안보정책)에 대한 비판에 부응하여 암스테르담조약은 국방/방위에 대한 재검토와 함께 재정(financing), 기관적 개입 및 국제적 정체성을 포함하고 있다. EU의

---

15) European Parliament, *supra* note 12, pp. 19~20; Horspool & Humphreys, *supra* note 9, p. 17~18; Zoltán Horváth, *supra* note 14, pp. 50~52 참조.

제3기둥은 '공동조치'의 대상이 된 테러, 마약, 무기의 불법거래, 인신 매매(주선), 어린이에 대한 범죄, 부정부패, 사기 및 인종차별과 외국인 혐오의 예방과 대응을 포함하는 분야에서 '형사문제에 있어 경찰 및 사법 협력'으로 개명되었다.

1995년 1월 오스트리아, 스웨덴 및 핀란드가 EU에 가입하면서 회원국의 수는 15개로 증가되었다. 15개 회원국으로 확대되는 과정에서 노르웨이, 터키, 모로코, 키프로스, 몰타가 가입을 신청했지만 여러 사정으로 그 가입이 실현되지 않았다. 1990년 舊소련의 붕괴로 동 유럽 국가들이 민주화되면서 1993년 이후 헝가리, 폴란드, 루마니아, 체크공화국, 불가리아 등의 동유럽국가의 EU가입을 위한 작업이 진행되었다.

⑥ 2001년 니스조약[16)]

2001년 2월 26일 니스에서 서명되고 2003년 2월 1일 발효된 니스조약(Treaty of Nice)은 EU의 확대 후에 EU가 효율적으로 기능할 수 있도록 관련 기관들을 개혁 할 주된 목적으로 채택되었다. 동 조약은 EU의 제도 및 법체계, 의사결정 및 기타 분야의 변화를 가져왔다. 먼저, 제도적인 측면에서 니스조약은 EU가 확대됨에 따라 변경될 기존제도에 관한 원칙 및 방법을 제시하였다. 이러한 원칙과 방법은 EU확대에관한의정서(Protocol on Enlargement) 및 부속선언 특히, EU확대에관한선언(Declaration on the Enlargement of the European Union)에 규정되어 있다.

공동체 기관의 변화와 관련하여, 유럽의회의 새로운 구성은 2004년 선거에서부터 적용되고, 2005년부터 유럽위원회의 구성 및 EU이사회의 가중투표수가 변경되었다. 2004년부터 2009년까지 임기의 유럽의회 의원의 총 수는 기존 회원국의 변경된 의석 수(535석)에 2004년 1월 1일까지 서명된 가입조약의 결과에 따른 새로운 회원국의 의석수를 더하게 된다. 이러한 총 의석수가 732명 미만일 경우에는 각 회원국에서 선출될 의원 수에 대하여 비례할당조정(pro rate correction)을 적용하여 총 의석 수를 732에 가능한 한 근접하도록 하였다. 이러한 회원국에 대한 비례할당은 각 회원국에서 선출될 의원의 수가 1999년에서 2004년까지의 임기동안 EC조약 190(2)조 및 Euratom조약 108(2)조에 규정된 수 보다 많게 해서는 안 된다. 변

16) European Parliament, *supra* note 12, pp. 21~23; Horspool & Humphreys, *supra* note 9, p. 18~32; Zoltán Horváth, *supra* note 14, pp. 54~55 참조.

경된 의석배분방식에 따라 기존 회원국 의석수는 626석에서 535석으로 91석이 줄었고, 독일과 룩셈부르크만이 기존의 의석수를 유지하게 되었다. 유럽의회의 책임과 관련하여, 공동결정절차의 적용범위가 확대되었고, 공동결정절차의 대상 분야에 있어서 강화된 협력을 위하여 요구되는 동의(assent)에 의하여 유럽의회의 책임이 보다 확대되었다.

EU이사회와 관련하여 가중다수결제도가 변경되었는데, 적어도 169표를 획득했을 경우 그리고 다수의 회원국에 의해 승인이 될 경우 가결 될 수 있도록 의사결정제도가 변경되었다. 이에 더하여 각 회원국에게 할당된 투표수가 2005년 1월 1일부터 조정되었는데, 가장 인구수가 많은 5개국이 총 투표수의 60%를 갖게 되고, 또한 EU이사회의 구성국은 가중다수결이 EU전체 인구의 적어도 62%를 대표하는 지 여부에 대한 검증을 요구 할 수 있게 되었다.

유럽위원회와 관련하여, 기존의 15개 회원국의 20명 위원으로 구성되었던 유럽위원회의 구성원이 2005년 1월 1일부터 각 회원국 당 1명의 위원으로 구성되었다. 큰 회원국들은 기존에 두 명의 위원을 보유하였으나 동 변경에 따라 두 번째 수의 위원을 보유할 기회를 잃게 되었다. EU가 27개 회원국으로 확대되면 회원국의 수 보다 더 적은 수의 위원을 갖게 된다. 유럽위원회를 임명하는 절차도 변경된다. 유럽위원회 의장의 임명은 가중다수결로 결정하는 유럽이사회의 결정 사안이며, 그러한 임명은 유럽의회의 후속 동의를 요한다. 가중다수결로 결정하는 EU이사회는 임명된 유럽위원회 의장의 동의를 얻어 위원으로 임명 하고자 하는 인사의 목록을 채택한다. 이러한 목록은 각 회원국의 제안에 따라 작성되며 유럽위원회 의장과 위원은 전체로서의 유럽위원회 위원들에 대한 유럽의회의 승인이 있은 후 가중다수결로 결정하는 EU이사회에 의하여 임명 된다. 유럽위원회 의장이 위원회의 내부조직을 결정하고 필요한 경우 임기동안의 책임뿐만 아니라 위원들에 대한 직위를 배분하는 점에서 그 권한이 확대되었다.

사법제도와 관련하여 니스조약은 매우 중요한 변화를 가져왔다. 유럽사법법원의 보다 효율적인 운영을 위하고 판례법의 일관성을 강화하기 위한 다수의 조치가 채택되었다. 11명의 판사로 구성되는 'Grand Chamber' 가 일반적으로 기존의 전원재판부(plenary session)가 다루던 사건을 다루게 되었다. 5명으로 구성된 재판부의 의장은 3년 임기로 재임이 가능하다. 1심 법원은 각 회원국 국적의 재판관을 적어도 한 명 포함하게 된다. 특별재판부에 회부되거나 유럽사법법원규정에 의하여 유럽사법법원에 유보된 사건을 제외하고 원칙적으로 모든 직접소송, 부작위소송 및 불법행위소송(actions in tort)에 대한 관할권을 가진다. 또한 1심법원은 특정 사안에 있어서 선결적 결정(preliminary decision)을 내릴 책임을 부여 받는다. EU이사회는 특정 사안(예컨대 지적재산권)에 있어서의 특정 소송을 먼저 심리할 특별재판부를 설치할 수 있다. 의사결정과 관련하여 니스조약은 가중다수결 의사결정의 범위를 EU시민의 자유로운 이동을 촉진하는 조치, 민사에 있어서 사법협력, 서비스무역 및 지적재산권의 상업적 측면 분야의 국제협정 체결, 산업정책, 비회원국과의 경제적, 재정적, 기술적 협력과 같은 중요한 범위까지 확대하였다. 또한 일부 기관 및 조직의 구성원의 임명을 가중다수결로 결정하도록 하였다. 또한 공동결정절차의 범위를 다수의 분야로 확대하였다. 강화된 협력절차와 관련하여 정부간회의(IGC)는 관련 조항을 정비하여 그러한 협력을 확립하는데 필요한 10개의 새로운 조건을 단일 조항에 규정하였다. 니스조약은 공동외교안보정책 분야에서의 강화된 협력을 확립할 가능성을 도입하였다.

그 밖에 니스조약은 기본권 분야에서의 일부 내용을 변경하였다. 기존 EU조약 7조에 따르면 EU이사회는 기본권의 심각하고 중대한 위반의 존재를 선언할 수 있고, EU이사회는 관련 국가의 일부 권리를 정지시킬 수 있다. 니스조약은 기본권 침해의 예방조치를 추가함으로써 이 절차를 보완하였다. 회원국의 3분의 1 또는 유럽위원회의 제안에 대하여 회원국 정상으로 구성된 EU이사회(The Council, meeting in the composition of the Heads of State or Government)는 회원국이 기본권의 심각한 위반을 범할 것이라는 분명한 위험이 존재함을 선언할 수 있고 그 회원국에게 적절한 권고를 내릴 수 있다.

형사 분야에 대한 사법협력과 관련하여 니스조약은 Eurojust의 책임을 언급하여 EU조약 31조를 보완하였다. Eurojust는 회원국 국경을 넘는 범죄의 형사소송에 있어 책임이 있는 국내당국(회원국 검찰, 법원 및 고위경찰)의 조치에 대한 조정에 기여할 임무를 갖게 된다.

니스조약의 발효 이후 키프로스, 체크공화국, 에스토니아, 헝가리, 라트비아, 리투아니아, 몰타, 폴란드, 슬로박공화국, 슬로베니아 10개국이 2004년 5월 1일 EU에 가입하였고, 불가리아와 루마니아가 2007년 1월 가입하여 EU의 회원국은 27개 유럽 국가들로 확대되었다.

7 리스본조약[17)]

리스본조약 (Treaty of Lisbon)은 2005년 5월과 6월 프랑스와 네덜란드의 국민투표에서 부

17) European Parliament, *supra* note 12, pp. 23~31; European Commission, *Your Guide to the Lisbon Treaty* (July 2009); 김대순, *supra* note 4, ; 이로리, “리스본조약 발효 이후의 EU의 변화와 통상적 시사점”, 법무부, 통상법률 제 94호 (2010년 8월) 참조.

결되어 무산된 유럽헌법조약 (Treaty establishing a constitution for Europe)을 대체하는 조약이다. 2004년 6월 17일과 18일 개최된 브뤼셀유럽이사회에서 회원국 정상들이 채택한 유럽헌법조약은 같은 해 10월 29일 서명되었지만, 발효에 실패하였다.[18] 따라서 동 헌법의 내용을 수정한 리스본조약은 그 중요성에 있어 1992년 EU조약에 버금가는 것으로 평가된다. 유럽헌법조약에서 EU에 초국가적 지위를 부여하기 위하여 국가와 국기, 공휴일 등을 제정하기로 한 규정 등을 삭제하고 다른 조항들을 개정하는데 새롭게 합의하여 리스본조약이 채택되었다. 동 조약은 유럽연합의 내부 통합을 공고히 다지고 정치공동체로 나아가기 위한 일종의 '미니 헌법' 의 성격을 띤다.

리스본조약의 정식 명칭은 '유럽연합조약과유럽공동체창설조약을개정하는리스본조약' (Treaty for Lisbon Amending the Treaty Establishing the European Community)[19]이다. 유럽연합 27개 회원국 정상들이 2007년 10월 포르투갈의 리스본에서 개최된 정상회담에서 최종 합의하여 같은 해 12월 13일 리스본에서 동 조약과 관련 문서를 포함하는 최종의정서 (Final Act)에 정식 서명하였다. 동 최종의정서는 리스본조약 외에도 13개 의정서들과 리스본조약의 부속서인 신구조문대조표를 포함하고 있다.

리스본조약은 27개 회원국들의 비준을 거쳐 2009년 6월 시행될 유럽의회 선거 전에 발효할 것으로 기대되었다. 특히, 유럽헌법조약이 무산된 전철을 밟지 않기 위하여 27개 회원국 중 아일랜드를 제외한 26개 회원국은 의회의 투표를 거치는 절차를 선택하였다. 그러나 2008년 6월 유일하게 국민투표를 실시한 아일랜드가 반대 53.4%-찬성 46.6%로 동 조약을 부결시켜 조약의 발효전망이 불투명하였으나 2009년 10월 2일 국민투표 결과 조약에 대한 가결이 이루어져 아일랜드 대통령이 10월 16일 리스본조약의 비준서에 서명하였다. 체크공화국 대통령이 2009년 11월 1일 동 조약의 비준서에 서명함으로써 EU 27개 회원국의 비준절차가 종결되어 리스본조약은 2009년 12월 1일부터 발효되었다.

동 조약의 목적은 높은 기준의 책임, 개방성, 투명성 및 참여에 대한 유럽시민의 기대에 부

---

18) 유럽헌법조약은 2004년 6월 17~18일 브뤼셀 유럽이사회에서 회원국 정상들에 의해 채택되었고, 2004년 10월 29일 로마에서 서명되었다. 회원국 내에서의 성공적인 비준절차를 전제로 2006년 11월 1일 또는 최종 비준 후 두 번째 달 시작일 발효될 예정이었으나 2005년 5월, 6월 각각 프랑스와 네덜란드의 국민투표에서 동 조약의 비준이 부결되고, 이후 다른 EU회원국에서 비준절차가 중단됨에 따라 유럽헌법조약은 발효되지 못하였다.

19) The Treaty of Lisbon amending the Treaty of the European Union and the Treaty establishing the European Community (OJ C 306, 17. 12. 2007).

응하기 위하여 유럽연합을 보다 민주적이게 하고, 또한 유럽연합을 기후변화, 안보 및 지속가능 개발과 같은 세계적 문제를 해결하고 보다 효율적이게 하는 것이다. 리스본조약은 EU 확대에 따라 EU가 보다 효율적이고, 투명하게 기능할 수 있도록, EU조약과 EC조약을 개정하였는데, 먼저 법적인 측면에서의 변화는 다음과 같다. 첫째, EU는 EU조약과 EU기능조약에 근거한다. EU는 EC를 통합하고, 대체하므로 EC조약을 EU기능조약으로 명칭을 변경하여 그 내용을 개정하였다. 둘째, EU의 법인격과 그 관할권의 종류 (EU의 배타적 권한, 회원국들과 공유하는 권한, EU의 보완적 권한)와 한계를 분명하게 명시하였다. 셋째, EU기본권헌장에 EU조약 및 EU기능조약과 동일한 가치의 법적 구속력을 부여하였고, EU가 EU인권 및 기본권 보호에 관한 유럽협약에 가입하도록 하여 동 인권협약에 의해 보장되는 기본권들이 EU법의 일반원칙을 구성하도록 하였다. 넷째, 27개국으로 확대된 EU내의 신속하고 효율적인 의사결정을 위하여 이사회의 가중다수결의 정의를 변경하여, 인구수와 회원국 수를 모두 고려하는 이중다수결제도(double majority system)를 도입하였다. 다섯째, 의회의 입법권한을 강화하여 공동결정절차의 적용분야를 확대하였는데, 공동결정절차는 리스본조약에 따라 보통 입법 절차(ordinary legislative procedure)가 되었다. 여섯째, 리스본조약은 공동의 외교 및 안보정책 분야에 있어서 EU의 역할을 분명하게 규정하고, 기존의 EU역할을 무장해제활동, 군사자문 및 지원, 분쟁 후의 안전성 회복을 위한 지원으로 확대하였다. 또한 공동안보외교정책의 이행에 필요한 재원의 출처를 명시하고, 개별 회원국의 의무조항을 강화하였다. 개별 회원국의 안보는 개별 회원국의 책임임을 명시하고, EU의 이익에 영향을 미치는 개별 회원국의 국제적 행보나 공약은 유럽이사회나 이사회에서 사문을 구하도록 명시하였다. 그리고 회원국 간에 방위 분야에 있어서 강화된 협력의 근거를 마련하였다. 일곱째, 기존 EU체제에서 정부 간 협력 분야에 속했던 형사, 사법 분야가 EU기능조약에 포함되었다. 여덟째, 새로운 협력의 분야로서 기후변화와 에너지 분야가 포함되었다. 아홉째, EU의 의사결정에 있어 유럽시민의 참여와 국내의회의 역할이 규정되었다.

EU기관 측면의 주요 변화는 먼저, EC의 기관이었던 이사회, 위원회, 유럽의회, 유럽사법법원, 감사원이 EU의 기관으로 공식화 되었고, 유럽이사회와 유럽중앙은행(European Central Bank: ECB)이 공식적으로 EU기관으로 편입되었다. 둘째, 유럽이사회의 상임의장직과 EU외교안보정책고등대표직이 신설되었다. 셋째, 유럽의회의 입법권한이 강화되어, 이사회와 함께 입법절차에 참여하는 공동결정절차가 보통 입법 절차가 되어 그 분야가 확대되었고, 유럽의회의 의원 수가 750명으로 조정되었으며, 회원국 간의 의석 수 배분은 체감비례대표방식에 따라 정하도록 하였다. 넷째, 이사회의 일반적인 가중다수결제가 2014년 11월부터 이중다수결제도로 변경되었다. 다섯째, 리스본조약 발효일과 2014년 10월 31일 사이에 임명된 위원회는 그 위원장과 부위원장인 EU외교안보정책고등대표를 포함하여 각 회원국 당 한명의 국민으로 구성되므로 27명으로 구성되는데, 2014년 11월 1일자로 유럽이사회가 만장일치로 그 숫자를 변경하기로 결정하지 않는 한 위원장과 외교안보정책고등대표를 포함하여 회원국 수의 3분의 2에 상응하는 회원국 수로 구성된다. 여섯째, 기존의 ECJ와 1심 법원(CFI) 그리고 사법 패널이 각각 EU법원, 일반법원, 전문법원들로 개편되었다. 일곱째, ECB가 EU의 기관으로 공식화되었으며, ECB의 관할권의 지리적 적용범위가 비유로화지역을 포함한 EU전체로 확대되었다. 마지막으로 유럽대외활동서비스(EEAS)를 신설하여 회원국들의 외교활동과 협력하여 활동하도록 하였다.

【Ⅲ】 EU의 기관

리스본조약에 의해 EU조약상의 기관의 일부 재편이 이루어졌다. 특히 유럽이사회와 유럽중앙은행이 EU의 기관으로 공식 편입되었으며, 유럽이사회의 상임이사직 및 EU외교안보정책고등대표직이 신설되었고, 견제와 균형의 원리에서 EU기관의 권한의 강화 및 정비가 이루어졌다. EU조약상 EU의 기관(institutions)으로는 유럽의회(European Parliament), 유럽이사회(European Council), 이사회(Council), 위원회(Commission), EU사법법원(Court of Justice of the European Union), 유럽중앙은행(European Central Bank), 감사원(Court of Auditors)이 있다. 유럽이사회를 제외한 5개 기관은 EC의 기관이었는데, EC가 EU로 통합됨에 따라 EU조약의 기관으로서의 공식적 지위를 갖게 되었다. 유럽이사회는 공동체의 기관구조에 포함되어 있지 않았는데, 리스본조약이 이러한 지위를 변경하여, EU의 공식적 기관의 지위를 갖게 되었다. 그러나 유럽이사회는 입법권한을 갖는 이사회와는 법적으로 구별되는 기관이다.[20] EU의 각 기관은 EU조약에 의해 부여된 권한 범위 내에서 그리고 동 조약에 규정된 절차, 조건 및 목적에 따라 활동한다. 이들 기관의 관할권 및 행사방식에 대해서는 EU기능조약에서 규정한다. 유럽의회, 이사회 및 유럽위원회는 자문능력을 향유하는 경제사회이사회(Economic

---

20) Hospool, & Humphreys, *supra* note 9, p. 63.

and Social Committee)와 지역위원회(Committee of Regions)의 지원을 받는다.[21)]

리스본조약은 유럽연합 회원국이 6개월 마다 번갈아 맡던 유럽이사회(European Council)의 순회의장국 제도 대신 임기 2년 6개월에 1차례 연임할 수 있는 유럽이사회의 의장직(President of the European Council)직을 신설하고, EU의 외무장관에 해당하는 임기 5년의 외교안보정책고등대표직(High Representative for Foreign Affairs and Security Policy)도 신설하였다. EU정상들은 2009년 11월 20일 만장일치로 Herman Van Rompuy 벨기에 수상과 Catherine Ashton 유럽위원회 위원을 각각 EU대통령과 외교안보정책대표로 결정하였다. 이들의 임기는 리스본조약이 발효되는 2009년 12월 1일부터 시작되었다. 다음에서는 EU기관의 구성과 기능 그리고 리스본 조약에 따라 개정된 내용을 중심으로 간략하게 검도한다.

① 유럽의회

유럽의회는 유럽연합의 시민들이 직접 선출한 "EU시민들의 대표"(representatives of the Union's citizens)로 구성되는 유일한 기관이다. 유럽의회는 1952년 ECSC의 'Common Assembly'로 처음 설치된 후 1962년 이후에는 'European Parliament'로 불리다가 1986년 SEA에 의해 공식적으로 'European Parliament'로 개명되었다. 유럽의회는 설치된 초창기에는 토의를 위한 포럼으로서 자문기능만을 수행하였으나 1979년 6월 처음으로 유럽시민에 의한 직접보통선거로 선출된 의원으로 구성되면서 점차 입법, 예산 및 유럽위원회의 구성 등 공동체에 대한 영향력을 확대하여 왔다. 리스본조약은 입법 및 예산 부문에 있어서의 유럽의회의 권한을 강화였는데, 이사회와 공동결정절차로 입법하는 분야의 수를 확대하였고, 예산권한을 강화하였다. 공동결정절차는 리스본조약 이후의 EU입법절차에서는 '보통입법절차'[22)]가 되었

---

20) Hospool, & Humphreys, *supra* note 9, p. 63.

21) EU조약 13조.

22) 보통입법절차는 EU기능조약 294조에 규정되어 있는데, 동 절차에 따르면, 유럽위원회는 입법제안을 유럽의회와 이사회에 제출한다. 유럽의회는 1회독에서 유럽의회의 입장(position)을 채택하여 이사회에 보낸다. 만약 이사회가 유럽의회의 입장을 승인하면, 관련된 입법은 유럽의회의 입장에 상응하는 문구로 채택된다. 만약 이사회가 유럽의회의 입장을 승인하지 않는 경우, 1회독에서 이사회의 입장을 채택하여, 유럽의회에 송부한다. 이 때 이사회는 1회독에서 이사회의 입장을 채택하게 된 이유를 유럽의회에 설명하여야 한다. 이사회의 입장 송부 후 3개월 내, 유럽의회는 이사회의 1회독 입장을 승인하거나 결정을 내리지 않는 경우, 관련 입법은 이사회의 입장에 상응하는 문구로 채택된 것으로 간주되며, 유럽

다. 자유, 안전 및 사법 영역과 같은 새로운 정책 영역에도 동 절차가 적용된다. 이로서 입법 절차에 있어서 유럽의회의 권한이 강화되었다. 유럽의회는 이사회와 공동으로 입법 및 예산 기능을 행사하고, EU조약에 규정된 정치적 감독 및 협의의 기능을 향유하며, 유럽위원회의 의장을 선출한다.[23)]

리스본조약에 따른 유럽의회의 또 다른 변화로 유럽의회의 의원 수의 변경을 들 수 있다. 유럽의회의 구성원은 자유롭고 비밀의 무기명투표의 직접보통선거에 의하여 5년의 임기로 선출되며, 유럽의회는 그 구성원들 중에 임원(officer)을 선출한다.[24)] 리스본조약에 따라 유럽의회의 의원 수는 의장을 포함하여 750명을 초과 할 수 없다. 회원국 사이의 의석 수 배분은 체감비례대표(degressively proportional representation) 방식으로 이루어지는데, 의석수는 회원국 당 최소 6명을 기준으로 체감적으로 비례적 이어야 하고, 어떠한 회원국에게도 96석 이상 배분되어서는 안 된다.[25)] 유럽의회의 의원들은 다국적인 정치적 그룹으로 의회에 참여하는데, 이들 정치적 그룹은 유럽정치를 반영하는 그룹으로 7개 정당[26)]에 의해 대표된다.

② 유럽이사회

유럽이사회의 경우, 1960년대 이래 회원국 정부 수반들의 일련의 회합에서 발전한 기관으로 1974년 파리정상회담에서 제도화되어 정기적인 회합을 하였으나 이 회합은 조약에 법적

의회 구성원의 다수결로서 1회독 이사회 입장을 거부하는 경우, 그 제안된 입법은 채택되지 않은 것으로 간주된다. 만약 유럽의회가 의회 구성원의 다수결로 이사회의 1회독 입장에 대한 수정을 제시하는 경우, 동 수정안은 이사회와 동 수정안에 대하여 의견을 제시해야 하는 유럽위원회에 송부된다. 유럽의회의 수정안을 받은 후 3개월 내에 가중다수결로 결정하는 이사회가 그 수정안을 승인하면, 해당 입법은 채택된 것으로 간주되지만, 승인하지 않는 경우, 이사회 의장은 유럽의회의 의장과 합의하여 조정위원회를 6주 내에 소집하여야 한다. 조정위원회에서 공동문안을 준비하여 채택한 경우, 다수결 (majority of the votes cast)로 결정하는 유럽의회와 가중다수결로 결정하는 이사회가 공동문안에 따른 법안의 채택 여부를 결정한다. 따라서 유럽의회가 동 공동문안을 거부하는 경우, 제안된 입법이 채택되지 않는다. 따라서 통상입법에 유럽의회의 역할도 크다고 할 수 있다.

23) EU조약 14조 1항.

24) EU조약 14조 3항~4항.

25) EU조약 14조 2항.

26) Group of Party of European Socialists(PES), the European People's Party-European Democrats(EPP-ED), Alliance of Liberals and Democrats for Europe(ALDE), European Democratic Party(EDP), European Greens-European Free Alliance(Greens-EFA), European United Left-Nordic Green Left(GUE-NGL), Groups of Independence and Democracy(IND/DEM), Union for Europe of the Nations (UEN).

근거를 둔 것은 아니었다. 따라서 초반의 동 회합에 유럽위원회 위원장은 참석하지 않았다. 그러나 1986년 SEA 2조에서 유럽이사회를 언급하고, 기존 EU조약 4조에서 유럽이사회가 발전을 위하여 필요한 동력을 공동체에 제공하고, 일반적인 정치적 가이드라인을 설정한다고 언급함으로써 유럽이사회의 존재가 공식화 되었다. 그 이후 유럽위원회의 위원장은 동 회합의 구성원이 되었고, 유럽위원회의 다른 위원 한 명도 동 회합에 참석할 자격을 인정받았다. 그러나 유럽이사회는 공동체의 기관구조에는 포함되어 있지 않았었는데, 리스본조약이 이러한 지위를 변경하여, 유럽 이사회가 EU의 공식적 기관의 지위를 갖게 되었다. 그러나 입법권한을 갖는 이사회와는 법적으로 구별된다.[27)]

리스본조약은 유럽이사회를 EU의 기관으로 공식화 하였고, 그 역할도 분명하게 정의하였다. 유럽이사회는 회원국의 정상 또는 정부의 수반, 이사회 의장 그리고 유럽위원회 위원장으로 구성된다. 기존의 유럽이사회는 회원국의 국가 또는 정부수반이 6개월 마다 순번제로 의장직을 맡는 체제여서 상임의장이 없었는데, 리스본 조약에 따라 상임의장직이 추가 되었다. 유럽이사회는 가중다수결로(qualified majority)로 2년 6개월 임기의 한 차례 재선 가능한 의장을 선출한다.

유럽이사회의 의장은 회의를 주재하고, 그 업무를 추진한다. 유럽이사회 의장은 유럽위원회의 의장과 협력하여 일반이사회(General Affairs Council)의 작업에 기초하여 유럽이사회의 업무의 준비와 연속성을 보장한다. 또한 유럽이사회 내의 일관성과 총의를 촉진시키기 위하여 노력하여야 하고, 유럽이사회의 매 회의 후 유럽의회에 보고서를 제출하여야 한다.[28)] 유럽이사회 의장은 그 직위에서 그리고 그 능력에서 외무 및 안보정책을 위한 연합의 고등대표의 권한을 저해함이 없이 그 공동의 외교 및 안보정책과 관련한 사안에 대하여 연합의 대외적인 대표성을 보장하여야 하며, 국내 직책(national office)을 가질 수 없다. 외교안보정책에 대하여 EU의 고등대표(High Representative of the Union)가 그 업무에 참여한다.[29)]

유럽이사회는 유럽연합의 발전을 위하여 필요한 추진력을 제공하고, 일반적인 정치적 방향과 그 우선순위를 정하지만 입법기능을 행사하지는 않는다.[30)] 유럽이사회는 6개월에 2회

---

27) Hospool, Humphreys, *supra* note 9, pp. 62~63.

28) EU조약 15조 6항.

29) EU조약 15조 2항.

30) EU조약 15조 1항.

회합하며, 유럽이사회 의장에 의해 소집된다. 의제가 그렇게 요구하는 경우, 유럽이사회 구성원은 각자가 한 명의 장관의, 유럽위원회의 의장의 경우 유럽위원회의 한 명의 구성원에 의해 지원을 받을 수 있도록 결정할 수 있다.[31] EU조약에 달리 규정되어 있는 경우를 제외하고, 유럽이사회의 결정은 총의(consensus)에 의해 이루어진다. 표결을 하는 경우, 유럽이사회에 구성원은 다른 한 구성원을 대리하여 행동할 수 있다. 유럽이사회 의장과 위원회의 위원장은 표결에 참여하지 않는다. 유럽이사회는 이사회총사무국(General Secretariat of the Council)의 지원을 받는다.[32]

③ 이사회

이사회는 각 회원국의 각료급 대표들로 구성되며, 해당 회원국 정부로서 활동하고, 표결한다.[33] 이사회는 유럽의회와 함께 입법 및 예산기능을 수행한다. 또한 정책결정과 EU조약에 규정된 기능들의 조정을 수행한다.[34] 이사회는 다른 구성(different configuration)으로 만날 수 있는데 그 리스트에 대한 결정은 EU기능조약 236조에 따라 채택된다.[35] 예컨대, 외교이사회는 각 회원국의 외교부장관들로 구성되며, 사법 및 내무이사회의 경우는 각 회원국의 사법 및 내무장관들로 구성된다. 일반이사회(General Affairs Council)는 다른 구성이사회들의 작업들의 일관성을 확보하여야 한다. 일반이사회는 유럽이사회 및 위원회의 의장과 연락하여 유럽이사회 회의를 준비하고, 후속조치를 보장한다. 외교이사회(Foreign Affairs Council)는 유럽이사회가 제시한 전략적 지침(strategic guidelines)에 기초하여 유럽이사회 활동을 계획하고 유럽이사회의 활동이 일관성이 있도록 보장하여야 한다.[36] 이사회는 입법초안에 관

---

31) EU조약 15조 3항.

32) EU기능조약 235조.

33) EU조약 16조 2항.

34) EU조약 16조 1항.

35) 이사회의 구성의 종류는 다음과 같다: 일반(General Affairs), 외교(Foreign Affairs), 경제 및 재정(Economic and Financial Affairs), 사법 및 내무(Justice and Home Affairs), 고용, 사회정책, 보건 및 소비자문제(Employment, Social Policy, Health and Consumer Affairs), 경쟁력(Competitiveness), 교통, 통신 및 에너지(Transport, Telecommunications and Energy), 농업 및 어업(Agriculture and Fisheries), 환경(Environment), 교육, 청소년 및 문화(Education, Youth and Culture).

36) EU조약 16조 6항.

하여 토의할 때나 표결할 때는 공개적으로 회합하여야 한다. 그러한 목적으로 이사회의 회의는 연합의 입법활동과 비 입법 활동(non-legislative activities)에 대한 토의를 각각 다루는 두 개의 부분으로 나뉜다.[37)]

외교이사회를 제외한 이사회의 의장직은 EU기능조약 236의 확립된 조건에 따라서 동등한 차례에 기초하여 이사회에서의 회원국 대표가 맡는다.[38)] 외교이사회의 의장은 EU외교안보정책고등대표가 맡는다.[39)]

외교안보정책고등대표는 외교적 사안에 대하여 과거 6개월의 순회 의장직, 공동외교 안보정책 고등대표와 유럽위원회의 대외관계 담당위원에 의해 수행되던 기능을 행사한다. EU조약 18조 및 27조에 따르면, 외교안보정책 고등대표는 EU의 공동의 외교 및 안보정책을 수행하고, 자신의 제안을 통하여 이사회의 위임에 의해 그 대표가 수행하게 될 그 정책의 발전에 기여하고, 동 분야에서 채택된 결정의 이행을 보장한다. 또한 외교이사회를 주재하고, 유럽위원회의 부위원장 중 한 사람이 된다. 동 고등대표는 유럽연합의 대외적 조치의 일관성을 보장하고, 유럽위원회 내에서 대외관계에 있어서 자신에게 주어진 책임과 유럽연합의 대외적 조치의 다른 측면을 조정 할 책임이 있다. 동 대표는 공동의 대외정책 및 안보정책과 관련한 사안에 대하여 EU를 대표하고, 제3국과 정치적 회담을 수행할 수 있으며, 국제기구 및 국제회의에서 EU의 입장을 표명한다. 유럽대외활동서비스(European External Action Service)와 제3국 및 국제기구에서의 EU대표 임명에 관한 권한을 행사한다.[40)]

이사회는 EU조약에 달리 규정된 경우를 제외하고 가중다수결(qualified majority)에 의하여 행동하는데,[41)] 리스본조약 발효 이전까지 이사회 각 회원국들에게 배분된 표결 수는 조약에 의해 사전에 결정되었다. 독일, 프랑스, 영국, 이태리 등 4개 회원국들에게는 각 29표씩에서부터 가장 작은 회원국에게는 3표씩의 표가 배분되었다. 이러한 체제는 2014년 11월까지 계속된다. 2001년 니스조약 및 2003년, 2005년 가입조약에 따라 EU이사회와 관련하여 가중다수결제도가 변경되었는데, EC조약이 위원회의 제안에 대한 입법행위가 채택되도록 요구하

---

37) EU조약 16조 8항.

38) EU조약 16조 9항.

39) EU조약 18조.

40) General Secretariat of the Council of the EU, *Background - The High Representative for Foreign Affairs and Security Policy/The European External Action Service*(November 2009).

41) EU조약 16조 3항.

는 경우 회원국 다수에 의해 적어도 255표의 찬성표를 획득하여야 한다. 다른 경우에 있어서 이사회의 입법행위의 채택은 적어도 255의 찬성표와 회원국 3/2의 표를 요구한다. 각 회원국에게 할당된 투표수가 2005년 1월 1일부터 조정되었는데, 가장 인구수가 많은 5개국이 총 투표수의 60%를 갖게 되고, EU이사회의 구성국은 가중다수결이 적어도 EU전체 인구의 62%를 대표하는 지 여부에 대한 검증을 요구 할 수 있다. 만약 동 조건이 충족되지 않는 것으로 나타날 경우 해당 결정은 채택되지 않는다.[42)]

<표1> EU확대 이후 이사회 회원국별 가중투표 수[43)] (2010년 6월 기준)

회원국	투표 수
Belgium	12
Bulgaria	10
Czech Republic	12
Denmark	7
Germany	29
Estonia	4
Greece	12
Spain	27
France	29
Ireland	7
Italy	29
Cyprus	4
Latvia	4
Lithuania	7
Luxembourg	4
Hungary	12
Malta	3
Netherlands	13
Austria	10
Poland	27
Portugal	12

42) EC조약 205조.

43) 니스조약, 2003년 가입조약(Accession Treaty, OJ 2003 L236/17) 및 2005년 가입조약(Accession Treaty, OJ2005 L157/11)에 의해 개정된 EC조약 205조.

Romania	14
Slovenia	4
Slovakia	7
Finland	7
Sweden	10
United Kingdom	29

(출처: Nick Poster, *Blackstone's EU Treaties & Legislation 2008~2009*)

2014년 11월 이후 부터는 가중다수결제도의 정의가 변경되는데, 2014년 11월부터 가중다수결은 적어도 회원국들(27개국) 중 15개국을 포함하고, 연합인구의 65%를 포함하는 회원국을 대표하는 적어도 이사회 구성원의 55%로 정의된다.[44] 반대하는 소수(blocking minority)는 최소한 4개 회원국을 포함하여야 한다. 2014년부터 2017년 5월까지의 기간 동안 어느 회원국이라도 새로운 가중다수결제도 대신 현재의 가중다수결제도를 적용할 것을 요구할 수 있으므로, 새로운 가중다수결제도는 2017년부터 전면 실시된다. 이사회는 유럽입법에 대한 표결을 할 때는 공개적으로 회합하여야 한다.[45] 2014년 10월 31일까지 적용될 가중다수결과 2014년 11월 1월부터 2017년 3월 31일까지 적용될 가중다수결의 정의와 관련된 경과규정은 경과규정에 관한 의정서(Protocol on transitional provisions)에 제시되어 있다.[46] 2014년 11월 1일부터 2017년 3월 31일까지 어떤 회원국이든지 니스조약에 정의된 가중다수결의 정의에 따를 것을 요청할 수 있다.[47]

④ 유럽위원회

리스본조약의 발효일과 2014년 10월 31일 사이에 임명된 유럽위원회(이하 '위원회' 라 함)는 그 위원장과 부위원장들 중의 하나인 연합의 외교안보정책고등대표를 포함하여 각 회원국 당 한명의 국민으로 구성된다. 2014년 11월 1일자로 위원회는 유럽이사회가 만장일치로 그 숫자를 변경하기로 결정하지 않는 한 그 의원장과 외교안보정책고등대표를 포함하여 회

44) EU조약 16조 4항.

45) EU조약 16조 8항.

46) EU조약 16조 5항.

47) 경과규정에관한의정서 3조 3항.

원국 수의 3분의 2에 상응하는 수로 구성된다. 위원회의 구성원은 모든 회원국의 인구적, 지리적 범위를 반영하여 회원국들 사이의 엄격하게 동등한 순번제에 기초하여 회원국 국민 중에 선정된다. 이러한 체제는 EU기능조약 244조에 따라서 유럽이사회에 의해 만장일치로 확립되어야 한다.[48] 위원회의 위원장은 위원회의 구성원들 중에서 외교안보정책고등대표를 제외한 부위원장들을 임명한다.[49]

유럽이사회는 유럽의회의 선거를 고려하고, 적절한 협의를 개최한 후 가중다수결로 유럽의회에 위원회의 위원장 후보를 제안한다. 이 후보는 유럽의회 구성원의 다수결로 선출된다. 만약 그 후보가 요구되는 다수표를 획득하지 못한 경우, 유럽이사회는 한 달 이내 가중다수결로 동일한 절차를 따르는 유럽의회에 의해 선출될 새로운 후보자를 제안하여야 한다. 이사회는 선출된 위원장과의 공동 합의(common accord)로 위원회의 구성원으로 임명 제안하는 인사들의 목록을 채택하여야 한다. 위원회의 위원들은 회원국의 제안에 기초하여 선정된다. 위원장, 외교안보정책고등대표 및 위원회의 다른 위원들은 하나의 기관으로서 유럽의회의 동의투표의 대상이 된다. 이러한 동의에 기초하여, 위원회는 가중다수결로 결정하는 유럽이사회에 의해 임명된다.[50] 위원회는 하나의 기관으로서 유럽의회에 대하여 보고할 의무를 갖는다. EU기능조약 234조에 따라 유럽의회는 위원회의 불신임 투표를 할 수 있다. 그러한 불신임이 이루어지는 경우, 위원회의 위원들은 하나의 기관으로서 사임하고, 외교안보정책고등대표는 위원회 내에서 수행하였던 자신의 의무로부터 사임한다.[51]

유럽이사회는 위원회의 위원장과 합의하여 가중다수결로 외교안보정책고등대표를 임명한다. 고등대표는 연합의 공동의 외교 안보정책을 수행한다. 유럽이사회는 동일한 절차로 고등대표의 임기를 종료시킬 수 있다.[52] 고등대표는 제안을 통하여 그 정책의 발전에 기여하고, 이사회가 위임한대로 정책을 수행하여야 한다. 공동의 안보 및 방위정책에도 동일하게 적용된다.[53] 고등대표는 외교이사회를 주재한다.[54] 고등대표는 위원회의 부위원장들 중

48) EU조약 17조 5항.
49) EU조약 17조 6항.
50) EU조약 17조 7항.
51) EU조약 17조 8항.
52) EU조약 18조 1항.
53) EU조약 18조 2항.
54) EU조약 18조 3항.

하나여야 하고, 연합의 대외활동의 일관성을 보장하여야 한다. 고등대표는 대외관계에서 자신이 해야 하는 책임과 연합의 대외활동의 다른 측면을 조정하는데 있어 위원회 내에서 책임을 진다. 고등대표는 위원회 내에서 그러한 책임들을 수행하는데 있어서 그러한 책임들에 대해서만 위원회절차에 구속을 받는다.[55)]

위원회는 연합의 일반적 이해를 촉진하고, 그러한 목적을 위하여 적절한 이니셔티브를 취한다. 위원회는 조약들, 그리고 조약들에 따라 기관에 의해 채택된 조치들의 적용을 보장하여야 한다. 위원회는 EU사법법원의 통제 하에 연합법의 적용을 관장하고, 예산 및 관리 프로그램을 집행한다. 조약들에 규정된 대로 집행 및 관리기능을 조정하여야 한다. 공동의 외교 및 안보정책 및 조약에 규정된 다른 경우를 제외하고, 위원회는 연합의 대외적 대표성을 확보한다. 또한 기관 간 합의를 도출할 목적으로 연합의 연간 그리고 다년간 프로그램을 계획한다.[56)] 위원회의 위원 수는 니스조약에 따라 회원국별로 1명씩, 27명으로 2014년 이후엔 그 수를 2008년의 3분의 2 수준(18명)으로 줄일 예정이었으나 2008년 12월 1일 유럽이사회 회의에서 EU회원국의 정상과 정부 수반들은 위원회가 계속하여 각 회원국 당 한 명의 국민으로 구성되도록 하는데 합의하였다.[57)]

⑤ EU법원

공동체의 사법제도는 니스조약까지는 1952년 ECSC조약에 의해 설치된 유럽사법법원(European Court of Justice: ECJ)과 ECJ의 업무를 경감시켜 주기 위하여 1989년 창설된 1심 법원(Court of First Instance)의 2층 체제(two-tier system)로 구성되었다. 니스조약은 1심법원에 부속될 사법패널(judicial panels)을 추가하였다. EU와 공무원간의 분쟁을 해결할 기관으로 유럽공무원법원(European Civil Service Tribunal)이 하나의 사법패널로 신설되어 1심 법원에 부속되었다.[58)] 리스본조약의 발효에 따라 ECJ는 EU법원(Court of Justice of the European Union)으로, 1심 법원은 일반법원(General Court)으로, 그리고 사법법원은 전문법원들(specialized

---

55) EU조약 18조 4항.

56) EU조약 17조 1항.

57) European Commission, *supra* note 17, 14.

58) Horspool, Humphreys, *supra* note 9, 109.

courts)로 재편되었다. EU사법법원은 조약들의 해석 및 적용에 있어서 법이 준수되도록 보장하여야 한다. 회원국들은 EU법에 포함되는 분야에 있어서 효과적인 법적 보호를 보장하기 위하여 충분한 구제제도(remedies)를 제공하여야 한다.[59)]

EU법원은 각 회원국별 한 명의 재판관으로 구성되며, 법률고문관(Advocate -General)의 지원을 받는다. 일반법원의 경우는 법률고문관을 두지 않지만 판결에 참여하지 않는 판사를 특별 법률고문관(ad hoc Advocate General)로 임명할 수 있다. 법원의 판사들과 법률고문관 그리고 일반법원의 판사들은 EU기능조약 253조 및 254조에 규정된 요건을 충족시키고, 그 독립성을 의심할 여지가 없는 인사들 중에서 선정된다. 이들은 회원국 정부의 공동합의에 의해 6년의 임기로 임명된다. 은퇴하는 판사 및 법률고문관은 재임명될 수 있다.[60)] EU사법법원은 조약들에 따라서 회원국, 기관 또는 자연인 또는 법인에 의해 제기된 소송에 대하여 판결하고, 회원국들의 법원 또는 재판부의 요청에 따라 연합법의 해석 또는 기관들에 의해 채택된 입법의 유효성에 대하여 선결적 판결을 내리며, 조약들에 규정된 기타 사건에 대하여 결정한다.[61)]

⑥ 감사원

감사원은 EU의 감사를 수행하는 기관으로, 각 회원국의 국민 한 사람으로 구성이 된다. 그 구성원은 그들의 임무를 수행하는데 있어서 완전히 독립적이며, EU의 일반적 이해관계에서 활동하여야 한다.[62)] 감사원의 구성원은 각자의 국적 국가에서 대외감사기관(external audit bodies)에 소속되어 있거나 소속된 적이 있었던 인사 또는 그러한 직무에 특별히 자격을 갖춘 인사 중에서 선정된다.[63)] 감사원의 구성원은 6년 임기로 임명되며, 재임될 수 있다. 이사회가 유럽의회와의 협의 후에 각 회원국의 제안에 따라 작성된 구성원 명부를 채택한다.[64)]

---

59) EU조약 19조 1항.

60) EU조약 19조 2항.

61) EU조약 19조 3항.

62) EU기능조약 285조.

63) EU기능조약 286조 1항.

64) EU기능조약 286조 2항.

7 유럽중앙은행

리스본조약은 유럽중앙은행(European Central Bank: ECB)을 EU의 기관 중 하나로 규정하고, 그 권한을 강화하였다. ECB는 국내중앙은행들과 함께 유럽중앙은행제도(European System of Central Bank: ESCB)를 구성한다. ECB는 유로(euro)를 통화로 사용하고, 유로체제를 구성하는 회원국의 중앙은행들과 함께 EU의 통화정책을 수행한다.[65] ECB는 법인격을 가지며, 단독으로 유로의 발행을 허가할 수 있다. 또한 그 권한의 행사와 재무관리에 있어서 독립적이다.[66] ECB는 유로화를 사용하는 유로지역에 대해서만 관할권을 가지고 있었으나 유로화를 사용하지 않는 지역도 포함하여 EU전체에 대하여 관할권을 갖게 되었는데, 그 이유는 EU회원국 전체가 유로화를 사용하는 상황에 대비하기 위해서다. 그러나 유로화의 사용 시까지 통화정책과 관련된 권한의 행사는 유보한다.[67]

ECB의 책임범위 내에 속하는 분야의 EU법에 대한 제안, 회원국 차원에서의 규정에 대한 제안들은 유럽중앙은행의 협의를 거쳐야 한다.[68] ECB는 ESCB의 활동과 전년도와 현재 연도의 통화정책에 관한 연례보고서를 유럽의회, 이사회 및 위원회, 그리고 유럽이사회에 보내야 한다. ECB 총재는 동 보고서를 이사회와 유럽의회에 보고하고, 이들 기관들은 그에 기초하여 , 일반적 토의를 할 수 있다.[69]

【Ⅳ】 결론: EU개혁과 통상적 시사점[70]

2009년 12월 1일 발효된 리스본조약은 확대된 EU를 내부적으로는 보다 효율적이고, 민주적으로, 대외적으로는 보다 일관성 있게 기능하도록 하는 것을 목적으로 한다. 그러한 목적

---

65) EU조약 282조 1항.

66) EU조약 282조 3항.

67) 이종규 · 양오석, 리스본조약 발효 이후 EU의 변화와 시사점, 삼성경제연구소 (2009년 12월), p. 10.

68) EU기능조약 282조 5항.

69) EU기능조약 284조 3항.

70) 이로리. "리스본조약 발효 이후 EU의 변화와 통상적 시사점 -조약 및 EU기관 측면의 변화를 중심으로", 법무부. 통상법률 제 94호 (2010년 8월). pp. 62~64.

에서 EU의 기관들을 현대화 하고, EU의 기능 방식을 최적의 방식으로 변경하기 위한 새로운 규정들을 도입하였다. 리스본조약 발효 이후 EU의 법과 기관 측면의 변화들과 관련하여, 통상적 측면에서 의미 있는 변화로 EU의 대외적 대표성과 대외관계 분야에서의 변화를 들 수 있는데, 그러한 변화가 갖는 통상적 시사점은 다음과 같다.

첫째, EU가 단일한 법인격을 향유함으로써 국제사회에서 국제법적 법인격을 갖춘 실체로서 활동할 수 있게 되었다. 따라서 향후 통상관계에 있어서의 협상 및 조약의 체결은 EU의 이름으로 행해진다. 둘째, EU의 권한의 종류 및 한계가 분명하게 명시되었는데, 리스본조약은 통상, 상품 및 서비스, 지적재산권의 통상적 측면 그리고 해외직접투자를 EU의 배타적 권한에 포함시켰다. 리스본조약 이전과 비교하여 서비스분야의 관할권이 분명해 졌고, 해외직접투자로 그 관할권이 확대되었다. 셋째, 리스본조약은 EU의 외교정책 및 대외관계 부분을 EU의 대외적 활동(Union's External Action)이라는 새로운 제목으로 편입시켰다. EU의 대외적 활동에 포함되는 정책분야는 공동의 외교안보정책, 공동의 통상 정책, 제3국과의 경제, 재정 및 기술협력, 인도적 지원, 및 기타 정책의 대외적 측면을 포함한다. 따라서 공동의 통상정책은 EU의 대외적 활동의 구성 부분이면서, EU조약 및 EU기능조약상의 대외적 활동을 규율하는 원칙의 적용을 받게 되었다. 넷째, 대외관계에서 EU를 대표할 수 있는 유럽이사회의 상임의장과 EU외교안보정책고등대표직이 신설되고, 대외관계에서의 일관성 있는 정책의 수립 및 추진이 가능해 졌으며, 유럽대외활동서비스가 신설되어 EU회원국들과 협력하여 활동할 수 있는 제도적 기반이 마련되었다. 다섯째, EU의 대외활동에 있어서 유럽의회의 역할이 보다 확대되었다. 특히, 제3국과의 무역협정을 협상하거나 체결하는데 있어서 리스본조약에 따라 유럽위원회가 공식적으로 그리고 정기적으로 협상의 진전 상황을 유럽의회에 보고할 의무를 갖게 되었다. 또한 보통 입법절차로 입법하는 분야가 공동통상정책에도 적용되므로, 앞으로 유럽의회는 모든 통상조약에 동의권을 갖게 된다. 이는 유럽의회의 의견이 통상조약의 체결에 필수적이라는 것을 의미한다. 또한 공동통상정책의 법적 성격을 갖는 모든 행위들도 보통입법절차로 채택되므로 반덤핑, 상계조치, 세이프가드조치 등의 무역제한조치와 무역장벽규칙과 관련된 모든 규칙들(regulations)도 동 절차에 따라 채택된다. 따라서, 통상조약의 협상 및 체결 그리고 무역구제제도 등과 같은 주요 통상정책결정에 있어서의 유럽의회의 강화된 권한을 고려하였을 때 EU와의 통상 문제에 대응하는데 있어 유럽의회의 국제무역위원회(International Trade Committee)의 동향, 정치적 성향 및 분위기 등을 잘 파악하여야 할 필요가 있다.

<유럽연합 (EU)의 주요 발전 연표>

시 기	내 용
1950. 5	슈만선언
1951. 4	6개 유럽국가가 ECSC를 창설하는 파리조약에 서명함
1957. 3	6개 유럽국가가 Euratom과 EEC를 창설하는 로마조약에 서명함
1958. 1	로마조약이 발효됨
1965. 4	ECSC, Euratom 및 EEC의 세 공동체의 단일기관 활동을 위한 통합조약이 서명됨
1967. 7	통합조약이 발효됨
1970. 4	공동체 고유 재원의 확립을 규정한 제1차 예산조약이 서명됨
1973. 1	덴마크, 아일랜드, 영국의 공동체에 가입함
1974. 12	유럽이사회가 유럽의회의 직접선거에 합의
1975. 7	제2차 예산조약이 서명됨
1978. 7	유럽이사회가 심화된 통화협력에 합의
1979. 6	유럽의회 의원에 대한 첫 번째 직접선거가 이루어짐
1981. 1	그리스가 공동체에 가입함
1986. 1	스페인, 포르투갈이 공동체에 가입함
1986. 2	단일유럽의정서 (SEA)가 서명됨
1987. 7	SEA 발효 (기존의 ECSC, Euratom, EEC조약이 개정됨)
1992. 2	마스트리히트에서 유럽연합조약(TEU)이 서명됨
1993. 11	유럽연합조약 (TEU)이 발효됨 (EC, 외교 · 안보, 사법 · 내무의 3柱 체제로 개편)
1995. 1	오스트리아, 핀란드, 스웨덴이 EU에 가입함에 따라 EU회원국은 15개국으로 확대됨
1997. 10	암스테르담조약이 서명됨
1999. 5	암스테르담조약이 발효됨 (기존의 EC조약 및 EU조약 개정)
2000. 12	니스조약이 서명됨
2003. 2. 1	니스조약이 발효됨 (EU확대를 대비한 제도적 개혁)
2004. 5. 1	키프로스, 체크공화국, 에스토이나, 헝가리, 라트비아, 리투아니아, 몰타, 폴란드, 슬로박공화국, 슬로베니아 10개국이 EU에 가입함에 따라 EU회원국은 25개국으로 확대됨
2005. 10	터키, 크로아티아 가입협상이 개시됨
2007. 1	불가리아, 루마니아의 EU가입으로 EU회원국은 27개국으로 확대됨
2007. 12. 13	리스본조약이 서명됨
2009. 12. 19	리스본조약이 발효됨

참 고 문 헌

김대순(2008년 4월), "2007년 EU리스본조약의 개관", 대한국제법학회, 국제법논총 제53권 제1호.

이종규 · 양오석(2009년 12월), 리스본조약 발효 이후 EU의 변화와 시사점, 삼성경제연구소.

이로리(2010년 8월), "리스본조약 발효 이후 EU의 변화와 통상적 시사점", 법무부, 통상법률 제94호.

European Parliament, *Fact Sheets on the European Union* (2009 Edition)

European Commission, *Your Guide to the Lisbon Treaty* (July, 2009)

General Secretariat of the Council of the EU, Background - President of the European Council (November 2009).

General Secretariat of the Council of the EU, Background - The High Representative for Foreign Affairs and Security Policy/The European External Action Service (November 2009).

General Secretariat of the Council of the EU, Treaty of Lisbon, Press (December 2009).

John Van Oudenaren, *Uniting Europe: An Introduction to the European Union* (2nd edition), ROWMAN & LITTLEFIELD PUBLISHING (Oxford: 2005)

Margot Horspool & Matthew Humphreys, *European Union Law* (5th edition), Oxford University Press (Oxford: 2008)

Richard Ghevontain, *Droit Communautaire*, Édition DALLOZ (Paris: 2004)

Zoltán Horváth, Handbook on the European Union (3rd edition), HVG-ORAC Publishing House Ltd. (Budapest: 2007)

〈조약〉

The Treaty of Lisbon amending the Treaty of the European Union and the Treaty establishing the European Community (Official Journal C 306, 17. 12. 2007)

Consolidated Version of the Treaty on European Union (Official Journal C83/13, 30. 3. 2010)

Consolidated Version of The Treaty on the Functioning of the European Union (Official Journal C 83/47, 30. 3. 2010)

제 3 장

EU 통상정책 결정과정에 대한 비교법적 연구

제3장
EU 통상정책 결정과정에 대한 비교법적 연구

【I】 서 론

WTO 체제의 출범으로 세계는 국경 없는 교역을 추구함에 따라 세계경제의 통합과 생산의 국제화 추세가 확대되고, 개별국가의 국내규범에 따른 자율적인 통상정책의 변화는 과거와는 달리 교역 상대국가들에게 매우 민감한 영향을 주고 있다. 또한 최근 선진국을 중심으로 상호협력을 강화하고, WTO의 뉴라운드 추진을 통한 자국 관심분야에 대한 국제적 규범을 마련하고자 노력을 경주하고 있는 실정이다.

일국의 통상정책은 대외 경제정책의 일부로서 외국과의 교역활동을 규제하는 제반 정부 시책을 의미한다. 이러한 통상정책이 추구하는 궁극적인 목적은 고용증진, 산업발전, 국제수지균형 등을 통하여 자국의 경제적 이익을 극대화하는 것이라고 할 수 있다. 통상정책은 각국의 경제발전단계, 산업구조, 대외경제여건 등 여러 상황을 반영하며, 통상정책의 결정은 다양한 정책담당기관, 국내산업 및 여러 계층의 이해관계와 세력에 따라 그 기본방향이 결정된다고 할 수 있다. 따라서 국가간 · 기업간 경쟁의 첨예화, 개방화 · 세계화 시대에서는 경쟁력 증진의 하나의 방편으로 효율적인 통상정책이 요구되며, 동시에 각국의 통상정책 결정체계의 이해가 우선 필요하다.

각국의 통상정책 결정 메카니즘의 차이에 관한 연구는 외국의 통상압력의 원인 규명과 앞으로의 통상분쟁에 대한 대책을 강구하는데 도움을 줄 수 있어 한국에 시사하는 바가 크다. 예를 들면 미국은 일본의 유력 정치인과 주무관청과 인사교류를 추진하는 등 통상관련 부처와 부단한 접촉을 계속하고 있다. 반면 일본은 통상마찰 발생단계에서 의회나 미무역대표부에 대해 정보의 사전 수집 노력을 기울이면서, 미의회 의원들을 상대로 이익단체나 전문 로비스트를 활용하여 유리한 분위기를 조성해 나가고 있는 실정이다. EU는 최근 리스본조약 이후, 일본은 2001년 모리 정부 이후 내각 통폐합에 의해서 관련 기관의 변경이 있었다. 2장에서는 최근 EU, 미국, 일본의 통상정책 결정과정의 차이를 분석한다.

【Ⅱ】 EU · 미국 · 일본의 통상정책 결정과정의 특징

① EU 통상정책 결정과정의 특징

EU의 공통통상정책은 관세율의 변경, 상품 및 서비스에 관련된 관세 및 무역협정의 체결, 지적재산권의 통상적 측면, 해외직접투자, 자유화조치에 있어서 통일성의 달성, 수출정책 및 덤핑 또는 보조금이 발생한 경우 취해지는 반덤핑 및 상계조치와 같이 무역을 보호하기 위한 조치들을 포함하며, 공동통상정책은 EU의 대외활동의 원칙 및 목적에 맞게 수행되어야 한다.[1] 2009년 12월 리스본조약의 발효 이후 EU는 단일한 법인격을 향유함으로서 EU의 이름으로 국제통상조약을 협상하거나 체결할 수 있으며, WTO와 같은 국제기구에서도 스스로를 대표할 수 있게 되었다.

EU의 주요 통상정책 결정기관으로는 유럽위원회(Commission), 이사회(Council), 유럽의회(European Parliament)가 있으며, 이들 기관들은 2009년 12월 발효된 리스본조약에 의해 개정된 EU조약 및 EU기능조약의 권한의 범위 내에서 공동통상정책을 담당하고 있다. 공동통상정책에 있어서의 각 기관의 역할 및 통상정책의 결정과정에서의 특징을 살펴보면 다음과 같다.

먼저, 유럽위원회는 EU의 이익을 위하여 활동하는 EU의 기관으로서, 위원장 및 EU의 외교안보정책고등대표를 포함하여 각 회원국 당 한 명의 위원으로 구성된다. 위원회는 필요한 협상의 개시를 결정할 권한을 갖는 이사회에 권고(recommendations)를 하고, 이사회와 함께 협상된 조약이 EU정책 및 규칙에 양립할 것을 보장하는데 책임을 갖고 있다. 유럽위원회는 이사회가 채택한 지침(directives)의 범위 내에서 이사회에 의해 임명된 특별위원회와 협의하여 협상들을 수행한다.

---

1) EU기능조약 207조 1항.

리스본조약의 발효 이후 유럽위원회는 유럽의회에 통상협상의 진전을 정기적으로 보고할 의무를 갖게 되었다. 또한 반덤핑, 상계조치, 세이프가드조치 등 무역구제조치의 조사 및 이사회의 확정조치 부과 결정 등에 따른 통상정책의 집행을 담당한다.

둘째, 이사회는 EU회원국의 각료로 구성된 기관으로서, 회원국 정부의 이익을 대표하는 기관이다. 통상협상의 개시, 통상협정의 체결, 반덤핑 등의 무역구제조치의 확정조치 부과, 무역장벽규칙(Trade Barrier Regulation: TBR)에 의한 보복조치의 결정권한을 갖는다.

셋째, 유럽의회는 유럽시민을 대표하는 기관으로 유럽시민들에 의한 직접선거로 선출된 의원들로 구성된다. 유럽의회는 리스본조약 발효 이후 입법, 예산 부문에 있어 보다 확대된 권한을 행사하게 되었다. 특히, 통상정책 관련 입법에 있어서 보다 확대된 권한을 행사할 수 있게 되었는데, 그 이유는 공동통상정책이 EU기능조약 5부(Part V)의 EU의 대외활동에 포함되었고, 동 정책의 이행을 위한 골격(framework)을 결정하는 조치를 채택하는데 있어 기존의 공동결정절차(co-decision procedure)로 알려진 보통입법절차(ordinary legislative procedure)가 적용되기 때문이다. 또한 유럽의회는 EU가 제3국과 무역협정을 협상하는 경우 유럽위원회로부터 정기적으로 협상의 진전 상황을 보고 받는다. 또한 EU가 무역협정을 체결하는데 있어서 유럽의회의 동의를 받아야 하기 때문에 대외무역에 있어서 유럽의회의 참여 및 그 권한이 확대 되었다.

EU의 통상정책 결정의 특징을 살펴보면, 먼저 EU의 공동통상정책은 EU의 배타적 권한(exclusive competence)으로서 EU가 입법권을 행사하고, EU회원국이 이행만 하는 정책 영역이라는 점이다. 따라서 통상정책의 결정은 개별 회원국이 아닌 EU차원에서 이루어지며, 그러한 정책의 결정에 있어서 이사회와 유럽의회는 공유되는 권한을 행사한다.

둘째, 통상협정의 협상 및 체결에 있어서 EU기관의 역할이 분명하게 구별되어 있다는 점이다. 양자 또는 다자통상협상에 있어서 협상은 유럽위원회에 의해 수행되며, 이사회는 그러한 협상의 지침을 제시하고, 통상협상의 결과 채택된 협정의 체결을 허가하는 권한을 갖는다. 유럽의회는 그러한 조약협정이 채택되기 전에 그러한 조약체결에 대한 동의권을 행사한다. 그러한 조약 체결에 있어서 각 개별회원국의 승인절차는 요구되지 않는다.

셋째, 모든 통상관련 입법이 보통입법절차(공동결정절차)에 따라 이루어지므로 의회가 통상정책에 관하여 행사하는 권한이 확대되었다. 보통입법절차는 EU기능조약 294조에 규정되어 있는데, 동 절차에 따르면, 유럽위원회는 입법제안을 유럽의회와 이사회에 제출한다. 유럽의회는 1회독에서 유럽의회의 입장(position)을 채택하여 이사회에 보낸다. 만약 이사회가 유럽의회의 입장을 승인하면, 관련된 입법은 유럽의회의 입장에 상응하는 문구로 채택된다. 만약 이사회가 유럽의회의 입장을 승인하지 않는 경우, 유럽의회의 1회독 입장에 대한 이사회의 입장을 채택하여, 유럽의회에 송부한다. 이때 이사회는 이사회의 입장을 채택하게 된 이유를 유럽의회에 설명하여야 한다. 이사회의 입장 송부 후 3개월 내, 유럽의회는 2회독에서 이사회의 입장을 승인하거나 결정을 내리지 않는 경우, 관련 입법은 이사회의 입장에 상응하는 문구로 채택된 것으로 간주되며, 유럽의회 구성원 다수결로서 이사회의 입장을 거부하는 경우, 그 제안된 입법은 채택되지 않은 것으로 간주된다. 만약 유럽의회가 의회 구성원 다수결로 이사회의 입장에 대한 수정을 제시하는 경우, 동 수정안은 이사회와 동 수정안에 대하여 의견을 제시해야 하는 유럽위원회에 송부된다.

유럽의회의 수정안을 받은 후 3개월 내에 가중다수결로 결정하는 이사회가 그 수정안을 승인하면, 해당 입법은 채택된 것으로 간주되지만, 승인하지 않는 경우, 이사회 의장은 유럽의회의 의장과 합의하여 조정위원회를 6주 내에 소집하여야 한다. 조정위원회에서 공동문안을 준비하여 채택한 경우, 다수결(majority of the votes cast)로 결정하는 유럽의회와 가중다수결로 결정하는 이사회가 공동문안에 따른 법안의 채택 여부를 결정한다. 따라서 유럽의회가 동 공동문안을 거부하는 경우, 제안된 입법이 채택되지 않는다. 따라서 통상입법에 유럽의회의 역할도 크다고 할 수 있다.

② 미국 통상정책 결정과정의 특징

미국의 통상정책은 의회, 행정부, 민간부문의 3자간 상호작용에 의해 결정되는데, 의회와 대통령(행정부)간의 상호 마찰과 협력이 존재하며, 이는 미국 통상정책의 결정구조와 체계에 핵심적 요소이다.[2] Pastor(1980)는 주요 통상입법과정에서 兩府政治(Inter-branch Politics) 모델을 제시하고 있는데, 의회와 행정부간의 역학관계가 중요함을 역설하고 있다. 대통령이 정치력 역량 발휘를 통해서 의회와 협력관계의 유지 여부에 따라 미국 통상정책의 방향과 내

2) 미국의 통상정책 관련 주요 법규로는 관세법(1930), 상호무역협정법(1934), 통상확대법(1962), 통상법(1974), 통상협정법(1979), 통상관세법(1984), 종합무역경쟁력법(1988), UR 이행법(1994) 등이 있다. 미국 통상정책 결정에 관한 자료는 한국무역협회(1989, 1998), 미국학연구소(1995), 법무부(1996), 김기수(1996), 최병선(1996, 1999) 배용호(1997), 조영정(2000), 김정수(1996), 김의진(1992), 윤식, 조현태(1993), 이정희(1995), 한상희(1995), 박찬욱(1995), 이호철(1996b), Pastor(1980), Lenway(1985), Bauer *et al.*(1972), Destler(1994), 그리고 http://my.netian.com/~leehc1/data/thesis/thesis12.htm 등 참조.

용이 결정되어 왔다. 대통령(행정부)과 의회와의 관계는 1930년대 이후 계속 변화되고 왔고, 1980년대 중반 이후 미국의 통상정책에서 의회의 발언권이 강화되었다는 점이 특징이다.[3)]

미국 의회는 헌법 규정에 따라 대외통상에 관한 규제와 관세 및 기타 수입과징금의 부과 등에 관한 권한을 갖는다.[4)] 먼저 미국 의회의 통상정책 결정과정을 살펴보면, 관련 법률안을 제출하고, 제출된 법률안은 해당위원회(Committees)에 넘겨져 심사를 하게 된다. 위원회 심의 과정에서 논쟁의 여지가 있거나 중요한 사안은 청문회(Hearing)를 소집하는데, 실제로 통상법률의 채택 여부를 결정하는 중요한 역할은 각종 위원회에서 담당한다. 다음 단계로서 위원회의 가결을 거쳐 최종안이 만들어지면 법안제출의 취지, 적용범위, 위원회의 결정사항, 행정부의 의견 등을 첨부한 보고서를 작성하여 본회의(Committee of the Whole)에 회부하고, 마지막으로 양원을 통과한 법안에 대해 대통령이 서명하면 법률로 성립된다.

다음으로 행정부의 권한과 역할에 관한 특징을 살펴보면, 미국에서 국제통상정책을 수립 및 집행하는 기관은 행정부로서, 이는 대통령을 수반으로 하여 상무부, 미국무역대표부, 그리고 부처간 정책조정기구 등이 있다.[5)] 미국 대통령은 대외통상문제에 큰 권한을 행사하고 있는데, 국제통상협상을 수행하고 통상문제에 관련된 외교를 담당하며, 나아가서 의회로부터 광범위한 권한을 위임받아 통상문제에 관련하여 권한을 행사하고 있다는 점이 특징이다.

행정부의 통상정책 결정과정은 행정부의 부처간 정책조정기구에서 3가지 협의체, 즉 무역정책 실무위원회(Trade Policy Staff Committee: TPSC), 무역정책 검토그룹(Trade Policy Review Group: TPRG), 그리고 국가경제회의(National Economic Council: NEC)를 운영하고 있다. 일상적이며 기술적인 통상정책은 TPSC에서 입안되며, 이 과정에서 TPSC를 지원하는 소

---

3) 미국에서 대통령(행정부)과 의회는 통상정책을 둘러싸고 끊임없이 주도권 경쟁을 벌여 왔다. 양자 사이의 대립과 갈등양상은 서로 다른 정치적 계산이 만들어 내는 정치적 게임이라고 보는 견해도 있다. 김정수(1996), 박찬욱(1995), 최병선(1996) 참조. 대통령의 통상정책에 관한 권한도 의회에서 통과된 법률에 의해서 행사될 수 있어, 통상정책에 관한 의회의 역할은 매우 크다고 볼 수 있다.

4) 미국 헌법 제1조 8항에 *"The Congress shall have power to lay and collect taxes, duties, imports and excises..."*를 언급하고 있다. http://caselaw.findlaw.com/data/constitution/article01/ 참조.

5) 상무부(Department of Commerce: DOC)는 통상문제에 관하여 가장 포괄적인 권한을 가진 행정부처로서 특히 반 덤핑 또는 상계관세의 부과조치에 있어서 주도적인 역할을 하고 있다. 이 밖에도 통상관련 품목과 소관업무에 따라 농무부, 국방부, 노동부, 재무부, 국무부 등이 수평적으로 통상문제에 관한 권한을 행사하고 협력하고 있다. 한편 미국무역대표부(U.S. Trade Representative: USTR)는 대통령 직속의 통상문제 전담 부서이며, 대외통상문제에 관한 대통령 특사 역할도 수행하고 있다. 특히 USTR은 교역상대국의 불공정 무역관행을 조사하여 그 결과를 의회에 보고하고 상대국의 시장개방압력과 보복조치를 취하는 기관이다.

위원회에서 정책분석을 수행한다. 이들 그룹의 결론과 권고는 TPSC에 제출되고 부처간 합의의 기초가 된다. 국내뿐만 아니라 교역상대국에 민감한 사항은 TPRG로 넘어가고, TPRG는 TPSC로부터 보고된 입장을 중심으로 정책협의를 한다. 이때 국가의 통상문제와 국가안보상 중요한 사안인 경우에는 최종 의사결정기구인 NEC로 이관되며, NEC는 이러한 안건에 대해서 결정을 내리는 역할을 수행한다.[6)]

이러한 과정에서 특징은 첫째, 통상문제가 TPSC에서 TPRG, NEC로 옮겨감에 따라 기술적 요인의 중요성은 점차 줄어드는 반면, 정치적, 전략적인 관심이 증대한다는 점이다. 둘째, 이 같은 협의체의 회의는 각 구성원의 합의를 기초로 운영되지만, 정책결정에서 시행할 책임이 USTR에 있어 그 운영의 주도권은 USTR이 갖고 있다는 점이다.[7)] 셋째, 최근 통상정책의 결정이 고위급 기구로 이관되는 사례가 빈번해지고 있는데, 이는 통상현안에 대한 국민의 관심이 높아져 정치적 비중이 증대함을 의미한다.[8)]

그리고 미국의 통상정책 결정과정에서 특징은 독립된 준 사법기관으로 통상관련 진상조사를 담당하는 국제무역위원회(U.S. International Trade Commission: USITC)의 역할이다. USITC는 수입으로 인한 국내산업피해의 조사와 판정을 내리고, 이에 따른 구제조치에 중심적인 역할을 수행하며, 행정부와 의회에 자문을 해주고 있다. 또한 미국 통상정책에 상당한 영향을 미치는 민간부문은 정부의 정책수립과 입법과정에 참여하는 민간자문위원회, 정책연구를 담당하는 두뇌집단(Think Tank), 그리고 각종 압력단체와 로비스트의 활동을 들 수 있다. 따라서 미국의 통상정책 결정과정에서 업계와 이익단체를 비롯한 민간부문은 전반적인 정책방향, 세부 정책내용 및 이익 운용방법에 대해 강력한 영향력을 행사하고 있는 점이 특징이다.

6) NEC는 국제경제정책과 통상정책과의 연계를 강화하기 위해서 설치된 행정부내 최고 정책결정기구로서 대통령이 주관하는 각료급 회의(Cabinet Council)이다.

7) 통상정책은 국내의 산업문제, 외교, 국내 이익집단간의 이해조정 등 여러 가지 문제가 복잡하게 연관되어 있기 때문에 중요한 통상정책은 행정부내의 통상현안에 관련되는 여러 부서들의 협의절차를 거쳐 결정하며, 대통령 직속기관인 통상대표부(USTR)가 주도적인 역할을 한다. 미행정부내 통상정책 결정에 관한 공식적인 절차는 1962년 무역촉진법(The Trade Expansion Act of 1962)에 의해 처음 마련됐다. 관련 기관들간 검토 단계에서는 일반적으로 민간의 자문위원회나 의회에 자문을 구하며, 일단 정책결정이 이루어지면 USTR은 동 결정을 집행감독하며, 바람직하고 적절하다고 판단하면 다른 기관에 집행 업무를 위임할 수 있다. 법무부(1996) 참조.

8) 1993년 대통령 산하에 관련 행정부처들과 USTR 등 19개 부처 대표가 참여하는 무역진흥조정위원회(Trade Promotion Coordinating Committee: TPCC)를 설치하여 관련 부처간 전략수립과 최신 정보수집을 통해 불공정경쟁관행에 대처하고 공정경쟁을 추구하고 있다.

<그림 2> 미국의 통상정책 결정과정

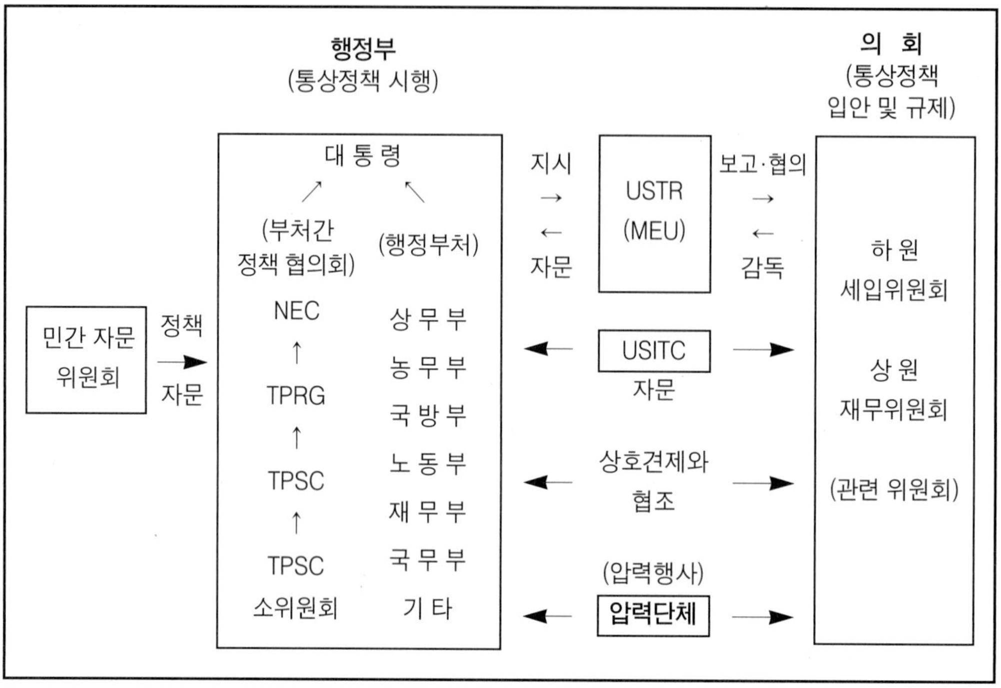

자료: 변재웅(2001), p. 223. 배용호(1997), p. 16 에서 수정 · 보완

<그림 2>는 이러한 통상정책 결정과정에서 담당기관의 상호역할을 보여주고 있다. 미국의 통상정책 결정과정의 주요 특징을 살펴보면, 첫째, 통상정책 규제에 관한 권한은 의회에 있다. 이는 타국과 비교하여 통상정책 결정에서 미국 의회의 역할이 지대함을 알 수 있다. 미국 의회는 통상정책의 수행과 통상문제에 관한 외국과의 협상권은 행정부에 위임하고 있지만, 행정부의 통상정책 수립과 집행에 대한 감시와 견제기능을 수행하고, 입법과정에서 통상정책 결정에 지속적으로 관여하고 있다.

둘째, 상호견제와 균형을 통한 제도적 장치의 마련이다. 미국 통상정책 결정의 중요한 역할을 수행하는 미무역위원회(USITC)와 미무역대표부(USTR)는 의회와 행정부의 상호견제와 균형에서 생겨난 제도적 방안이다.

셋째, 민간업계는 타국에 비해서 적극적인 의회와의 로비와 행정부와의 접촉을 통해 그들의 입장을 반영하고 있음을 알 수 있다. 따라서 미국의 통상정책 결정과정에는 각계의 다양한 의견을 수렴하고 있는 점이 특징이다.

넷째, 미국의 무역정책은 모든 이해관계자와 당사자의 적극적인 참여와 공개적인 논의를 통하여 결정되고 있다. 즉 의회, 행정부, 민간의 이해조정 및 합의를 중시하며, 정책결정과정의 다원주의와 공개주의를 원칙으로 하는데, 이는 미국 무역정책의 객관적 합리성과 투명성을 높이는데 기여한다는 점이다.

다섯째, 미국의 정책결정 과정에는 많은 부처가 참여하는데, 이중에는 행정부 예산처, 대통령 경제자문위원회, 법무부처럼 무역과 직접 관련이 없어 보이는 기관들도 의견을 개진한다는 점이다.

여섯째, 연방정부가 통상정책을 결정하고 실시하려면 복잡한 부처간의 교섭과 여러 행정적인 수속을 완비해야 하기 때문에 통상정책을 수립하는데 많이 시일이 소요된다. 따라서 정책 결정과정에서 외국이나 로비스트들이 개입할 수 있는 시간과 기회를 제공하고 있는 점이 특징이다.

마지막으로, 미국의 행정상 고위직은 선거결과에 따라 정치적으로 임명되고 있어, 상의하달(上意下達)식의 의사결정 형태를 고려할 때, 정부내의 의사결정은 정치적 임명자들의 판단에 크게 좌우된다.[9)]

③ 일본 통상정책 결정과정의 특징

일본 통상정책 관련기관으로 의회, 행정부, 각종 심의기구 및 민간단체 등이 있다.[10)] 이들 기관의 특징을 살펴보면, 일본 의회는 헌법상 국가권력 최고기관으로 국제조약 체결의 승인권과 법률 제정권을 통해 국제통상정책의 승인과 집행에 영향을 미치고 있다. 그러나 의회는 업무분담을 통한 행정부서의 감독보다는 단지 행정부의 독자적인 정책결정과 집행에 대하여 정당성을 부여하는 기구로서의 기능을 수행하고 있을 뿐이다. 따라서 일본은 의원 중심제를 채택하고 있지만, 통상정책에 관해서는 미국에 비해 의회의 구속을 덜 받는다.

일본은 또한 미국이나 EU와는 달리 행정부서 특히 전문관료집단이 국제통상정책의 수립

---

9) http://my.netian.com/~leehc1/data/thesis/thesis12.htm 참조.

10) 일본의 경우 통상정책 관련 주요 법규로는 외국과의 무역 및 외환거래에 관한 외국위체(外國爲替) 및 외국무역 관리법을 기초로 여러 정령(政令) 및 성령(省令)의 하위규정을 두고 있고, 수출거래법, 관세법, 관세정율법, 관세잠정조치법 등 무역 및 외환관리, 관세, 무역진흥 및 국제협력의 4개 분야의 통상정책에 관한 법규를 두고 있다. 일본 통상정책에 관한 자료는 猪口孝(1991), JTA(1996), EU Commission(1998), 나성섭(1998), 무역위원회(1999), 이호철(1996a, 1996b), http://my.netian.com/~leehc1/data/thesis/thesis12.htm 등 참조.

과 집행에 중심적인 역할을 수행하고 있지만, 미국의 USTR과 같은 통상전담부처를 두고 있지 않고 있다. 행정부내에서는 대외문제에 관한 정부의 공식적인 창구는 외무성이 되고, 통상산업성은 통상행정을 담당하는 주무기관이다. 또한 통상문제는 분야별로 전문성을 요구하기 때문에 각 부처는 부처업무와 관련된 대외업무를 효율적으로 처리하기 위한 조직이 있으며, 각료회의는 부처간 이견(異見)을 조정하는 역할을 수행하고 있다는 점이 특징이다.[11]

〈그림 3〉 일본의 통상정책 결정과정

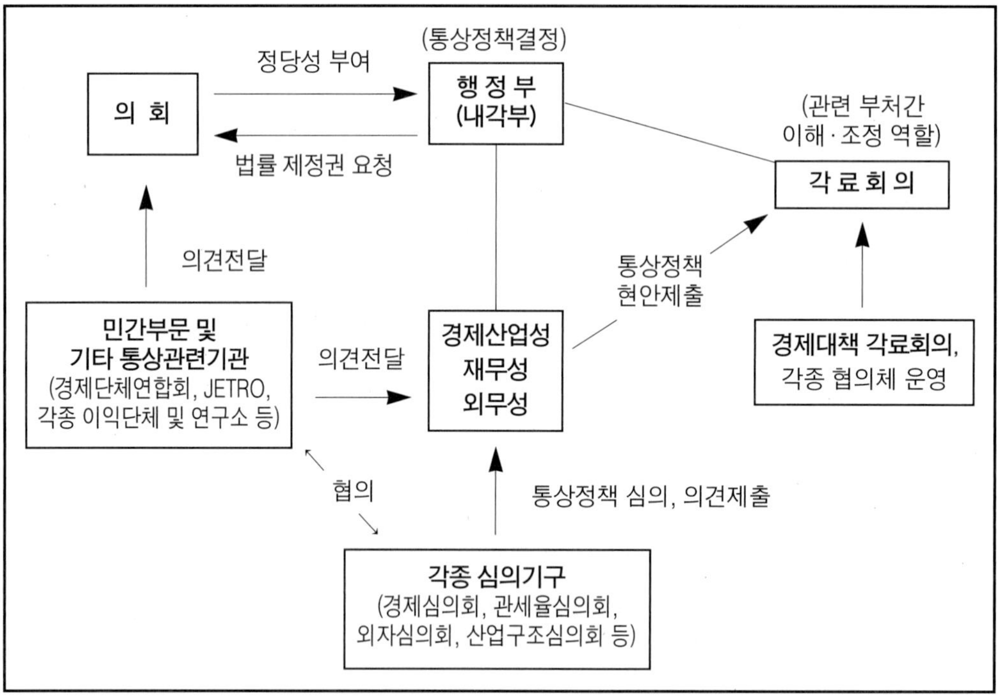

자료: 변재웅(2001), p. 228.

11) 통상정책 담당 주요 행정부처는 다음과 같다. 첫째, 통상산업성은 국내의 산업정책, 해외투자, 통상정책 등에 광범위한 영향력을 행사하고 있으며, 일본의 대외무역과 경제협력의 현황을 분석하고 방향을 제시한다. 둘째, 대장성은 경제계획의 수립과 계획, 수출입, 통관업무, 관세관련 업무와 함께 수입급증에 따른 상계관세, 반덤핑관세 그리고 긴급관세의 부과업무 등 통상정책에 적극적으로 개입하고 있다. 셋째, 외무성은 대외경제정책의 수립 및 입안에 중요한 역할을 담당하고 있으며, 특히 통상관련 국제협상과 국제기구에 일본 대표로 참석하는 등 국제통상활동에 적극적으로 참여하고 있다. 넷째, 일본은 경제·통상관련 현안문제들에 대한 관련부처간의 통상현안에 대한 상충된 견해나 이익을 조정하기 위해 각 행정부처간 협의체인 각료회의를 구성·운영하고 있다. 일본은 또한 통상정책에 영향을 미치는 여러 통상관련기관과 민간부문이 있는데, 통상관련기관으로 수출검사기관, 해외 경제무역동향에 관한 정보수집 및 제공, 수출촉진 등을 목적으로 하는 일본무역진흥회 (JETRO), 그리고 정당이나 행정부에 영향력을 행사하는 각종 민간 압력단체와 경제단체연합회 등이 있다.

일본의 통상정책 결정의 특징은 행정부, 특히 전문관료가 절대적인 영향력을 가지고 있다. 관료 중심적 정책결정 메카니즘과 긴밀한 관료협조체제로 통상정책은 국내산업정책과의 연계 하에 비교적 효율적으로 추진된다는 점이 특징이다. 일본 통상정책 결정 메카니즘을 도표로 구성해 보면 <그림 3>과 같다. 통상정책을 포함한 주요 정책을 조정 · 결정하기 위한 절차로서, 먼저 각 행정부처(즉, 경제산업성, 재무성, 외무성 등)의 실무진에서 토의된 안건은 각의(閣議)에 앞서 사무차관회의에 올려지고, 차관회의를 통과한 안건은 내각에 오르게 된다. 실제 각의에 올라오는 사안들은 차관회의 안건과 같이 이미 토의가 끝나 합의를 본 것이어서, 각료들은 소관부처의 검토가 끝난 사안에 대해 각의에서 서명하고 총리대신이 최종 서명함으로서 결정된다.

이상과 같이 일본은 공식적인 의사결정을 가지고 있지만, 관청내의 의사결정이 하의상달(下意上達)식이기 때문에 최초의 실무진의 판단이 중시된다. 따라서 고위급 회의는 이전에 실무진 사이에서 이루어진 합의를 확인해 주는 의식에 불과한 때가 많고, 의견조정도 공식적인 절차보다는 사전교섭이라는 비공식적인 절차를 통해서 미리 이루어지는 경우가 많은 점이 특징이다.

결국 일본 통상정책 결정과정의 특징은 행정부가 정책결정에 핵심이며,[12)] 전문관료의 의견 중시, 원칙적으로 관련 부처의 합의 중시, 비공식적인 절차를 통해 의견을 사전 조율한다는 점이다.[13)] 이러한 과정에서 행정부(내각부)는 각종심의기구를 통해 통상정책에 관한 심의와 의견을 제출 받고, 경제대책각료회의와 각종협의체를 통해 정책자문을 받는다. 또한 각종 민간부문과 경제단체연합회, JETRO, 각종연구소 등 주요 통상관련 기관으로부터 의견을 참조하고 있다. 일단 각의(閣議)에서 결정된 통상정책은 의회에 법률 제정권을 요청하고, 의회는 이에 정당성을 부여하고 있는 점이 특징이다.

일본은 2001년 내각 통폐합을 단행하여 대장성은 재무성(財務省), 통상산업성은 경제산업성(經濟産業省)으로 각각 흡수 통합하였다. 또한 관련 경제심의회, 관세율심의회, 산업구조심의회의 경우, 경제심의회는 원래 경제기획청의 자문기구였으나, 경제기획청이 개편 후 내각부로 흡수되었다. 관세율심의회는 재무성의 자문을 담당하고, 산업구조심의회는 원래 통

---

12) 猪口孝(1991, pp. 151~169)는 산업진흥정책(통상정책)의 관점에서 볼 때, 일본의 경우 정부의 역할이 지대함과 통상문제와 정치학의 상호 연관관계를 주장하고 있다.

13) 일본의 통상정책의 결정에 있어서 정부는 언론과 긴밀한 관계를 유지하여 국민전체의 여론을 조성하는데, 이는 다른 국가와의 무역협상에서 유리한 고지를 점령하기 위한 것으로 보인다.

상산업성의 자문기구였으나, 현재 통상산업성이 경제산업성으로 각각 변경되면서 이곳의 자문기구가 되었다.

이상으로 미국, EU, 일본의 통상정책 결정과정의 특징과 비교해 볼 때, 한국 통상정책 결정과정의 특징은 행정부(대통령과 외교통상부)가 주도적 역할을 담당하며, 상대적으로 의회와 사법부의 기능이 미약하다는 점을 알 수 있다. 즉 주요 교역국과 비교할 때 통상정책의 결정권한이 상당히 집중되어 있어 보다 효율적인 통상정책 결정 메카니즘이 필요함을 시사하고 있다. 이는 III절에서 사례연구를 중심으로 좀 더 자세히 논의하고자 한다.

【III】 EU · 미국 · 일본의 통상정책 결정과정의 비교

본 절에서는 II절의 각국 통상정책 결정과정의 분석을 바탕으로 EU, 미국, 일본의 반덤핑제도 운영과정상 특징, 사례연구를 통한 통상분쟁측면의 분석, 그리고 통상정책 결정권한 측면에서 이들 국가들의 통상정책 결정과정에서의 상호 특성 및 권력 집중도의 비교 분석을 바탕으로 한국의 효율적인 통상정책 결정 메카니즘과 이의 시사점을 유추한다.

① 통상분쟁측면: EU · 미국 · 일본의 반덤핑제도 운영과정의 사례연구 및 시사점

반덤핑제도는 WTO 출범 후 자국산업의 보호라는 관점에서 주요 수입규제수단으로 그 중요성이 증대하고 있으며, 선진국과의 통상마찰의 상당부분이 실제 반덤핑관세 부과를 중심으로 하는 분규라는 점에서 EU, 미국, 일본의 반덤핑제도 운영과정의 사례연구는 한국의 주요 교역국가인 이들 국가들의 통상정책 결정과정에서 각 기관의 역할과 특징을 살펴 볼 수 있고, 이를 통하여 이들 국가와의 통상분쟁 발생시 효율적인 방안을 모색 할 수 있다.

(1) EU · 미국 · 일본의 반덤핑제도 운영과정의 특징 및 시사점

먼저 각국의 반덤핑제도의 절차상 특징을 살펴본다. 미국의 경우, 첫째, 독립적인 두 기관이 반덤핑여부의 조사와 결정을 하는데, 상무부는 덤핑조사업무를, 준 사법적 독립기관인 국제무역위원회(ITC)는 이로 인한 피해 조사업무를 담당하고 있다. 둘째, 미국은 대외 경쟁력을 향상시키기 위하여 산업계의 요구와 의견을 적극적으로 수용하며, 이를 통상정책에 반영하고 있다는 점이다.[14] 셋째, 미국의 반덤핑제도 시행과정에서 공정성의 확보를 위해 사법부의 심사(Judical Review)가 이루어진다는 점이다.[15] 넷째, 이러한 여러 독립적인 기관을 거치는 동안 필연적으로 많은 시간과 비용의 과다 지출을 하고 있다.[16] 다섯째, 미국은 상무부와 ITC 등 통상관련업무를 담당하는 인원들은 전문적인 업무에 종사하는 관계로 전문화의 정도가 높다는 점이 특징이다.

EU의 경우에는 단일시장이 출범함에 따라 공식적인 반덤핑제도를 적극 활용하고 있는데,[17] 그 운영과정에서 특징을 살펴보면 다음과 같다. 첫째, EU는 유럽위원회가 덤핑과 피해조사를 담당함으로서, 반덤핑제도 적용에 가장 영향력을 행사하고 있다. 이러한 점은 미국, 일본, 한국 등의 국가들이 시행하고 있는 덤핑조사와 피해조사간의 이원화 체제와는 차이가 있음을 알 수 있다.[18] 둘째, 미국의 경우처럼 EU도 역내산업의 의견을 적극 수용하여 반덤핑조사 등에 적극 반영하고 있다는 점이다. 셋째, EU는 반덤핑제도의 합리화와 효율적인 운영을 위하여 산업별 · 지역별로 전문화하고 있어 제도운영의 전문화가 타국에 비하여 가장 잘 되어 있다. 넷째, 미국과는 달리 유럽위원회와 조사관련 대상자와 비공식적인 접촉이 이루어져 의사소통과 효율성을 제고한다는 점이다. 다섯째, 반덤핑 소(訴) 취하과정에서 EU는 미국에 비하여 절차가 간소하다. 실제 이러한 과정에서 EU는 확정 반덤핑관세 부과보다는 가격인상약속(Price Undertaking)을 통해 신축성 있는 해결에 영향을 미치고 있다. 이러한 EU의 운영방법은 공정성 확보라는 관점에서는 미국보다는 부정적이지만, 역내산업의 보호와 제소를 처리하는 시간이나 비용을 절약하는 측면에서는 긍정적인 역할을 하고 있다는 점이 특징이다.[19]

한편 일본의 반덤핑제도 운영과정의 특징을 살펴보면 첫째, 일본은 산업구제피해제도를

---

14) 1984년 통상관계법(Trade and Tariff Act) 및 업계의 요구를 대폭 수용한 1988년 종합통상경쟁법(Omnibus Trade and Competitiveness Act)에 의하여 부분적으로 개정된 반덤핑법을 운용하고 있다.

15) 각 단계의 덤핑관세 부과 조치들은 단계별로 최종결정이 내려진 후에 이해관계자들의 사법심사요청이 있는 경우 사법심사가 시행되고 있다.

16) 미국은 자국의 정책의 장점을 살리고 단점을 보완하기 위하여 필요시 공청회도 하고 있다.

17) 변재웅(2001) 참조.

18) 하지만 이사회는 확정반덤핑관세 징수결정에, 자문위원회는 반덤핑 절차운영상 자문 등을 각각 담당하고 있다.

19) 김의진(1992) 참조.

담당하는 별도의 독립기관을 설치하고 있지 않고, 관세정율법 제 8조의 반덤핑 및 상계관세 조항에 따라 덤핑율 조사는 재무성 관세국에서, 산업피해조사는 경제산업성 무역경제협력국에서 각각 담당하는 이원화 체제이다.[20] 둘째, 관련 자문기관의 적극적인 활용이다. 일례로 재무성 장관 자문기관인 관세율심의회에서 반덤핑관세 등 특수관세에 대한 조사 및 건의를 담당하고 있다. 셋째, 관련부처간 긴밀한 협조체제를 유지하고 있다. 일본은 반덤핑 조사의 필요 여부 결정 및 중요한 사항에 대해서는 재무성, 경제산업성, 의무성장관이 각 부처 실무진의 의견을 바탕으로 긴밀히 협조하여 결정한다.

종합적인 특징과 시사점을 살펴보면, 첫째, 각국의 경우에서도 알 수 있듯이, EU와 미국은 반덤핑제도를 자국산업의 구제제도로서 많이 사용하고 있는 실정이고, 이는 또한 국제규범하에서 허용되고 있는 제도여서 앞으로 수입급증에 대비하여 더욱 빈번히 비관세장벽으로서의 역할을 할 것으로 사료된다. 둘째, 다른 선진국과 비교할 때, 일본은 반덤핑관세제도를 적극 활용하고 있지 않고 있는 점이 특징이다. 이는 지속적인 무역수지흑자를 유지하고 있기 때문에 국제수지관리차원에서 수입규제의 필요성이 적고, 또한 산업피해구제조치의 발동으로 인한 교역상대국과의 통상마찰을 피하기 위해서이다.[21] 셋째, 산업피해판정은 대부분의 국가가 독립된 기관에서 조사 및 판정업무를 수행하고 있으며, 피해유무의 판정은 관련기관의 고유한 권한이라는 점이 특징이다. 넷째, 미국의 경우에는 타 국가에 비하여 공정성의 확보차원에서 사법부의 심사제도를 시행하고 있는 점이 특징이다. 다섯째, EU의 경우 반덤핑제도의 적용에 관련 당사자의 접촉과 가격인상약속을 통해 상당히 신축성을 부여하고 있는 점이 특징이다, 여섯째, EU와 미국은 반덤핑제도의 운영과정에서 전담 부서를 두고 있어 제도 및 인적자원의 운영 면에서 전문화의 정도가 상당히 높다는 점이 특징이다. 이상의 사례분석을 통하여 한국도 전문 독립기관의 설치와 전문인력의 확보, 적극적인 산업구제제도의 활용 등이 필요함을 알 수 있다.

(2) 반덤핑제도의 적용과 관련한 분쟁사례 및 사사점: 미국의 한국산 컬러TV 분쟁

한국의 통상마찰의 상당부분은 한미간 반덤핑분규로 인한 통상분쟁이다. 미국의 반덤핑

20) 일본의 반덤핑제도 적용은 JTA(1996) pp. 17~27, 무역위원회(1999) pp. 21~25 참조.

21) 하지만 일본은 수출상대국의 반덤핑 관세부과 등의 산업구제조치에 대해서는 WTO 등을 통해 적극 대응하고 있고, 수입품에 대해서는 다양한 비관세장벽을 이용하고 있는 실정이다. 변재웅(1999, 2004) 참조.

제도의 운영과정에서의 특징은 세계에서 가장 적극적으로 반덤핑규제를 많이 사용하고 있으며, 무혐의 판정이나 소 취하 판정율이 타국에 비해 훨씬 높아 자국산업의 보호를 위해 반덤핑규제제도를 남용하고 있다. 둘째, 미국의 반덤핑제도는 덤핑이나 피해판정 시 조사당국의 재량여지가 상당히 많다는 점이다. 또한 1988년 종합무역법에 의해 미국산업계의 요구를 대폭 수용하였기 때문에 더욱 보호주의적인 성격이 강하다.

다음은 한국의 주력수출품 중 하나인 컬러TV 제품에 대한 미국 반덤핑제도 적용과정의 사례를 통하여 한국의 통상분쟁시의 효율화 방안에 대하여 살펴본다. 한국산 칼라 TV에 관한 분쟁사례의 주요 개요는 다음과 같다.

1983년 5월 미국 칼라TV 산업 보호위원회와 전자노조가 미상무부에 반덤핑을 제소하였으며, 절차에 따라 1984년 2월에 덤핑긍정판정을, 그리고 ITC는 산업피해긍정판정을 각각 결정함으로서 반덤핑관세를 부과하였다. 당시 한국 정부는 상무부, ITC, USTR에 서신발송 및 방문으로 협조를 요청하였고, 관련업계는 민간사절단을 파견하여 유리한 판정을 위한 노력을 경주하였다. 또한 상무부 최종판결에 대하여는 미국제무역위원회에 제소하는 등 다각적인 노력을 경주하였다. 이후 11년간(1985년~1996년) 연례재심이 있었다. 이 과정에서 10% 가량의 정상관세와 고율의 반덤핑관세로 대미 직접수출이 불가능해지자, 업계는 1985년 전후로 미국과 NAFTA내 멕시코에 현지공장을 설립 및 이전을 추진하였다. 하지만 1995년 멕시코 현지생산 컬러TV에 대해서도 관세회피용 우회수출이라는 주장으로 다시 반덤핑제소가 있었다. 한국정부는 국내업계가 1991년 이후 미국에 직접수출이 없고, 조사대상 기업 중 S전자의 경우 3년 연속 미소마진(de minimus) 판정을 받았음에도 불구하고 반덤핑명령을 철회하지 않는 것은 WTO 규정과 미국 반덤핑규정에도 위반된다는 논리로 WTO에 제소하였다. 그 결과 미국은 1997년 우회덤핑제소를 철회하고, 이어 1998년 상무부가 상황변화에 근거하여 반덤핑조치의 철회 최종판결로 이끌어 냈다.

컬러TV 분쟁은 여러 면에서 우리에게 시사하는 바가 크다. 첫째, 1997년까지 주로 피소대상국으로 WTO 분쟁에 참여하였으나, 이번 분쟁을 계기로 종전의 소극적인 대처방식에서 적극적이며 공격적인 분쟁해결 방식으로 전환한 계기를 마련한 점이다. 둘째, 컬러TV 분쟁은 무역째, 컬러불공정 무역행위를 WTO 분쟁해결기구를 기구를해결한 최초의 사례가 되었다는 점이다. 이러한 적극적인 통상분쟁해결은 1999년 한국산 반도체(DRAM)사례도 승소로 이끌어 낼 수 있었다.[22] 셋째, 정부당국과 관련업계의 긴밀한 협조체제의 유지가 성공한 사례이다. 결국 사례연구를 통해서 알 수 있듯이, 체계적이며 단계별 대응전략과[23] WTO의 분쟁해결을 통한 적극적 분쟁해결 노력이 필요함을 알 수 있다.

② 통상정책 결정권한 측면: EU・미국・일본의 통상정책 결정기관과 과정의 비교 및 시사점

다음은 통상정책 결정권한 측면에서 각국의 통상정책 결정과정에서 주요 담당부처 비교를 통하여 한국 통상정책의 효율화를 위한 방안을 구하고자 한다. 먼저 이들 국가들의 통상정책 결정과정의 주요 담당부처를 상호 비교해 보면 다음과 같은 차이점을 알 수 있다. <표 1> 참조.

---

22) 컬러TV 분쟁과 마찬가지로 반도체(DRAM)사례도 업계, 정부 및 미국 측 한국산 반도체 수요자들과 함께 체계적이며 적극적으로 대응하여 성공한 사례이다.

23) 외국의 수입규제 조치의 사례를 통한 단계별 대책을 최근 사례를 중심으로 살펴보면 다음과 같다. (1) 제소 전단계의 대응: 수입규제 제소 움직임이 감지되면, 사절단 파견, 서한 발송, 현지 공관의 조사당국자 면담을 통하여 제소의 부당성 지적 및 조사개시의 자제를 요청해야 한다. 실례로는 1999년 미국과 EU의 철강수입 규제조치에 대응하기 위해 사절단을 파견하고 통상교섭본부장 명의의 서한을 발송했다. (2) 제소 후 조사개시 이전(통상 1개월): 제소가 이루어지면 수입국 조사 당국이 조사개시 결정에 신중하도록 촉구함으로써 제소 자체가 기각되도록 노력하며, 덤핑의 경우 제소자의 청원내용이 객관적으로 보아 비합리적이거나 우리 산업의 현실을 잘못 반영하는 명백한 오류를 범하고 있을 때, 이를 지적하고 관련자료를 관계당국에 제출해야 한다. 이러한 노력을 통해 조사개시 건수를 최소화 할 수 있다. 상계관세의 경우 상대국에게 반드시 사전협의를 요청하고, 한국의 관련제도를 설명하며 제소장의 내용을 반박하여 조사범위를 최소화하도록 노력해야 한다. 실례로는 1999년 EU의 폴리에스터 합성단섬유 및 Pet-chip 제소에 대하여 사전협의를 통하여 우리의 입장을 개진했다. (3) 조사개시 후 예비판정 이전: 조사당국의 질문서가 송부되는 경우, 피제소 우리 업체가 답변서를 충실하게 작성토록 권고하고 법률, 회계 전문가를 동원하여 필요한 지원을 제공한다. 상계관세의 경우에는 정부답변서를 관계기관의 의견을 종합하여 제출해야 한다. 실례로는 1998~99년 EU 및 미국의 6 차례의 상계관세 조사시 충실한 답변서 작성의 경우이다. (4) 예비판정 후 확정판정 이전: 수입규제 조사단이 방한하여 실사를 시행할 경우, 정부 및 관련업체가 철저히 대응하도록 독려하고 필요한 지원을 제공해야 한다. 실례로는 2000년 2월 EU의 Pet-chip 실사 지원의 경우이다. 또한 공청회 등의 절차에 정부 및 관련업체가 참석하여 의견을 개진하도록 권유하고, 상대국 제소업체와 면담을 추진하며, 가격인상약속(Price Undertaking)을 주선한다. (5) 확정 판정 후: 업계로 하여금 덤핑마진을 제거하고 수출관행을 바꾸어야 한다. 또한 상황 변화를 이유로 재심절차를신청하도록 유도하며, 재심 절차에서도 본 조사 절차에서와 같은 대응을 수행한다. 또한 쌍무적 통상문제 협의 채널을 통하여 반덤핑 조치의 문제점을 계속 제기하여 재심을 조기에 실시하도록 하는 분위기를 조성한다. 무혐의 판정에도 불구하고 다시 제소(Chain Complaint)하려는 경우, 조사당국과 면담하는 등 동 제소의 부당성을 지적하여 조사재개 자제를 요청해야 한다. 실례로는 2000년 2월 EU의 비디오테이프 반덤핑제소 철회 경우이다. (6) 확정판정 후 5년경과시: 확정판정 후 5년이 경과되는 경우에 실시하는 일몰재심(Sunset Clause)은 연례재심에 비해 조치가 철회될 가능성이 높으므로, 양자 통상협의 채널 및 공청회 등의 절차에서 수입규제 조치의 목적이 충분히 달성되었고 계속적인 규제가 필요치 않다는 점을 집중적으로 제기 할 필요가 있다. 실례로는 2000년 3월 황동판 및 컬러TV 브라운관에 대한 미국의 일몰재심에서 반덤핑 조치가 철회된 경우이다. www.mofat.go.kr/main/top.html 참조.

<표 1> EU · 미국 · 일본의 통상정책 결정과정의 주요 담당부처 비교

관련업무	E U	미 국	담당기관/부처
대외통상 결정권한	• 이사회	• 의회	• 행정부(전문관료)
반덤핑 및 상계관세 부과	• 이사회 (확정조치 결정) • 유럽위원회 (통상규제 조치 제안 및 조사담당)	• 상무부 (덤핑조사 및 결정) • USITC (피해조사)	• 재무성 (덤핑율 조사) • 경제산업성 (산업피해 조사)
통상정책 개발, 집행 및 조정	• 유럽위원회	• USTR	• 경제산업성
통상관련 국제협상 주관	• 유럽위원회	• USTR	• 외무성
관련부처간 이해조정	• 이사회	• TPSC • TPRG • NEC	• 각료회의
수입상황, 통상문제 연구 및 조사	• 유럽위원회	• USITC • 상무성(조사)	• 일본무역진흥공사 (JETRO)
자문 및 감독	• 유럽의회 (자문 · 감독) • 경제사회위원회 (자문)	• USITC(자문) • 민간자문위원회(자문) • USTR(자문) • 의회(감독)	• 경제대책 각료회의 (자문) • 수상(자문)

자료: 변재웅(2001), p. 234에서 수정 · 보완 정리

첫째, 대외통상정책의 결정권한 측면에서, EU의 이사회와 일본의 행정부 중심형과 비교할 때, 미국은 의회 중심형이며, 행정부는 다만 통상정책을 집행하는 역할을 수행한다는 점을 알 수 있다. 둘째, 반덤핑 및 상계관세부과는 USITC의 피해조사를 기초로 상무부가 덤핑조사 및 결정을 담당하는 반면, EU의 경우는 유럽위원회가 조사 및 통상규제 조치의 제안을 하고, 이사회는 보복조치 등 최종결정을 담당한다. 한편 일본은 덤핑율 조사는 재무성이 산업피해조사는 경제산업성이 각각 담당한다. 셋째, 통상정책개발, 집행 및 조정, 그리고 통상관련 국제협상 주관은 미국과 EU는 USTR과 유럽위원회가 각각 담당하는 반면, 일본은 통상산업성이 통상정책개발, 집행 및 조정업무를 수행하며, 외무성은 통상관련 국제협상을 주관하고 있다. 넷째, 관련부처간 이해조정의 역할은 미국은 TPSC, TPRG, NEC에서 담당하며, EU와 일본은 이사회와 각료회의에서 각각 조정 역할을 하고 있다. 다섯째, 수입상황과 통상

문제 연구 및 조사는 EU와 일본은 유럽위원회와 JETRO에서 각각 주로 담당하는 반면, 미국의 경우에는 상무성이 조사기능을 하며, USITC가 이를 주로 담당한다. 마지막으로 통상정책의 자문 및 감독기능측면을 비교하면, 미국의 경우에는 민간자문위원회와 USITC가 정책자문을, USTR은 행정부에 자문을, 의회는 전반적인 감독 기능을 각각 수행하고 있다. EU의 경우에는 의회가 자문 및 감독기능을, 경제사회위원회 등 각종 위원회는 필요에 따라 자문을 하고 있다. 한편 일본은 경제대책 각료회의와 각종협의체의 자문을 받고, 내각의 수상이 감독하는 기능을 수행하고 있다는 점을 알 수 있다.

<표 2> EU, 미국 · 일본 · 한국의 통상정책 결정과정의 권력 집중도 비교

	E U	미 국	일 본	한 국
통치자 (대통령 혹은 수상)	• 아주 강함	• 강함	• 약함	• 아주 강함
행정부	• 아주 강함	• 강함	• 아주 강함	• 강함
의 회	• 강함	• 아주 강함	• 약함	• 약함
기타 압력단체 및 여론	• 강함	• 아주 강함	• 보통	• 보통
통상정책결정 권력 집중도	• 대체로 분산	• 균형 분산	• 집중형	• 집중형

[참고] (1) EU의 경우 분석의 편의상 이사회(통치자), 유럽위원회(행정부), 유럽의회(의회)로 각각 분석.
(2) 통상정책결정 집중도는 통치자를 포함하는 행정부, 의회, 그리고 기타 압력단체 및 여론의 3자간 권력 영향력을 의미.

자료: 변재웅(2001), p. 235.

다음은 EU, 미국, 일본의 통상정책 결정과정의 권력 집중도면에서 한국과 비교 분석하였다. <표 2> 참조. 이들 국가들의 통상정책 결정과정에서 특성을 살펴보면, 앞에서 분석한 바와 같이 EU는 개별 회원국을 대표하여 이사회와 유럽위원회가 주도적 역할을 담당하고 있다. EU의 반덤핑 제소 등의 사례에서도 알 수 있듯이, 산업계를 비롯한 압력단체와 여론의 영향력이 지대함을 알 수 있다. 따라서 통상정책결정과정에서 대체로 3자간 권력집중도가 분산적이다. 미국의 경우는 의회와 행정부의 여러 담당 부처와 위원회가 민간부문과 함께 상호 균형과 견제를 통한 통상정책 결정과정에서 대통령을 포함한 행정부, 의회, 그리고 압력단체 3자가 주도적 역할을 담당하는 균형권력분산형 통상정책형이다. 이에 비해 일본은 행정부내의 경제산업성을 주축으로 외무성, 대장성 담당부처가 주도적 역할을 하며, 내각의 장인 수상은 각료회의 등을 통해 부처간 이견조정 역할 및 감독 등의 제한된 역할을 하며, 의회는 단지 행정부의 결정에 대한 정당성을 부여한다. 이러한 과정에서 일본정부는 산업계와 여론과의 긴밀한 관계를 유지하여 국민여론을 유리하게 조성한다. 따라서 통상정책의 결정과정에서 일본은 미국과 EU에 비하여 대체로 관련 담당 행정부처를 통한 집중화된 통상정책을 수행함을 알 수 있다.

따라서 이들 국가들과 비교해 볼 때, 한국의 경우는 대통령이 절대적 영향력을 가지며, 통상정책 결정과정에서 통상외교부를 주축으로 하는 경제관련 부처들 중심으로 이루어지고, 의회와 사법부는 통상정책에서 그 역할이 미약하다는 점이다. 산업계와 여론은 영향력을 행사하고 있지만, EU와 미국에 비해서 그 역할이 상대적으로 약하다. 이러한 통상정책 결정과정에서 권력 집중도의 차이는 각국의 정치제도와 밀접히 연관되어 있음을 알 수 있다. 또한 통상정책 수단의 비교에서도 알 수 있듯이, EU와 미국에 비해 한국과 일본의 통상정책 담당조직은 대체로 방어적 통상정책을 효율적으로 수행하기 위한 조직인 듯 사료된다.[24)]

③ 통상정책의 효율화를 위한 과제

이상의 분석을 통하여 여러 가지의 시사점을 암시해 주고 있다. 한국은 효율적인 통상정책을 수행하기 위하여 다음의 사항들을 각 분야별로 보완 할 필요가 있다. 첫째, EU와 미국의 경우에서도 알 수 있듯이, 통상정책 담당조직 측면에서 한국은 전문 통상담당 부서(예를 들면 무역위원회, 외교통상부의 관련 통상담당부처)의 기능을 더욱 전문화하며, 산업계와 각종 통상자문위원회의 활성화가 필요하다.[25)] 일례로, 무역구제제도와 관련한 무역위원회의 구성 및 운영체제의 신뢰성과 전문성의 제고 및 조사인력의 전문성 확보가 필요하다. 현재 무역위원회의 비상임 위원제로는 심도 있는 심의와 책임 있는 판정을 기대하기에는 미흡하여 미국, EU, 캐나다와 같이 심의・판정에서 신뢰와 책임을 가질 수 있는 상임위원 중심체

---

24) 변재웅(1999) 참조. Calder(1988)는 일본통상정책 형성과정을 미국 측의 일본시장 개방압력이라는 대응적(reactive) 혹은 외압 반응적 통상정책 결정으로 보고 있다. 한편 최근 EU 집행위 보고서(1998)에서 일본은 국제화・세계화 추세에 따라 적극적인 다자간 통상체제에 참여하고 있다고 평가하고 있다. Krueger(1995)는 미국의 통상정책을 쌍무주의와 보호주의적 정책으로 보고, 다자주의 접근방법을 통한 통상문제의 해결을 강조하고 있다.

25) 일례로 미국, EU 등의 반덤핑관련 실무위원회에는 국제변호사, 회계사 등 300여명의 전문 인력이 있다.

제로 전환할 필요가 있다. 또한 통상관련 부처간 협조체제를 더욱 공고히 하고, 한국도 미국의 USTR과 같은 무역대표부를 신설하여 통상협상력을 대폭 강화함으로서, 적극적인 통상정책의 시행이 가능 할 것으로 본다. 이러한 맥락에서 정부조직도 기능별 · 수평적 조직으로 재편하고, 부처간 혹은 부서간 갈등을 해소하기 위한 상위의 조정기구 마련이 필요하다.

둘째, 통상법규 측면에서 한국의 통상관련 법규가 너무 분산되어 있고 애매한 측면이 있어 관련법규를 정비하여 운영의 효율성을 증대해야 한다.[26)]

셋째, 통상정보 활용측면에서 통상관련 정보의 공유를 위하여 관련 담당부처, 산업계, 그리고 학계의 인터넷 자료를 활성화하여, 각국의 통상제도와 법규 및 사례를 상호간 쉽게 접근함으로서 체계적인 연구를 통한 통상분쟁의 대응이 필요한 실정이다. 또한 학계의 자문을 통한 전문가집단, 즉 정책공동체의 형성은 한국의 통상정책 결정구조상 집중화 현상의 미비한 측면을 보완할 수 있을 것으로 사료된다. 결국 통상정보의 효율화 · 활성화는 모든 통상분쟁의 사전 및 사후 대응의 기초라고 할 수 있다.

넷째, 통상인력 수급측면에서 통상전문인력의 양성과 통상문제에 관한 다양한 연수제도가 필요하다.[27)] 국제통상 협상을 효과적으로 진행하기 위해서 정부 관련자들에 대한 재교육과 훈련도 필요하다. 또한 외교통상부와 산업자원부 등 관련 부처들의 개방형 공무원 특채를 더욱 활성화할 필요가 있다.

다섯째, 중소기업의 통상분쟁 대응측면에는 중소기업의 외국수입규제조치 대응 지원이 강화되어야 한다. 대기업과는 달리, 경험부족, 비용부담 등으로 외국의 수입규제 조사에 충실히 대응하지 못하는 중소기업을 정부와 전문가들의 협조를 받아 수입규제에 대응 및 지원하는 체계를 더욱 확대할 필요가 있다.

여섯째, 사전 예방측면에서는 통상 마찰을 최소화 할 수 있는 대책들이 마련되어야 할 것

---

26) 예를 들면, 반덤핑, 상계관세, 긴급수입제한 등의 상호 밀접한 관계를 지닌 산업피해구제제도의 관련법규가 애매하고 분산적이다. 반덤핑절차 및 요건은 관세법에 규정되어 있는 반면, 조사와 판정을 담당하는 무역위원회의 조직과 활동에 관한 규정은 대외무역법에 규정되어 있다. 이러한 관계로 덤핑으로 피해를 본 국내업체는 처음 심사를 요청할 때는 무역위원회에, 재심사시에는 재정경제부에 신청하도록 되어 있다. 또한 덤핑방지 관세는 관세법상 1개의 조문에만 규정되어 있어 부과절차에 관한 세부 내용도 상세히 규정할 필요성이 있다.

27) 미국은 통상전문인력을 양성하기 위해 국무부, 상무부 등 각 정부기관에서 공무원, 업계를 대상으로 지역연구, 통상협상 및 통상관련 강좌와 연수제도 등을 개최하여 통상정보를 제공하고 있으며, 일본의 경우 전문인력양성을 위해 정부와 산업계의 상호파견제도와 통상정보교환 및 협력관계를 꾸준히 추진하고 있다.

이다. 통상마찰을 미연에 방지하기 위하여 주요 수입국에 대한 적극적인 통상외교 활동이 필요하다. 일례로 미국으로부터 규제를 받고 있는 한국 수출품의 경우 피규제 책임의 상당 부분은 국제규범에 어긋난 우리 정부와 국내 기업들의 불공정한 무역행위에 있다고 할 것이다. 따라서 WTO 협정 등 국제규범에 어긋나는 무역관행이 있다면, 이를 시정하여 미국 등 다른 국가로부터 무역규제의 가능성을 최소화해야 할 것이다. 또한 과거 물량위주의 반덤핑식 수출방식을 자제하고 품질위주의 고부가 상품의 생산과 수출 및 마아켓팅 전략이 적극 요구된다.

일곱째, 사후 대책측면에서는 앞에서 살펴본 한국산 컬러TV와 반도체 통상분쟁에서 알 수 있듯이, 적극적인 통상분쟁해결이 필요하다.[28] 국내산업의 보호차원에서 관련제도의 정비와 미비점을 보완한 후, 적극적으로 반덤핑제도 등을 활용하며, 교역 상대국의 불합리한 법규나 통상분쟁 시 WTO의 분쟁해결기구(Dispute Settlement Body: DSB)를 적극 활용할 필요가 있다. 또한 분쟁과정에서는 적극적인 통상외교(Diplomatic Bargaining)전략을 통한 통상로비의 강화도 필요하다.

【Ⅳ】 결 론

3장에서는 최근 EU, 미국, 일본의 통상정책 결정과정의 차이점과 이에 따른 효율적인 통상정책 방안에 대해서 분석하였다. 주요 교역 상대국과 비교해 보았을 때, 한국 통상정책 결정과정에서 특징은 집중화 현상이다. 즉 행정부(대통령과 외교통상부)가 주도적 역할을 담당하며, 상대적으로 의회의 기능이 미약하다는 점이고 이를 보완할 필요가 있다. 최근 선진국들의 통상정책은 표면적으로는 개방주의, 상호주의를 주장하고 있지만, 그 내면에는 보호주의적 입장을 견지하며, 한국이나 통상약소국에 대해서는 강압적이며 일방적인 무역조치를 취하고 있다. 그 동안 한국은 주요국의 통상정책에 비해 대체로 소극적이며 방어적인 입장만을 취하고 있었던 것은 사실이다.

따라서 각국과의 통상분쟁 현안의 효율적인 대처방안을 살펴보면 다음과 같다. 미국과의

28) 그 동안 확정 판정 이후 절차상 또는 내용상 WTO 협정에 어긋나는 사항에 대해 WTO에 제소하여 4건의 미국측 수입규제 조치에 대해 소기의 성과를 거둔 바 있다.

통상분쟁의 주요 요인 중 하나는 한미 안보 및 경제관계와 통상정책 결정구조상 지극히 대통령을 중심으로 하는 행정부의 집중화 현상으로 인해 통상압력에 쉽게 노출된다고 볼 수 있다. 통상분쟁을 효율적으로 대처하기 위해서는 사전적으로 대미로비를 강화하는 적극적인 통상외교전략과 미국의 학계, 언론계, 산업계 및 정부 관련 기관들과의 긴밀한 유대관계 구축 및 홍보, 산업내 분업을 기초한 전략적 산업협력체제 구축, 그리고 아·태 지역에서의 협력강화 및 제 3국 시장 공동진출 방안 등이 필요하다. 사후적으로는 단계별 대응전략 수립 및 통상외교전략과 국제무역법원과 WTO를 적극 활용해야 한다. 또한 미국 측에 슈퍼 301조와 같은 일방적인 무역규제 수단의 사용은 WTO 체제의 신뢰성과 한미협력관계를 약화시킬 수 있다는 점을 강조 할 필요가 있다. EU와 통상분규 시 가격인상약속 제안, 현지공장 설립, 합작투자 추진 등의 방법으로 양국 업계간 산업협력을 통한 공존방안을 제시하며 상호보완적인 산업 및 무역체계를 구축 할 필요가 있다. 일본의 경우 근본적으로 대일 의존형 무역구조를 시정해야 한다. 또한 일본기업의 한국 투자 확대를 유도하며, 제 3국 시장의 공동진출과 일본시장 진출을 위해서 일본의 다양한 비관세장벽에 관한 세심한 연구가 필요하다.

미국, EU, 그리고 일본과 통상분쟁 시 공동 대처사항으로는 종래 쌍무적 협상관행에서 WTO를 통한 다자규범을 적극적으로 활용하는 통상협상의 노력과 각국과의 정책적인 조화가 더욱 요구된다. 한편 한국 측에서는 통상정책관련 제도와 법령의 정비, 민간 자문기구의 활성화 및 통상정보의 효율화와 업계의 의견을 적극 반영함으로서 한국의 통상진로를 보다 명확하게 하는데 그 의의가 있다. 또한 주요국 통상정책의 제도 및 협상의 차이 등 다양한 분야의 연구가 더욱 필요하다. 결국 이러한 노력은 통상마찰의 사후적인 대책 마련보다는 사전적인 예방차원에서 더욱 중요하다고 할 수 있다.

근본적으로는 한국의 무역 및 산업의 대미, 대중, 대일 의존을 구조적·장기적인 관점에서 개선하고, 특히 EU 및 인도, 그리고 중남미, 동구 등 지역을 적극 개척하며 상호 협력 체제를 구축함으로서, 통상의존도의 분산화, 혹은 균형화의 대안도 마련 할 필요가 있다. 최근 한-EU FTA 체결은 이러한 우려를 개선 할 수 있는 계기가 될 수 있다. 한편 미국, EU, 그리고 일본과의 교역 및 산업협력체제의 구축도 필요하지만, 한국측에서 장기적인 관점에서의 통상산업전략이 우선 마련되어야 한다. 개방형 공무원제도의 확대와 더불어 가격 비탄력적인 고부가 상품의 개발, 기초 신소재 및 부품산업의 육성 노력, 특정지역 및 국가 의존도의 개선 및 자유무역협정의 확대 등의 다양한 노력이 필요한 실정이다.

한국은 아직 이들 3개 주요 국가들처럼 독자적인 영향력을 행사하기에는 한계가 있다. 하지만 국내의 제도 및 정책의 투명성 제고, 신시장의 개척 및 제 3국과의 협력체제의 구축은 노력하면 할 수 있는 부분이고, 이는 중・장기적으로 통상협상력의 증대와 직결된다고 할 수 있다. 특히 한국기업 및 국가의 경쟁력 제고와 함께 한국의 입지적 요인의 증대를 도모함으로서 외국기업의 국내진출을 통한 제 3국 시장 진출방안은 상호협력체제의 구축과 통상마찰을 해결하는 하나의 방안이라 할 수 있다. 마지막으로 중요한 점은 한국의 국가 이미지 개선이 필요하다. 이는 한국이 문화국가・기술국가라는 이미지를 가지기 위해 부단히 노력해야 하며, 이를 해외에 적극 홍보함으로서 한국의 통상영역은 더욱 확대된다고 할 수 있다.

참고 문헌

김의진(1992),「우리나라 반덤핑제도의 발전방향」,『산업피해구제제도 세미나』, 산업자원부.

김기수 편(1996),『미국 통상 정책의 이해』, 연구총서 96~08, 세종연구소.

김동현, 이승철(1996),『유럽연합의 현황과 전망』, 집문당.

김정수(1996),『미국 통상정책의 정치경제학』, 일신사.

나성섭(1988),『80년대 이후 일본 통상정책 기조의 변화』, 조사분석 98~01, 대외경제정책연구원.

이로리(2010),「리스본조약의 발효 이후 EU의 변화와 통상적 시사점 - 조약 및 기관적 변화를 중심으로」,『통상법률』, 제94호, 법무부.

미국학연구소(1995),『미국의 통상정책 결정과정』, 서울대 출판부.

무역위원회(1995),「일본의 산업피해제도」,『KTC Review』, 제7호, pp. 21~25.

박찬욱(1995),『미국 통상정책 결정과정에서 의회의 역할』, 미국학연구소 편, pp. 47~81.

배용호(1997),「미국 통상정책의 결과과정과 최근동향」,『국제문제분석』, 제33호, 국회도서관, pp. 1~36.

법무부(1996),『미국 통상법 연구』, 법무부.

변재웅(1999),「국제통상환경 변화에 따른 미국, EU, 일본, 한국의 통상정책의 특징 및 수단의 차이에 관한 비교 연구」,『통상정보연구』, 제1권 제2호, pp. 345~364.

______(2001),「미국, EU, 일본 통상정책 결정과정에 관한 비교 연구」,『무역학회지』, 제26권 제3호, pp. 219~242.

______(2004),「한일 무역구조 및 개선방안에 관한 연구」,『사회과학논총』, 제23권 2호, pp. 93~113.

서정두(1996),『국제통상법』, 삼영사.

윤식, 조현태(1993),『미국의 통상정책 결정과정』, 산업연구원.

이정희(1995),『미국 통상정책 결정과정에서 로비스트의 역할』, 미국학연구소 편, pp. 163~186.

이종원, 이갑수(1997).『유럽경제론』, 법경사.

이은섭(1999),『국제통상법』, 부산대학교 출판부.

이호철(1996),『일본경제와 통상정책』, 삼성경제연구소.

______(1996),「미국과 일본의 통상결정 과정」,『통상법률』, 제12호, 법무부, pp. 136~157.

조영정(2000),『국제통상법의 이해』, 무역경영사.

최병선(1996),『미국 통상정책의 결정과정』, 김기수 편, pp. 95~148.

______(1999),『무역정치경제론』, 박영사.

한국무역협회(1989),『미국의 통상관련법』.

__________(1998),『알기 쉬운 반덤핑제도』.

猪口孝(1991),『通商問題の政治學』, 伊藤元重, 奧野正寬 編, 日本經濟新聞社, pp. 151~169.

Bauer *et al., American Business and Public Policy: The Politics of Foreign Trade,* 2nd ed., Aldine, 1972.

Brittan, L., *Europe: The World We Need,* Penguin Books, 1994.

Calder, K. E., "Japanese Foreign Economic Policy Formation: Explaining the Reactive State", *World Politics,* XL(4), 1998, pp. 517~541.

Destler, I. M., *American Trade Politics,* 2nd ed., Institute of International Economics, 1992.

EU Commission, *Market Access Sectoral Report: Japan,* 1998.

JTA, *The Anti-dumping Duty in Japan,* Japan Tariff Association(JTA), 1996.

Krueger, A. O., *"American Trade Policy"*, The AEI Press, 1995.

Lenway, S. A., *The Politics of U. S. International Trade: Protection, Expansion, and Escape,* Pitman, 1985.

Official Journal, Consolidated Version of the Treaty on European Union (Official Journal C83/13, 30. 3. 2010)

Official Journal, Consolidated Version of The Treaty on the Functioning of the European Union

(Official Journal C 83/47, 30. 3. 2010)

Official Journal, The Treaty of Lisbon amending the Treaty of the European Union and the Treaty establishing the European Community (Official Journal C 306, 17. 12. 2007)

Pastor, R. A., *Congress and the Politics of U. S. Foreign Economic Policy 1929~1976,* University of California Press, 1980.

〈기타 인터넷 자료〉

http://caselaw.findlaw.com/data/constitution/article01/ (미국헌법조문)

http://my.netian.com/~leehc1/data/thesis/thesis12.htm (미국과 일본의 통상정책 결정과정)

http://www.mofat.go.kr/main/top.html (외국의 수입규제조치 대응지원)

제4장

EU의 일방적 무역장벽규제(TBR) 제도

제4장 EU의 일방적 무역장벽규제(TBR) 제도

【I】 서 론

많은 국가들은 반덤핑, 반보조금 정책, 긴급수입제한조치 등을 자국의 기업, 산업 등 역내 시장을 보호하기 위한 정책 수단으로 활용하고 있으며, 역외국 시장에 대한 접근을 보다 적극적으로 추구하기 위하여 미국의 통상법 301조, 유럽의 TBR(Trade Barriers Regulation)과 같은 일방적 무역규제수단을 보유하고 있다. 일방적 무역규제란 한 국가가 다른 국가의 무역 관련 제도 및 활동과 관련하여 자의적인 판단 하에서 관세 및 비관세 조치를 통하여 보복을 가하는 일종의 규제조치이다. 일방적 무역규제조치가 WTO에서 엄격히 금지되어 있음에도 불구하고 실제로 주요 선진국에서 제도화하고 있으며 또한 자주 사용되어지고 있어 국제통상의 주요 이슈로 거론되어 왔다. 선진국들은 다자간 규범의 불충분성을 자국의 일방적 제재수단으로 보완하려는 의도를 갖고 있다.[1)]

EU의 경우, 로마조약에 의해 공동통상정책에 대한 권한을 확보하고 반덤핑 및 상계관세에 관한 규칙을 채택하여 역외 공동관세 부과, 역외국가의 덤핑이나 보조금에 의한 역내수출에 대한 공동체차원의 대응을 시도하였다. 하지만 불공정무역에 대한 법적 대응수단에 대하여 운영의 복잡성, 소요기간의 장기성 등의 문제점과 EU의 경쟁력 약화로 인해 공동체차원의 대응이 미흡하였다.

결국 EU는 외국기업의 불공정 무역관행으로부터 역내기업을 보호하고 동시에 제3국 시장에서의 불공정경쟁으로 인한 EU 기업을 보호하기 위해 기존의 통상정책을 강화할 필요

1) 한홍렬, 「주요 선진국 무역구제의 불공정에 관한 연구」, KIEP, 1996, p.45.

성에 따라 1984년 신통상정책수단(NCPI: New Commercial Policy Instrument)을 마련하게 되었다. NCPI의 주된 목적은 통상이익을 최대한 확보하는데 있었다. 하지만 NCPI는 증가하는 제3국에 의한 통상장벽에 유효하게 대처하지 못하여 1995년 WTO 체제하의 공동체 권리의 실현을 보장하기 위한 절차를 규정하는 무역장벽수단(TBR)으로 수정 · 보완되었다.

EU는 한국에 대하여 1998년 화장품 수입 관련 제도, 1999년 의약품 관련 제도와 관행, 그리고 2000년 한국 조선업계의 불공정 관행 문제로 세 차례에 걸쳐 TBR 절차를 개시하였다. 일례로 1998년부터 시작된 한국-EU간의 조선분쟁은 EU가 조선업의 세계적인 수급 불균형과 선가하락이 한국 정부의 보조금 지급에 기인한다고 주장하며, TBR 조사를 통해 2002년 10월 WTO에 제소하였다. 한국도 2003년 9월 EU가 조선산업에 대해 지급하고 있는 운영 및 잠정보조금 등을 WTO 제소하였다. 이에 따라 한국-EU 양자간에 벌어졌던 조선분쟁이 WTO 분쟁해결절차로 옮기게 되었으며, 제3국 조선업계까지 개입하여 한국 조선업계들의 불공정 경쟁 여부를 심리하였다. 이러한 조선분야의 제소는 WTO 분쟁절차상 유례없는 대형 사안이었다.

국제통상에서 EU의 일방적 무역규제수단인 TBR의 중요성이 증대되고 있다. 기존의 관련 연구들은 제한적인 범위에서 EU의 일방적 무역규제 TBR(NCPI)에 대한 연구(Rydelski and Zonnekeyn 1997; Denton R. 1988; EC 2000; 법무부 2000; 방청록 2000; 변재웅 2004; 채형복 2001; 허태완 1998; 백진현 1992; 이성득 1995; 김성준 1996; 외교통상부 2000; 한국조선공업협회 2000; EU통상연구회 2000 등)가 있으며, 한국-EU간 조선산업의 통상마찰에 관련한 연구(이종원 2003; 안세영 · 정만기 2002; 박광서 · 노승혁 2002; 박성훈 · 강승범 2001; 헤젤러 2001; 이현영 2001; 백웅재 2002; 정후영 2001; 외교통상 2000; 한국조선공업협회 2002 등[2])가 있다. 4장에서는 EU의 일방적 통상정책 수단인 TBR과 TBR의 한국적용 사례인 한-EU 조선분쟁에 대하여 분석한다.

【Ⅱ】 NCPI와 TBR의 비교

본 절에서는 EU의 일방적 무역규제 수단인 NCPI와 TBR의 시행연도, 정의, 목적, 제정배

2) 이외에도 한-EU 조선분쟁의 경우 http://www.koshipa.or.kr (한국조선협회) http://www.cesa-shipping.org (유럽조선협회) 등의 각종 보도 자료가 있다.

경, 대상범위, 제소, 조사절차, 절차의 종료, 조치내용, 운용현황 등의 차이점들과 문제점을 상호 비교·분석하여 각 규제수단의 특징을 분석한다.

1. NCPI와 TBR의 비교

1) 시행연도

<표 1>에서 보는 바와 같이 NCPI는 이사회규칙 Reg. No. 2641/84에 의해 1984년 제정되어 1994년까지 시행되었다.[3] 한편 TBR은 WTO 출범으로 국제규범 하에서 EU의 국제법적 권리를 확보하기 위해 이사회규칙 Reg. No. 3286/94에 의하여 1995년 NCPI에서 TBR로 개정되어 시행되고 있다.[4]

〈표 1〉 NCPI와 TBR 비교

구분	NCPI	TBR
시행 연도	• 1984년~1994년(Reg. No. 2641/84)	• 1995년 WTO 출범과 함께 NCPI를 TBR로 개정 시행(Reg. No. 3286/94)
정의	• NCPI는 외국의 관세 또는 비관세장벽과 같은 위법한 통상관행에 대항하여 EU의 권리를 행사하는 것을 목적으로 하는 통상보호조치	• TBR은 역내기업의 수출이나 산업에 부정적인 영향을 미치는 제 3국의 통상장벽(Obstacles to Trade)을 제거하기 위한 통상보호조치
목적	• EC의 통상이익을 최대한 확보 – 제3국의 위법한 통상관행으로부터 생기는 피해 제거 – 제3국의 통상관행에 대하여 공동체 권리의 완전한 행사 확보	• 역내시장에 영향을 미치는 통상장벽으로부터 생기는 피해 제거 • 제3국 시장에 영향을 미치는 통상장벽으로부터 생기는 불리한 통상효과 제거
제정 배경	• 1974년 미국통상법 제301조의 일방적인 통상규제조치의 영향과 효율성 반영 • 공동통상정책을 강화하고 불공정무역에 대한 보다 강력한 법적 대응수단 필요	• 회원국과 공동체기업 모두가 쉽게 제소할 수 있도록 NCPI의 수정 필요성 증대 • UR협상의 타결에 따른 WTO의 협상내용 반영 및 적용범위 확장 필요
대상 범위	• 1차, 2차 상품에 대한 불공정교역행위 제재와 공동체의 권리 주장	• 상품 및 지적재산권과 서비스 등에 관한 통상장벽

4) Reg. No. 2641/84(on the strengthening of the common commercial policy with read in particular to protection against illicit commercial practices).

5) Reg. No. 3286/94(in the field of the common commercial policy in order to ensure the excise of the Community's rights under international trade rules, in particular those established under the auspices of the WTO).

제 소	• 사인이나 EU회원국이 외국의 불공정 행위에 대한 대응 요구	• 공동체산업 또는 공동체기업을 대표하는 자연인, 법인, 협회, 개별기업의 집행위에 서면제소/회원국은 집행위에 조사 개시 요청 (제소시 무역장벽, 피해 또는 부정적 무역효과의 존재, 양자간의 충분한 인과관계 입증 필요)
조 사 절 차	• 집행위원회가 제소사항 접수 후 45일 이내, 특수한 경우 60일 이내에 결정 • 조사개시 후 5개월 이내, 특수한 경우 7개월 이내에 제소사항에 대한 적절한 대응조치 결정	• 집행위, 제소일로 부터 45일 이내 조사 절차 개시여부 결정 • 공동체이익과 부합하지 않거나 충분한 증거자료가 제시되지 않는 경우, 집행위 조사거부 가능 • 조사개시로 5개월 이내에 조사결과 제출, 복잡한 사안인 경우 7개월까지 연장 가능
절차의 종료 / 중지	• 제소사항이 더 이상의 조사를 필요로 하지 않는다고 결정되면 협의단계 후 절차 종료 • 조사절차 진행 중 외국 정부와 원만한 합의 • 국제협상의 의무에 의해 국제분쟁 해결 절차를 거쳐야 하는 경우	• 조사결과: 절차종결/조치의 채택 • 조사 후 조치내용: – 조사절차종료: 조사결과 조치의 필요성이 없을 경우 – 조사절차중지: 피제소자 국가가 만족스러운 조치를 취한 경우, 문제 해결의 최선의 방안이 관련국가와 협정체결일 경우 – WTO제소: 조사결과 조치의 필요성이 있을 경우
조 치 내 용	• 양허의 정지 또는 철회 • 관세의 인상 또는 신규수입부과금, 수량제한의 부과 또는 외국과의 통상에 영향을 미치는 여타 조치 실시	• 양허의 정지 또는 철회 • 관세인상 또는 신규수입과징금의 도입 • 관련국가와의 무역에 영향을 주는 수량제한/기타 수출입조건 변경
운 용 현 황	• 총 7건 제소 • 한국적용 사례 없음	• 총 9건 제소(모두 조사개시) • 한국 3건 적용(화장품산업(1998년), 의약품 교역관행(1999년), 조선(2000년))
문제점	• 채택과정에서 만장일치 얻지 못함 • NCPI는 불법적 관행을 이유로 보호무역주의자들의 이익을 대변하거나 공동체로의 수입을 방해할지도 모른다는 우려감 • 일방적 조치에 의한 통상수단이므로 GATT에 의해 확립된 다자간 무역규칙에 위배된다는 비판을 받을 소지 • NCPI는 실무상 이용 저조	• 문제해결까지의 장기간 소요 • 피해증명의 어려움 • 조사절차의 중지결정, 조치의 채택 결정, 및 비위반조치에 대한 범위의 불명확성 문제

자료: 변재웅(2004), pp. 84~85.

2) 정의

NCPI는 미국통상법 301조를 모델로 하여 EU의 통상이익을 보호하기 위하여 제정한 통상법으로 외국의 관세 또는 비관세장벽과 같은 위법한 통상관행에 대항하여 EU의 권리를 행사하는 것을 목적으로 하는 통상보호조치이다.[5)] 이에 비해 TBR은 역내기업의 수출이나 산업에 부정적인 영향을 미치는 제3국의 통상장벽(Obstacles to Trade)을 제거하기 위한 통상보호조치이다.[6)]

3) 목적

NCPI의 목적은 EU의 통상이익을 최대한 확보하는데 있다. 첫 번째 목적은 제3국의 위법한 통상관행(Illicit Commercial Practices)으로부터 생기는 피해를 제거하기 위하여 이러한 통상관행에 대항하고자 하는 것이며, 두 번째 목적은 제3국의 통상관행에 대하여 공동체 권리의 완전한 행사를 확보하고자 하는 것이다.[7)] 이에 비해 TBR 신규칙 Reg. 3286/94는 제1조에서 TBR의 새로운 목적을 규정하고 있다. TBR의 근본목적은 공동체산업과 공동체기업들 및 회원국들이 역내 시장에서 피해를 입히거나 제3국 시장에서 불리한 통상효과를 주는 통상장벽에 대하여 불만을 진술할 수 있는 절차적 구조를 창설하는 것이다.

TBR은 첫째, 공동체시장에 영향을 주는 통상장벽이 공동체에 피해(Injury)를 초래하는 경우 그 피해를 제거하고, 둘째, 제3국 시장에 영향을 주는 통상장벽이 공동체에 불리한 통상효과를 가져오는 경우 그 불리한 통상효과를 제거하는데 목적이 있다.[8)] 따라서 TBR은 NCPI에 비하여 제3국의 공동체시장 내에서뿐만 아니라, 제3국 시장 내 공동체생산에 대하여 야

---

5) R. Denton, "The New Commercial Policy Instrument and AKZO v DuPont," *European Law Review*, Vol.13, 1988, pp.3~7.

6) M. S. Rydelski, and G. A. V. R. Zonnekeyn, "The EC Trade Barriers Regulation: The EC' s Move Towards a More Aggressive Market Access Strategy", *Journal of World Trade,* Vol.31 No.5, 1997, pp.152~153.

7) R. Denton, op.cit., pp.6~7; 김성준, 「WTO법의 형성과 전망, 제4권 GATT TRIP DSU」, 삼성출판사, 1996, pp.692~693; 이성득, "유럽공동체 신통상정책수단에 대한 법적 분석", 「통상법률」, 제4호, 법무부, 1995, p.114.

8) M. S. Rydelski, and G. A. V. R. Zonnekeyn, op.cit., p.153. *"The TBR...aimed at: (a) responding to obstacles to trade that have an effect on the Community market in order to remove the injury which results from such obstacles; and (b) responding to obstacles to trade that have an effect on third-country markets in order to remove any resulting adverse trade effects"*. 채형복, 「EU 통상법」, 지산, 2001, pp.194~201.

기된 통상장벽 및 불리한 통상효과의 유발행위에 대해서도 일련의 조치를 취할 권한을 행사할 수 있게 되었다.

4) 제정배경

로마조약을 기초한 공동체 통상정책은 국제무역상 불공정한 경쟁행위에 대해 다양하고 탄력적인 규정이 미흡했으며, 공동체 상품에 대하여 제3국이 보호조치를 실시하는 경우 효과적으로 대처할 법적 근거를 제공하지 못하였다. 비록 동 조약 제113조가 이사회에게 일련의 통상조치를 실시할 권한을 부여하고 있었지만, 이는 주로 반덤핑 및 상계관세조치 등 비관세장벽에 대한 최소한의 기준을 규정하고 있다.

예를 들면 반덤핑조치는 불법적 통상행위에 대하여 공동체산업을 보호하는 데에는 부적절하므로 공동체는 GATT 규칙에 제한됨이 없이 불법적 통상관행의 제 측면에 대하여 방어할 수 있는 권한을 행사해야만 한다고 필요성이 제기되었다. 따라서 무역경쟁에서 EU의 이익을 합법적으로 방어하며 신속하고 효율적으로 수행하기 위하여 새로운 통상법규의 필요성에 따라 NCPI를 제정하였다.[9)]

하지만 NCPI는 증가하는 제3국에 의한 통상장벽에 유효하게 대처하지 못하였다. 또한 WTO의 범위 내 인정된 국제통상규칙에 의해 EU에게 부여된 제 권리의 행사를 보장하기 위하여 공동체절차를 보강하고 개선할 필요 등의 이유로 개정될 필요성이 증대되어, WTO 체제하의 공동체 권리의 실현을 보장하기 위한 절차를 규정한 TBR로 1995년 대체되었다.[10)] 따라서 TBR은 UR 협상의 타결에 따른 WTO의 협상내용을 반영하고 제소대상의 범위를 명확히 하기 위해 제정된 것이다.

5) 대상범위

NCPI는 적용대상이 되는 불명확한 불공정 교역행위를 정의하는데 신중을 기하였으며, 정부조달, 기술표준, 반덤핑, 상계관세 또는 긴급피해구제조항 적용, 관세관련 입법 등의 분야

---

9) R. Denton, op.cit., pp.3~4.

10) M. S. Rydelski, and G. A. V. R. Zonnekeyn, op.cit., pp.148~152.

에서 외국의 불공정 행위에 대해 사인이 이용할 있는 유일한 구제방법이었다.[11] 또한 불공정교역에 의한 외국상품의 공동체로의 수입과 공동체 기업의 외국진출을 저해하는 관행에 대해 공동체가 적절히 대응하며, 주로 1차, 2차 상품에 대한 불공정교역행위에 대한 제재와 공동체의 권리를 주장하였다.

이에 비해 TBR의 적용범위는 상품, 지적재산권 및 서비스에 관한 통상장벽이다. 따라서 종전의 NCPI 보다 3차 서비스산업의 추가 등으로 그 대상범위가 확대되었다.[12] TBR은 비회원국에서 공동체기업들이 직면하는 통상장벽에 대항할 무기를 공동체산업에 제공하려는 것인 반면, 기존 통상정책수단들은 역내시장에서 피해를 야기한 통상관행에 대한 규제에 한정되었다. 또한 서비스협정(GATS)과 지적재산권협정(TRIPs)도 새로운 분쟁해결절차의 범위에 포함된다는 점을 고려하여 공동체는 TBR의 적용범위에 서비스 공급자를 포함시켰다.[13]

6) 제소, 조사절차, 종료 및 조치내용

NCPI의 경우 조사와 관련하여 다음과 같은 특징이 있다. 첫째, 사인이나 회원국이 외국의 불공정 행위에 대한 대응을 요구함으로 제소가 이루어진다. 둘째, 조사절차의 경우 집행위원회가 제소사항 접수 후 45일 이내, 특수한 경우 60일 이내에 결정된다. 조사개시 후 5개월 이내, 특수한 경우 7개월 이내에 제소사항에 대하여 적절한 대응조치를 결정한다. 셋째, 절차의 종료 혹은 중지는 제소사항이 더 이상의 조사를 필요로 하지 않는다고 결정하면 협의단계 후 절차를 종료한다. 또한 조사절차 진행 중 외국 정부와 원만한 합의가 이루어진 경우, 국제협상의 의무에 의해 국제분쟁해결절차를 거쳐야 하는 경우 절차를 중지한다. 넷째, 조치내용은 양허 정지 또는 철회, 관세의 인상 또는 신규 수입부과금, 수량제한의 부과 또는 문

---

11) 백진현, "EC통합과 신통상정책조치(NCPI)", 「외교」, 제22호, 한국외교협회, 1992, pp.28~29.

12) TBR은 덤핑에 관한 규칙(EU Reg. No. 384/96)이나 공동통상정책 분야의 다른 기존의 규칙을 적용 받는 경우에는 적용되지 않는다. European Commission, "Trade Barriers Regulation: The First Five Years," Symposium Paper of the Challenge of Globalisation: The European Union' s Market Access Strategy, 2000, p.2. *"The TBR is one of the Community' s commercial policy instruments.... The Regulation covers trade barriers forbidden by international trade rules, mainly WTO rules. It is applicable to both goods and trans-frontier services not involving the movement of persons, and may also cover trade barriers having their origin in the violation of intellectual property rights".*

13) 법무부, 「EU 통상법 연구Ⅱ」, 법무부, 2000, p.110.

제가 된 외국과의 통상에 영향을 미치는 기타 조치 실시가 가능하다.[14)]

이에 비해 TBR의 경우는 다음과 같은 특징이 있다.[15)] 첫째, 제소의 경우 공동체산업 또는 공동체기업을 대표하는 자연인, 법인, 협회, 개별기업은 집행위에 서면제소하며 회원국은 집행위에 조사 개시 요청한다. 제소 시 무역장벽, 피해 또는 부정적 무역효과의 존재, 양자간의 인과관계를 충분하게 입증해야 한다. NCPI에 비하여 TBR은 해당국가에 대한 양허 유예 및 제소대상을 회원국뿐만 아니라 EU내의 개별기업도 포함함으로서 제소자격이 확대되었다.

둘째, 조사절차상 집행위는 제소일로부터 45일 이내 조사절차 개시여부 결정해야 한다. 하지만 공동체이익과 부합하지 않거나 충분한 증거자료가 제시되지 않는 경우, 집행위는 조사거부가 가능하다. 조사개시로 5개월 이내에 조사결과를 제출하며, 사안이 복잡한 경우에는 7개월까지 연장 가능하다.

셋째, 조사결과 절차종결이나 조치를 채택한다. 조사 후 조치내용을 살펴보면 조사결과 조치의 필요성이 없을 경우 조사절차를 종료한다. 한편 피제소자 국가가 만족스러운 조치를 취한 경우, 문제해결의 최선의 방안이 관련국가와 관련된 협정체결일 경우는 조사절차를 중지한다. 하지만 조사결과 조치의 필요성이 있을 경우 WTO에 제소한다.

넷째, 조치내용은 양허의 정지 또는 철회, 관세인상 또는 신규수입과징금의 도입, 관련국가와의 무역에 영향을 주는 수량제한이나 기타 수출입조건 변경 등이 있는데 이는 NCPI와 유사하다.[16)]

따라서 양 제도를 비교해보면 제소, 조사절차, 종료 및 조치내용상에서 NCPI나 TBR은 큰 차이가 없다. 다만 절차상의 차이점은 TBR은 공동체이익과 부합하지 않거나 충분한 증거자료가 제시되지 않는 경우, 집행위의 조사거부가 가능하며 조사결과 조치의 필요성이 있을 경우 다자간 무역체제인 WTO에 제소도 가능하다. TBR 조사절차에 따르면 집행위는 제소

---

14) R. Denton, op.cit., pp.13~14. *"Although the remedies...include inter alia suspension or withdrawal of any concession resulting from commercial policy negotiations, raising of customs duties or other import charges and the introduction of quantitative restrictions or measures equivalent which affect trade with the third country concerned"*.

15) M. S. Rydelski, and G. A. V. R. Zonnekeyn, op.cit., pp.154~159.

16) http://europa.eu.int *"...the Commission can propose to retaliate through measures which target trade from the country concerned. Possible measures include: suspension or withdrawal of trade concessions, increase in customs duties for imports into the EU, imposition of quotas or other measures to modify import or export conditions, other forms of retaliation"*.

된 날로부터 45일 이내에 조사절차 개시여부 결정을 해야 한다. 단, 제소자의 요청이나 합의에 의해 동기간은 연장 될 수 있으나, 연장기간에 대해서는 구체적인 언급이 없다는 점이 NCPI와 다르다.

7) 운용현황

NCPI는 1984년부터 1994년까지 모두 7건을 적용하였으나 실제 조사절차가 개시된 사건은 단지 5건이었다. 그 중에서도 AKZO 사건을 제외하고는 조사과정 중 또는 조사중지 기간 중에 관련 제3국이 제소대상이 된 조치의 시정 또는 철회 약속을 함으로써 해결되었다. 따라서 NCPI는 많이 활용되지 않았음을 알 수 있다.[17)]

TBR의 경우는 1995년 제정된 이후부터 2001년 12월 말 까지 역외국에 대해 총 16차례 TBR을 발동한 바 있다. 필요시 TBR을 발동을 통하여 EU의 권리를 확보하려고 한다.[18)] 한국의 경우에는 1998년 화장품 수입 관련제도와 관행, 1999년 한국의 의약품 관련제도와 관행, 그리고 2000년 11월 한국조선업계의 불공정한관행이 WTO 규범을 위반하는 주요 무역장벽으로 작용하여왔음을 주장하며 세 차례에 걸쳐 TBR 절차를 개시하였다. TBR의 한국조선산업 적용사례는 III절에서 분석하기로 한다.

2. NCPI와 TBR의 특징, 의의 및 문제점 비교

앞에서 살펴본 바와 같이 TBR은 본질적으로는 NCPI의 재현이라 할 수 있으나 다음과 같은 차이점과 특징을 알 수 있다. 첫째, 제소대상의 확대이다. TBR은 NCPI와 달리 해당국가에 대해서는 양허 유예 및 제소대상을 회원국뿐만 아니라 EU내의 개별기업도 포함하게 되었다.

둘째, 적용대상의 확대이다. NCPI는 주로 1차, 2차 상품에 대한 불공정교역행위에 대한 제

---

17) 허태완, "EC의 TBR 분석 및 우리나라에의 도입 필요성에 관한 연구", 「통상법률」, 제22호, 법무부, 1998, pp.100~101.

18) European Commission(2000) *"The aim of the TBR is of course the removal of the barrier to trade. This can be achieved through negotiations; about half of the cases have been resolved through negotiations. However, if those negotiations break down, then a solution can be sought through the WTO"*.

재와 공동체의 권리를 주장한 반면, TBR의 적용범위는 상품, 지적재산권 및 서비스에 관한 통상장벽이다. 따라서 종전의 NCPI 보다는 3차 서비스산업의 추가 등으로 그 대상범위가 확대되었다.

셋째, 적용범위의 확대이다. TBR은 NCPI에 비하여 제3국의 공동체시장 내에서뿐만 아니라, 제3국 시장내 공동체생산에 대하여 야기된 통상장벽 및 불리한 통상효과의 유발행위에 대해서도 일련의 조치를 취할 권한을 행사할 수 있게 되었다.

넷째, 개념 및 정의의 구체성이다. NCPI의 위법한 통상관행 개념(Illicit Commercial Practices)이 TBR에서는 통상장벽(Obstacles to Trade)의 개념으로 대체되었다.[19] 통상장벽이란 제3국에 의해 채택되거나 유지되고 있는 통상관행에 대하여 국제규범에 의해 공동체에 제소할 수 있는 권리가 부여된 경우를 말한다. 따라서 TBR은 NCPI의 개념보다 더욱 구체적이다.[20]

다섯째, 제도의 적극적인 운용 및 활용이다. NCPI는 1984년부터 1994년까지의 모두 7건을 적용하였으나 실제 조사절차가 개시된 사건은 단지 5건으로 많이 활용되지 않았다. 이에 비해 TBR의 경우 1995년 제정된 이후 필요시 TBR의 발동을 통하여 EU의 권리를 확보하려고 한다는 점이 특징이다.

다음은 TBR 제도의 의의를 살펴보면 다음과 같다. 첫째, TBR은 반덤핑, 상계관세, 세이프가드 등과 더불어 EU의 주요한 통상정책 수단중의 하나이다. 하지만 EU 기업이 제3국 시장에 진출하는데 장애요인이 되는 장벽을 제거한다는 점에서는 역외상품 수입에 따른 국내산업 보호를 주목적으로 하는 반덤핑, 상계관세 및 세이프가드 조치와는 구별된다.

둘째, TBR은 제3국의 불공정 무역관행을 제거하여 시장개방과 수출 촉진 달성을 목적으

19) NCPI는 공동체 산업계와 피해를 다음과 같이 정의하고 있다. 공동체 산업계는 문제의 제품과 동종 또는 유사하거나 경쟁관계에 있는 제품의 EU내 생산자 또는 문제의 제품을 소비하거나 가공하는 EU내 생산자이다. 피해(Injury)는 공동체 산업계에 중대한 피해를 입혔거나 입히려고 할 경우이다. 한편 TBR에서는 무역장벽, 피해, 부정적 무역효과를 다음과 같이 정의하고 있다. 무역장벽(Obstacles to Trade)은 제3국에서 채택 · 유지되고 있는 무역관행이다. 피해는 상품서비스 분야의 공동체산업에 주거나 줄 우려가 있는 실질적 피해이다. 부정적 무역효과(Adverse Trade Effects)는 제3국 시장에서 상품 서비스 분야의 공동체 기업 또는 공동체경제, 공동체의 일부지역 또는 특정분야에 대해 실질적 영향을 줄 우려가 있는 것이다.

20) TBR은 NCPI와 달리 제3국 시장에 영향을 미치는 통상장벽의 경우에 있어 공동체 수출업자가 피해를 입증해야 한다는 요건을 면제하였다. '위법한 통상관행(Illicit Commercial Practices)에 대항하여 보호를 부여할 것에 관한 공동통상정책의 강화에 대하여' 라는 이사회 규칙(Reg. 2641/84)이 제정됨으로써 EEC의 통상보호법은 강화되었는데 이것이 신통상정책수단이다. '제3국의 불공정한 무역관행(Unfair Trade Practices of the Third Countries)' 에 대항하는 것을 목적으로 하는 새로운 수단이 채택된 것이었다.

로 무역조치를 규정하고 있으나, TBR 규정내에 독자적인 실제적 보복조치를 규정하고 있지 않아 절차상 WTO와 상충되지 않도록 규정하고 있다. 예를 들면 TBR 조사 결과 조치의 필요성이 있는 경우 WTO 분쟁해결기구를 통해 해결한다.

셋째, TBR은 통상압력 수단으로 사용되어 진다는 점이다. TBR은 대부분 국제규범과 일치하고 있으나, 조사절차중지 규정과 관련하여서는 구체적인 시한이 설정되어 있지 않아, 문제되는 사안을 EU와의 협상을 통해서 해결하도록 하는 하나의 정치적 통상압력수단으로 사용할 수 있다.

다음은 양제도의 문제점을 살펴보면 다음과 같다. NCPI의 문제점은 첫째, NCPI는 채택과정에서 만장일치를 얻지 못했다. 둘째, 불법적 관행을 이유로 보호무역주의자들의 이익을 대변하거나 공동체로의 수입을 방해할지도 모른다는 우려감이 있었다. 셋째, NCPI는 일방적 조치에 의한 통상수단이므로 미국의 통상법 제301조와 같이 GATT에 의해 확립된 다자간 통상규칙에 위배된다는 비판을 받을 소지가 있었다. 넷째, 대외통상정책을 수행함에 있어서 EU는 주로 적용이 용이한 반덤핑조치를 선호하였으며, 절차과정의 불투명성과 지연에 대해 공동체 기업들의 상당한 불만 등으로 NCPI에 의거한 통상조치는 단지 7건의 사건뿐이어서 실무상 많이 이용되지 않았다는 문제점이 있었다.[21)]

한편 TBR의 문제점은 첫째, 문제해결에 장기간의 시일이 소요된다. TBR 규정상 조사절차 중지기간이 명확하게 설정되어 있지 않아,[22)] 동 기간 동안 EU의 협상력은 극대화 될 수 있다.[23)] 결국 상대국과 관련조치 시정, 서면에 의한 철회 및 재발 방지 약속 등 적절한 합의를 추진할 가능성이 높다. 그리고 동 사안을 WTO 분쟁해결절차에 회부하는 경우 통상 약 2년이 걸리는 것을 감안하면, 동 사안의 최종 해결에는 약 2~3년이 소요된다. 따라서 문제 해결까지 장기간이 걸리는 것은 직접적인 이해당사자인 공동체 기업에 매우 심각한 문제라 할 수 있다.

---

21) EU 통상연구회, 「EU의 통상정책과 법」, 율곡출판사, 2000, pp.192~193.

22) 예를 들면 TBR 조사절차에 따르면 집행위는 제소된 날로부터 45일 이내에 조사절차 개시여부 결정을 해야 한다. 단, 제소자의 요청이나 합의에 의해 동기간은 연장 될 수 있으나, 연장기간에 대해서는 구체적인 언급이 없다.

23) 집행위는 조사개시 이후 5개월(7개월까지 연장기능)이내 자문위원회와의 협의를 위해 조사결과를 제출해야 하며, 조사절차 종료 후 가장 적절한 방법이 조사대상국가와의 협정체결이라고 판단되는 경우에는 조사절차가 중지된다. TBR 제소 절차는 한국조선공업협회, "EC의 TBR 제소 움직임에 따른 대응책", 「조선정보」, 제68호, 한국조선공업협회, 2000, p.62 참조.

둘째, 피해증명의 어려움이 있다.[24] TBR 규정상 무역장벽 즉, 제3국이 채택하고 유지하는 관행은 정부가 관련되어 있는 것이어야 한다. 하지만 정부의 개입 및 관련 사항에 대한 증명은 쉽지 않다. 예를 들면 EU가 주장하는 한국정부의 조선소지원 및 구조조정 개입 여부, 조선산업의 특성상 피해 및 부정적 무역효과 등의 증명이 힘들었다.

【Ⅲ】 TBR 한국 제소 사례연구(Case Study): 한국-EU 조선분쟁

EU는 TBR이 제정된 이후 한국에 대해서도 1998년 5월 화장품 수입관련제도와 관행,[25] 1999년 7월 한국의 의약품 관련제도와 관행,[26] 그리고 2000년 11월 한국조선업계의 불공정

---

24) 그밖에도 TBR 자체의 WTO 합치성 문제, 조사절차의 중지결정 문제, 조치의 채택 결정 문제, TBR에서 허용되는 비위반 제소에 대한 범위의 불명확성 문제 등이 있다. 법무부, 전게서, p.211.

25) EU 집행위는 1998년 5월 당시 한국의 유럽산 수입화장품에 대해 과도하고 불필요한 적합성 검사와 안전성 검사 및 한국화장품공업협회에 의한 사전 광고심사 등이 GATT(1994)의 내국민대우 조항 및 WTO 기술장벽에 관한 협정 제5조 제1항 및 제2항을 위반하였으며, 이는 통상장벽을 초래하고 불리한 통상효과를 유발하고 있다고 주장하였다. 따라서 EU산 화장품 수입에 대해 부당한 무역장벽을 제거해줄 것을 요청하는 유럽화장품협회(COLIPA: Liasion Committee of European Associations of Perfume, Cosmetics Products and Toiletries Industries)의 청원을 수용하여 TBR 조사를 개시한바 있다. 이에 따라 한국은 수입자유화와 관세율 인하를 추진하고 있다는 사실을 강조하고, 1999년 3월 한국화장품 수입제도 개선안에 합의한 양자간 합의록을 교환하였으며, 2000년 1월 한국의 화장품 수입제도를 개선하는 내용의 화장품법을 새로 제정하는 등 한-EU간 통상분쟁을 해결하고자 노력하였다. 2001년 1월 EU 집행위는 수입화장품 검사제도의 개선과 기능성 화장품 관련 사항이 포함된 화장품법 도입 등 한국의 화장품 수입 및 관리제도가 상당히 개선된 것을 긍정적으로 평가하여 WTO 제소를 보류하고 한국 화장품 교역관행에 대한 TBR 조사를 중지한다고 발표했다. 대한화장품공업협회, "국내 화장품 산업과 제도개선", 내부자료, 1998. 방청록, "EU의 무역장벽규정이 한국의 통상환경변화에 미친 영향 연구", 「유럽연구」, 제12호, 한국유럽학회, 2000, pp.75~79.

26) 한국에 대한 두 번째 EU의 TBR 적용 사례는 한국 의약품관련 제도 및 관행이다. 1999년 7월 EU집행위는 한국시장에서 의료제품의 가격책정과 배상 관행상의 차별, 과도한 규제, 지적 재산권 문제, 의약품 무역 제도상의 투명성 부족 등 외국산 신규의약품이 가격과 환불에 관한 법률 및 관행 면에서 불리한 대우를 받고 있다고 주장하였다. 이는 GATT(1994) 제3조 4항의 내국민대우원칙에 위반되며 공동체에 통상장벽을 초래하고 불리한 통상효과를 유발하고 있다고 유럽의약품산업연합(EFPIA: European of Pharmaceutical Industries and Association)가 제소함에 따라 TBR 규정에 근거하여 한국의 의약품 관련 제도 및 관행에 대해 조사를 개시하였다. 이에 대해 당시 한국측은 그 동안 수입의약품 관리제도의 개선을 위해 지속적으로 노력하여 왔으며, 1999년 7월부터 수입의약품 보험약가 등재 및 상환이 원칙적으로 국내외산 차별 없이 동등하고 투명한 절차에 의해 진행되고 있다는 점을 강조하고, 선진국시장의 생산가격을 국내 보험약가 책정시 고려하는 방안과 수입의약품에 대한 차별적인 제도의 개선조치를 지속적으로 추진할 것을 EU측에 설명하였다. EU는 2000년 11월 약가상환제도 개정, 의약품 검사요건 완화, 의

관행을 주장하며 총 세 차례에 걸쳐 TBR 절차를 개시하였다. 당시 문제사안의 중요성과 관심이 고조되었던 한국-EU 조선분야의 TBR 적용사례를 살펴본다.

EU측은 1990년대 한국의 조선설비확장으로 공급과잉 상태를 유발하여 세계 조선가를 하락시켰다는 인식과 한국의 활발한 수주 활동으로 1999년부터 한국이 세계 1위의 수주국으로 등장하자 EU 조선업계의 위기감이 팽배해졌다.[27] 또한 외환위기 이후 부실화된 한국의 한라, 대우조선 등이 퇴출 되지 않고 채권금융기관을 통해 회생되자, 한국정부의 보조금지원 개입과 IMF 자금의 오용의혹 등을 제기하였다.[28]

그동안 EU는 조선산업에 대해 정부보조와 관련하여 일종의 운영보조금인 '선가연계보조금' 을 장기간 시행해 오고 있었다. EU는 1998년 5월 '신조선산업정책' (Toward a New Shipbuilding Policy)을 통해 동 보조금이 EU 조선산업의 경쟁력 제고에 실효성이 없음을 인정하고 다른 형태의 보조금으로 전환할 것을 제안하였다. EU는 조선보조금규정(Regulation No. 1540/98)을 통해 운영보조금의 2000년 말 폐지 및 혁신보조금과 지역개발보조금을 도입한 바 있다. EU는 역내 조선업계의 보조금 철폐계획에 대한 일부 회원국의 불만을 무마하고 이러한 운영보조금 연장을 목적으로 1999년 하반기부터 한국정부의 조선산업에 대한 IMF 자금지원, 설비증설로 인하여 저가수주 등 불공정 관행에 대해 문제를 제기하였다.[29]

한국은 EU와 그동안 조선분쟁을 완화하기 위하여 수차례의 양자협의를 거쳐, 양측은 2000년 6월 금융감독기능을 통한 조선관련 금융의 건전성 확보, 국제회계기준의 적용, 적정

약품 관련 지적재산권보호 강화 등 그 동안 한국의 수입의약품 관리제도 개선노력을 긍정적으로 평가하여 1999년 7월 개시된 한국 의약품 교역관행에 대한 TBR 절차를 일단 종결하게 되었다. 방청록, 전게논문, pp.79~81.

27) 한국 조선업계의 세계 조선시장 수주 점유율은 1998년 33%, 1999년 40.9%에 이어, 2000년에는 45.1%까지 높아졌다. 반면 독일, 프랑스, 이탈리아 등 EU 조선 국가의 점유율은 이 기간 대부분 5%대 이하로 떨어졌고, EU 조선업계 전체 점유율도 12~14%대였다.

28) 한-EU 조선 분쟁은 초과 건조시설문제, 저가수주문제, 보조금문제, IMF 자금 전용문제, EU 조선업계 피해 문제, 비용분석 및 가격분석모델의 문제점, 투명성문제, 수출입은행의 선박금융지원 문제, EU 조선산업 보조금 문제 등의 주요 이슈에 대하여 상호 입장에 차이를 보였다. 박성훈 · 강승범, "한-EU 조선분쟁: 쟁점과 전망", 「하계학술발표대회논문집」, 한국 EU학회, 2001, pp.11~14. 외교통상부, "한 · EU 조선문제 현황", 내부자료, 2000.

29) EU는 1999년 10월 조선산업정책 보고서(Report on the Situation World Shipbuilding)를 통해 설비확장, 저임금국과의 경쟁심화, 선가하락, 채산성하락 등으로 세계조선산업은 위기에 직면해 있어 설비감축이 필요하며, 특히 한국조선산업을 심층 분석하여, EU 차원의 대응방안을 제시하였다. 또한 EU는 2002년 역내조선업계의 임시방어조치(Temporary Defence Mechanism)로 최고 6%의 보조금을 지급하기로 결정했다. (EU Reg. No. 10285/02)

수주가격의 설정원칙 등을 약속하는 '조선합의의사록'을 체결하였다.[30] 하지만 EU측은 합의의사록 체결에도 불구하고 시장선가의 미개선 등 조선합의서의 실효성에 의문을 제기하였으며, EU 조선업계는 2000년 10월 동 문제의 해결을 위해 EU 집행위에 TBR 조사를 요청하여 2000년 12월 TBR 조사를 개시하였다.

EU 집행위는 2001년 5월 TBR 조사결과보고서에서 한국의 조선보조금이 WTO 협정에 위반된다고 주장하였다. 그동안 EU 집행위는 5차례의 '조선산업보고서'를 통하여 한국 조선산업의 저가수주 등의 불공정무역행위를 지적하였다. 2002년 6월 EU 각료이사회에서 2000년 말로 폐지된 EU 조선보조금 재개 및 한국조선산업에 대한 WTO 결의안을 채택하고, WTO 제소에 앞서 최종 타협협상을 가졌으나 양측의 입장차이로 타결을 보지 못하였다.[31] 결국 2002년 10월 EU는 한국의 조선보조금이 WTO 협정에 위반된다고 주장하면서 WTO에 정식 제소하였으며, 한국도 2003년 9월 EU의 보조금문제를 WTO에 맞제소하여 승소하였다. 이는 한국-EU 양자간에 벌어졌던 조선분쟁이 WTO 분쟁해결절차로 옮기게 되었으며, WTO 분쟁절차상 유례없는 대형 사안이었다.

【Ⅳ】 시사점

본 절에서는 향후 유사한 분쟁에 대비하여 한-EU 조선분쟁에 따른 한국측의 대응방안과 시사점에 관해서 분석한다. 선박의 반덤핑 제소 관련 사항으로 선박은 과거에 선가가 급등락 하였음에도 불구하고 덤핑행위를 규제하기란 거의 불가능하다. 그 이유는 대부분의 선박거래가 일반상품 거래와는 달리 한 척의 거래만을 대상으로 하는 단일거래이며 수주계약 후

---

30) Official Journal of the European Communities, L 155/49 (2000.6.28) *"The aim of both sides(the EU and Korea) is to promote fair and competitive market conditions in the world market and work together to stabilise the market and thereby help raise the level of ship prices to ones that are commercially sustainable".*

31) 한-EU 조선분쟁 과정은 이종원, "한·EU 조선통상분쟁 사례연구: EU의 WTO 제소를 중심으로", 「동계학술대회논문집」, 한국국제경제학회, 2003, pp.158~165. 안세영·정만기, "한·EU협상에서 내부협상갈등에 대한 연구: 조선협상사례를 중심으로", 「2002무역학자전국대회발표논문집」, 한국무역학회, 2002. pp.6~11. 박광서·노승혁, "한국과 EU의 조선산업 통상마찰 배경과 협상에 관한 연구", 「무역학회지」, 제27권 제2호, 한국무역학회, 2002, pp.416~424. 정후영, "한-EU 조선분쟁의 주요 이슈와 향후 전망, 「KIEP 세계경제」, 제4권 5호, KIEP, 2001, pp.57~65. 이헌영, "한-EU조선문제와 EU통상장벽규칙", 「산은조사월보」, 제546호, 한국산업은행, 2001, pp.105~135. 외교통상부, "한·EU 조선문제 현황", 내부자료, 2000. 한국조선공업협회, "한·EU 조선분쟁 경과와 전망", 내부자료, 2002.

인도기간이 긴 대규모 자본재이다. 또한 인도된 선박은 일반적으로 수입국의 관세영역을 통과하지 않으며, 선박의 실질적인 소유자를 규명하기가 곤란하고 경기 순환적인 성격이 강하다는 점 등이다.[32)]

EU측 제소의 근거는 WTO의 '보조금과 상계조치에 관한 협정'(SCM: Agreement on Subsidies and Countervailing Measures)에 있다. 이 협정서는 정부의 지원조치를 금지된 지원(제3조), 제소 가능한 지원(제5조 등) 그리고 허용된 지원(제8조 등)으로 구분하고 있다.[33)] EU의 제소는 SCM 협정 조항 3과 5에 의거하여 한국정부의 자국 조선업계에 대한 지원이 금지된 또는 제소 가능한 조치라는 견해이다.

구체적인 제소사항은 첫째, 한국수출입은행의 선수금지원과 지급보증, 둘째, 한국수출입은행의 수출신용, 셋째, 국공립은행 및 금융기관을 통한 채무면제, 부채의 자기자본화 및 이자혜택과 한국정부의 세제혜택, 그리고 넷째, 철강 등 조선산업에 유리한 관련기업체에 대한 정부보조이다. EU측은 이러한 혜택들이 한국의 조선업계로 하여금 저가의 수주를 가능하게 하였고 세계시장 점유비율을 확대할 수 있었다는 견해이다.[34)]

다음은 당시 한-EU 조선분쟁에 대한 대응방안에 대해서 살펴보기로 하자. EU와 한국 양국 사이에는 세계조선시장에 대한 상황판단과 왜곡된 경쟁조건에 대한 견해에 있어 기본적인 입장 차이를 보였기 때문에 이에 대한 타협점을 모색하기에는 쉽지 않다. EU와 한국이 WTO에 각각 맞제소함으로서 한국측은 WTO의 최종판정까지 최대한 관련 자료 수집과 철저한 대응을 통해 문제를 해결한 사례이다. 당시 조선분쟁에 대한 대응방안으로 첫째, EU 조선보조금 문제를 맞제소를 통한 압박 방안, 둘째 WTO 분쟁해결기구(DSB: Dispute Settlement Body) 결정을 통한 해결방안이었다.

---

32) 선박을 정상가(Normal Value)이하로 판매함으로써 협정체결국의 다른 경쟁자에게 피해를 입히는 불공정한 선가 또는 덤핑경쟁의 경우 GATT의 반덤핑규제를 기반으로 비슷한 조치를 하도록 하였다. 이에 의하면 피해를 입은 체결국이 덤핑가격으로 선박을 인도한 조선업체에 대한 징벌을 요구할 수 있으며, 그 절차에 있어서는 독립적인 판정기관의 중재절차를 통해 검토하도록 되어있다.

33) 금지된 조치로는 수출보조와 직접국내보조로 이는 교역의 흐름을 방해하고 다른 국가들에게 부정적인 영향을 주는 조치들이다. 제소 가능한 지원행위는 원칙적으로 금지된 조치는 아니나 중재의 대상이 되거나 피해를 입은 상대국의 조정(보상)요구 대상이 될 수 있다. 일반적으로 허용된 보조행위는 다른 국가들의 이해에 저촉되는 일이 거의 드문 지원행위 또는 직접적인 경제활동으로 활용할 수 없는 조치(기초연구지원, 낙후된 지역에 대한 보조, 경쟁조건과 관계없는 개발원조, 변화된 환경의 요구에 따른 적응조치)를 의미한다.

34) 하이너 헤젤러, "한국과 유럽의 조선산업 통상마찰", 프리드리히에베르트재단, 2001, pp.7~8.

'EU 조선 보조금 문제' WTO 맞제소 압박 대응: 한국도 2003년 9월 EU가 조선산업에 대해 지급하고 있는 운영 및 잠정보조금 등을 WTO에 맞제소함으로 대응했다. 향후 한국은 EU 회원국들이 자국의 조선산업에 대해 운영보조금, 구조조정 보조금, 잠정보조금 등을 지급하고 있으므로 WTO의 분쟁해결절차를 통해 그 부당성과 불법성을 제기했다. 특히 잠정보조금은 EU 조선소가 한국 조선소와 경쟁하는 경우에만 선가의 6%까지 보조금을 지급토록 하고 있어 WTO 협정의 최혜국대우원칙 등에 위배될 소지가 있었다.[35] 이러한 맞제소 대응은 EU가 한국을 압박하고 있는 보조금 문제로 역공세를 당할 위험을 안고 있다. 만약 WTO 차원에서 해결될 경우 유럽 조선업계가 희망하고 있는 보조금 재도입은 불가능해지며, 유럽조선업계의 생존 자체도 불투명해질 가능성이 있었다.

WTO DSB 결정을 통한 해결 방안: 만약 DSB에서 보조금이 불리한 효과를 초래하였다고 결정된 경우에는 보조금을 지급한 국가는 6개월 이내에 보조금을 철폐하여야 한다. 이러한 절차가 이행되지 않을 경우 WTO는 보복조치를 승인하고 있다. 따라서 만약 한국이 패소할 경우, 조선산업과 산업계 전반에 미치는 파장은 클 수 있다. 또한 EU측이 타 분야에 대해 보복조치를 취할 경우 D램 반도체, 철강 및 농산물 분야에서 한-EU 통상분쟁은 더욱 격화될 우려가 있다. 이러한 결정은 한국의 맞제소에도 영향을 미쳐 EU의 보조금 지급 판단 결정에도 유리할 수 없다. 따라서 WTO는 EU와 한국, 그리고 미국, 일본 등 OECD 조선국의 입장을 고려한 절충안으로 판결할 가능성도 배제할 수 없었다.

하지만 WTO의 최종 결정과정에서 여러 가지 어려운 점들이 있었다. 첫째, WTO가 한국 조선업계에 대해 불공정 가격 경쟁 협의를 인정하더라도 뚜렷한 제재 수단이 없다. 해운선사는 유럽국가 회사가 많지만 대부분 무관세 지역인 파나마, 라이베리아 등 제3국 국적을 빌려 선박건조 발주를 하기 때문에 덤핑 관세부과 등의 벌칙을 부과할 수 없는 실정이다.

둘째, 이러한 제소는 아직 전례가 없으며, 한국정부의 보조금 지급과 덤핑수주에 대한 비난은 한국재벌체계의 복잡성과 불투명한 속성으로 실제로 증명하기가 힘든 문제로 제소의 성공여부를 예측하기가 어렵다. EU측 제소가 성공하기 위해서는 한국정부의 조선산업에 대

---

35) EU의 조선산업에 대한 주요 보조금은 다음과 같다. 운영보조금은 선가의 9%까지 지급가능한데, 2000년 말로 폐지되었으나, 그 이전에 승인 받은 일부 선박에 대한 잔존 분은 지급 중이다. 잠정보조금은 선가의 6%까지 지급가능한데, 한국과의 조선분쟁이 해결될 때까지 기한을 정해 지급되며, 한국의 조선소가 EU조선소 보다 낮은 가격으로 경쟁할 경우에만 지급한다. 이외에도 재정적인 위기에 있는 조선소에 대한 구조조정보조금, 연구개발보조금 등이 있다. 외교통상부 보도자료(2003. 9. 3) http://www.mofat.go.kr/main/top.html.

한 보조조치가 한국산업전체에 일반적으로 베푸는 혜택이 아닌 오직 조선산업 부문에만 해당된다는 특별성(Specificity)을 입증해야 한다. 하지만 이것이 쉽지 않았다.[36]

셋째, 한국측의 조치들로 인한 EU 조선산업에 '심각한 피해'를 야기 했는지의 여부도 밝혀야 한다. 이에 대해 한국측은 지원조치들이 WTO 협정상 불법적인 보조금이 아니며, 또한 동 조치들이 EU의 조선산업에 '심각한 피해'를 야기하지도 않았다는 주장이여서 그 해결이 쉽지 않았다.

당시 양측 모두 WTO에 보조금 지급 문제로 제소한 상태여서 그 결과가 주목되었다. 결국 한국-EU 양자간 조선분쟁이 WTO 분쟁해결절차로 옮기게 되었으며, WTO 분쟁절차상 유례없는 대형 사안으로 한국측의 승소로 판결된 대형 분쟁사례이었다.

【V】 결론

4장에서는 EU의 일방적 무역조치 NCPI와 TBR을 비교・분석하였으며, TBR의 한국적용사례로 한국-EU 조선분쟁을 연구하였다. 살펴본 바와 같이 TBR 제도의 몇 가지 특징을 알 수 있다. TBR은 본질적으로는 NCPI의 재현이라 할 수 있으나, 종전의 NCPI보다 제소대상의 확대, 적용대상 및 적용범위의 확대, 개념 및 정의의 구체성, 제도의 적극적인 운용 및 활용 등의 점에서 진보된 형태의 일방적 무역규제 수단이다. 따라서 1995년 제정된 이후 필요시 TBR 발동으로 EU의 권리 확보를 위해서 통상압력수단으로 수시로 사용한 점이 특징이다.

둘째, TBR은 반덤핑, 상계관세, 세이프가드 등과 더불어 EU의 주요한 통상정책 수단중의 하나이지만, EU 기업이 제3국 시장에 진출하는데 장애요인이 되는 장벽을 제거한다는 점에서는 역외상품 수입에 따른 국내산업 보호를 주목적으로 하는 반덤핑, 상계관세 및 세이프가드 조치와는 구별된다.

셋째, TBR 규정내에 독자적인 실제적 보복조치를 규정하고 있지 않아 절차상 WTO와 상충되지 않도록 규정하고 있어 한국조선분쟁의 경우처럼 TBR 조사 결과 조치의 필요성이 있

---

36) EU는 우리 수출입은행이 제공하는 선수금환급보증 및 제작금융, 관련조선사에 대한 구조조정지원(부채 만기연장, 이자감면, 출자전환), 조세감면 등을 수출보조금 또는 상계관세보조금으로 주장하고 있다. 백웅재, "EU의 한국조선산업 WTO 제소결정과 향후 전망",「KIET 세계경제」, 제5권 11호, KIET, 2002, pp.82~84. 박광서・노승혁, 전게논문, pp.418~419.

는 경우 WTO 분쟁해결기구를 통해 해결한다.

넷째, TBR은 통상압력 수단으로 사용되어 진다는 점이다. 따라서 문제되는 사안을 EU와 협상을 통해서 해결하도록 하는 하나의 정치적 통상압력수단으로 사용할 수 있다. 이는 EU의 일방적 무역규제수단인 TBR 사용의 중요성을 시사하고 있다.

다음은 TBR의 한국제소 사례를 통하여 몇 가지 시사점을 알 수 있다. 첫째, EU측은 한국측의 제도개선 상황을 감시한 이후 WTO 제소 여부를 결정함으로서 국내 제도 및 관행에 대해 개선을 요구하였다. 둘째, 결과적으로 EU의 TBR 제소는 한국의 관련시장에 대한 EU산 제품의 시장접근을 더욱 확대하는 효과를 유발하였다. 셋째, EU는 향후 한국의 관리제도 및 관행 문제, 서비스 분야 등 불공정무역에 대해 적극적이며 공격적인 TBR 사용을 암시해 주고 있어 향후 한국의 대응이 필요하다.

특히 TBR의 한국 조선 적용사례를 통하여 알 수 있듯이, EU의 TBR 조사와 WTO 제소 자체가 한국 정부 및 조선업체들에게 압력을 가하는 수단으로 작용하였으며, 한국은 WTO 분쟁해결 절차를 적극 활용해야 한다는 점을 시사해 준다. 이러한 조선분쟁을 통해 조선업체들 사이에 경영 체계 투명화를 촉진하는 계기가 되고 있으며, 대형 조선업체들이 재벌로부터 분리되는 과정에 영향력을 행사했다고 할 수 있다. 결과적으로 당시 한국-EU 조선분쟁은 한국 조선산업의 구조조정을 요구하였다.

한국-EU 조선분쟁에서 비록 한국이 승소하였지만, 한국의 조선업계는 WTO의 분쟁결정과 관계없이 구조조정 및 과잉설비조정, 그리고 경쟁력제고 방안을 마련해야 한다. 후발조선국인 중국의 추격과 OECD 조선협상이 진행되고 있는 상황에서 한국은 더 이상 저가수주의 공격적인 경영활동에는 한계가 있다. 이와 같은 조선업계의 변화에 맞추어 생산프로세스 개선, 설비감축 및 기존설비의 효율성 극대화, 기자재조달체계 개선 및 획기적인 생산방식의 개선 등을 통한 공정개선을 더욱 진행시켜야 한다.

해양오염방지를 위한 이중선체 탱커선 수요를 중심으로 신규선박의 발주가 대폭 증가하여 한국조선업체는 현재 충분한 수주량을 확보하고 있는 만큼 고부가치선, 첨단선박 등의 선별수주와 이러한 분야에서 EU 조선업계와의 전략적 제휴 모색, 해양분야의 적극적인 기술개발을 통해 핵심기술 확보 등의 전략이 우선 요구된다. 또한 WTO 분쟁해결을 위하여 다각적인 외교채널 구축, 통상 전문 변호사와 패널업무에 능통한 전문가 양성 및 활용방안을 강구하며 각종 제도의 개선 등이 필요하다. WTO 분쟁해결절차에서 문제 해결까지 장기간이 소요되고 조선분야는 중대한 사안인 만큼 한국측은 중・장기적인 관점에서 신중하게 대처할 필요가 있다. 마지막으로 향후 일방적 무역규제수단의 효율적인 대처를 위하여 TBR과 미국 통상법 301조 등의 분야에 대한 비교 연구도 필요하다.

참 고 문 헌

김성준(1996),「WTO법의 형성과 전망, 제4권 GATT TRIP DSU」, 삼성출판사.

대한화장품공업협회(1998), "국내 화장품 산업과 제도개선", 내부자료.

박광서 · 노승혁(2002), "한국과 EU의 조선산업 통상마찰 배경과 협상에 관한 연구",「무역학회지」, 제27권 제2호, 한국무역학회.

박성훈 · 강승범(2001), "한-EU 조선분쟁: 쟁점과 전망",「하계학술발표대회논문집」, 한국EU학회.

방청록(2000), "EU의 무역장벽규정이 한국의 통상환경변화에 미친 영향 연구",「유럽연구」, 제12호, 한국유럽학회.

백웅재(2002), "EU의 한국조선산업 WTO 제소결정과 향후 전망",「KIET 세계경제」, 제5권 11호, KIET.

백진현(1992), "EC통합과 신통상정책조치(NCPI)",「외교」, 제22호, 한국외교협회.

법무부(2000),「EU 통상법 연구Ⅱ」, 법무부.

변재웅(2004), "EU의 일방적 무역조치 TBR과 한국적용사례",「무역학회지」, 제29권 제3호, 한국무역학회.

안세영 · 정만기(2002), "한 · EU협상에서 내부협상갈등에 대한 연구: 조선협상사례를 중심으로",「2002무역학자전국대회발표논문집」, 한국무역학회.

외교통상부(2000), "한 · EU 조선문제 현황", 내부자료.

EU 통상연구회(2000),「EU의 통상정책과 법」, 율곡출판사.

이성득(1995), "유럽공동체 신통상정책수단에 대한 법적 분석",「통상법률」, 제4호, 법무부.

이종원(2003), "한 · EU 조선통상분쟁 사례연구: EU의 WTO 제소를 중심으로",「동계학술대회논문집」, 한국국제경제학회.

이헌영(2001), "한-EU조선문제와 EU통상장벽규칙",「산은조사월보」, 제546호, 한국산업은행.

정후영(2001), "한-EU 조선분쟁의 주요 이슈와 향후 전망,「KIEP 세계경제」, 제4권 5호, KIEP.

채형복(2001),「EU 통상법」, 지산.

하이너 헤젤러(2001), "한국과 유럽의 조선산업 통상마찰", 프리드리히에베르트재단.

한국조선공업협회(2000), "EC의 TBR 제소 움직임에 따른 대응책",「조선정보」, 제68호, 한국조선공업협회.

______________(2002), "한・EU 조선분쟁 경과와 전망", 내부자료.

한홍렬(1996),「주요 선진국 무역구제의 불공정에 관한 연구」, KIEP.

허태완(1998), "EC의 TBR 분석 및 우리나라에의 도입 필요성에 관한 연구",「통상법률」, 제22호, 법무부.

Council of European Communities, various Council Regulations.

Denton, R., "The New Commercial Policy Instrument and AKZO v DuPont," *European Law Review,* Vol.13, 1988.

European Commission, "Trade Barriers Regulation: The First Five Years," Symposium Paper of the Challenge of Globalisation: The European Union' s Market Access Strategy, 2000.

Rydelski, M. S. and Zonnekeyn, G. A. V. R., "The EC Trade Barriers Regulation: The EC's Move Towards a More Aggressive Market Access Strategy," *Journal of World Trade,* Vol.31 No. 5, 1997.

〈기타 인터넷 사료〉

http://www.mofat.go.kr/main/top.html, 20 Feb., 2004.

http://europa.eu.int, 10 Dec., 2003.

http://www.koshipa.or.kr, 8 Jan., 2004.

http://www.cesa-shipping.org 25 Feb., 2004.

제 5 장

EU와 미국의 무역장벽규제제도에 대한 비교법적 연구

제5장

EU와 미국의 무역장벽규제제도에 대한 비교법적 연구

【I】 서 론

교역 상대국 시장에 대한 접근을 적극적으로 추진하기 위하여 미국과 EU는 통상법 301조와 TBR(Trade Barriers Regulation)과 같은 일방적 무역규제수단을 보유하고 있다. 일방적 무역규제란 한 국가가 다른 국가의 무역관련 제도 및 활동과 관련하여 자의적인 판단 하에서 관세 및 비관세 조치를 통하여 보복을 가하는 일종의 규제조치이다. 일방적 무역규제조치가 WTO에서 엄격히 금지되어 있음에도 불구하고 주요 선진국들은 제도화하여 자주 사용되어지고 있어 국제통상의 주요 이슈로 거론되어 왔다. 선진국들은 다자간 규범의 불충분성을 자국의 일방적 제재수단으로 보완하려는 의도를 갖고 있다.[1)]

미국의 일방적 무역규제 수단인 301조는 일반 301조, 슈퍼 301조, 스페셜 301조 등으로 구성되는데 그동안 대외개방 압력수단으로 활용하고 있다. 일례로 한국을 포함하여 미국 시장 의존도가 높은 국가들을 상대로 쌍무협상을 통하여 그 동안 자동차, 보험, 그리고 지적재산권보호 등의 분야에 관련 통상법 301조를 적용하였다.

EU도 외국기업의 불공정 무역관행으로부터 역내기업을 보호하고 동시에 제3국 시장에서의 불공정경쟁으로 인한 EU 기업의 보호를 목적으로 1995년 WTO 체제하의 공동체 권리의

---

1) 한홍렬(1996), 「주요 선진국 무역구제의 불공정에 관한 연구」, KIEP. p. 45. Feketekuty(1990, p. 93)는 보복조치는 국제협정상의 의무위반에 대한 합법적인 혹은 자위권적인 조치라는 점에서 국내법에 근거한 일방적인 보복조치의 정당성을 주장하고 있다. 하지만 최승환(1998)은 국제협정상의 의무위반에 대한 합법적인 대응조치로서의 보복권의 행사는 무제한적이 아니며 국제법상 일정한 제한이 따른다고 주장한다.

실현을 보장하기 위한 절차를 규정하는 무역장벽수단(TBR)을 사용하고 있다. 그동안 한국의 경우, EU는 1998년 화장품 수입 관련 제도, 1999년 의약품 관련 제도와 관행, 그리고 2000년 한국 조선업계의 불공정 관행이 WTO 규범을 위반하는 주요 무역 장벽으로 작용하여 왔음을 주장하며 세 차례에 걸쳐 TBR 절차를 개시하였다. 이러한 이유로 외국 시장개방 압력수단으로 가장 빈번하게 이용된 미국과 EU의 일방적 무역규제수단에 대한 관심과 우려도 증대되고 있다.

WTO, FTA 등 국제통상환경의 변화에 따라 한국측의 대응전략을 마련하기 위하여 주요 교역 상대국인 미국과 EU의 일방적 무역규제수단에 관한 체계적인 연구가 필요하다. 제4장은 이러한 맥락에서 미국과 EU의 일방적 무역구제수단의 특징과 한국적용 사례분석을 통하여 양 제도를 비교・분석하는데,[2] 연구범위가 방대하여 몇가지 중요한 사항을 중심으로 분석하며 구성은 다음과 같다.

5장은 제 II절은 일반 301조, Super 301조 및 Special 301조의 미국 통상법 301조의 특징과 한국 적용사례, 그리고 제 III절은 TBR의 특징과 한국 적용사례에 대하여 각각 분석한다. IV장은 301조와 TBR 비교 연구로 목적 및 법적 성격, 제소주체, 조사권한, 적용대상, 조사절차 및 조사개시 결정시한, 관련국과의 협의, 판정결정기간, 보복조치실시, 보복조치수단, 보복조치범위, 보복조치에 대한 구제방법과 한계, 지정의 종류, 시효기간, 국제분쟁해결방법, WTO 협정 위배여부 등을 분석한다. 그리고 일방적 무역규제의 한국측 시사점과 대응전략, FTA 체결에 따른 일방적 무역규제의 사용여부, 그리고 V절에서 결론에 대해서 각각 분석한다. FTA 체결 시에도 301조와 TBR의 일방적 무역규제수단이 계속 사용될 것인가의 여부는 관심 이슈 중 하나이다.

---

2) 미국 통상법 301조 관련 선행연구는 다음과 같다. USTR(2007b), Feketekuty(1990), Hansen(1987), Abbott(1996), Bhagwati and Patrick(1990), Grier(2005), Bello and Holmer(1986), 김기수(1996), 박덕영(2004), 고용부(1994), 황호만(1997), 윤충원(2004), 김기수(1996), 김성준(1996), 김정수(2001), 법무부(1996), 한국무역협회(1989), 한홍렬(1996), 최원목(2003), 오근엽(1998), 오영호(2002) 등이 있다.
EU의 TBR에 대한 연구로는 Bronckers and McNelis(2001), EC(2004b), Freshfields Bruckhaus Deringer(2003), Rydelski and Zonnekeyn(1997), EC(2000), Denton(1998), 박노형・이로리(2007), 변재웅(2004), 법무부(2000), 방청록(2000), 채형복(2001), 허태완(1998), 김성준(1996), EU통상연구회(2000), 최원목(2003)등이 있다. 그리고 한국-EU간 조선산업 통상마찰 관련 연구는 이종원(2003), 박광서・노승혁(2002), 정후영(2001), 안세영・정만기(2002), 한국조선공업협회(2000, 2002) 등이 있다.

【Ⅱ】 미국 통상법 301조 및 적용사례

① 통상법 301조 (일반 301조, Super 301조, Special 301조)

미국 통상법 301조는 외국정부의 관행 등이 미국통상에 있어서 장애가 되거나 국제통상규범을 위반하여 불공정 또는 부당하다고 판결될 경우, 대통령으로 하여금 필요한 조치를 취할 수 있는 광범위한 재량권을 부여하고 있는 무역보복 조치권이다.[3] 이제도의 특징은 첫째, 1974년 무역법 제301조에 근거하여, 그 운용범위가 점차 확대되어 왔으며 보복의 가능성도 점차 높아지는 방향으로 운용되어 왔다. 둘째, 1988년 종합무역법의 주요개정을 통하여 매우 광범위한 타국의 무역제도와 관행을 그 대상으로 하여 슈퍼 301조, 스페셜 301조 등 일련의 특별조치를 통해 일방적인 보복위협을 강화하였다. 셋째, 특히 미국의 국익을 확보하기 위해 통상수단도 다자주의, 쌍무압력을 병행하는 한편, 슈퍼 301조 등 모든 일방적 무역제재조치를 활용하여 수단의 정당성보다는 소기의 협상목표를 달성하는데 중점을 두고 있다. 넷째, 통상법 301조가 국제무역계에 큰 문제를 발생시키고 있는 이유는 일방적이고 공격적인 보복조치가 가능한 성격이라는 점이다. 다음은 미국의 일방적 무역규제수단인 일반 301조, 슈퍼 301조, 스페셜 301조의 특징과 각각의 적용사례에 대해서 분석한다.

1) 일반 301조

일반적으로 301조는 1974년도 무역법상의 제301조~309조의 조항을 포괄적으로 지칭하는데 이를 오리지날(Original) 301조라한다. 301조 규정을 위배하거나 협정에 따른 미국의 혜택을 거부하는 경우, 또는 교역 상대국의 부당(unjustifiable), 불합리(unreasonable) 또는 차별적(discriminatory)인 법, 제도 관행 등에 의해 미국의 기업 활동이 부담이나 제약을 받는 경우, 미국 대통령은 그의 권한 내에서 모든 적절하고 가능한 조치를 취하여 부당한 시장장벽을

---

3) Section 301(a) applies to any case in which *"the United States Trade Representative determines under section 304(a)(1) that (A) the rights of the United States under any trade agreement are being denied"* or *"(B) an act, policy or practice of a foreign country - (i) violates, or is inconsistent with, the provisions of, or otherwise denies benefits to the United States under, any trade agreement, or (ii) is unjustifiable and burdens or restricts United States commerce."* Grier, J. H.(2005), "Section 301 of the 1974 Trade Act, U. S. Department of Commerce", http://www.osec.doc.gov/ogc/occic/301.html

철폐하기 위한 제재조치이다.

무역법 301조는 이후 1988년 "종합무역법(The Omnibus Trade and Competitiveness Act of 1988)"에 의해 더욱 강화되어 교역상대국의 통상관행에 대해 301조 발동요건을 보다 광범위하게 확대되었는데 개정된 301~309조를 301조 혹은 레귤러(Regular) 301조라고 한다. 불공정관행으로 간주되는 범주가 확대됨으로써 조사와 보복조치가 보다 빈번하게 사용될 가능성이 증대하였으며, 301조를 발동하기가 더욱 용이해졌다는 점이 특징이다.[4]

2) 슈퍼(Super) 301조

슈퍼 301조는 불공정무역관행이나 시장개방 등 통상마찰의 경우 미국 경쟁업체들의 피해청원을 중간 조정과정에서 객관적으로 충분히 검토하지 않고 미국 기업의 청원을 일방적으로 받아들여 보복조치를 취할 수 있도록 되어 있다는 점이 특징이다.[5] 또한 슈퍼 301조는 종래의 일반 301조가 특정품목에 주안점을 둔 반면, 해당국의 불공정 무역관행전체를 대상으로 한다. 일반 301조에서는 USTR 재량 또는 이해 당사자(미국기업 또는 업계)가 제기한 청원을 검토한 후 USTR의 재량에 의해 조사를 개시하는데 비해, Super 301조 절차에서는 조사개시를 강제적으로 규정한다는 점이 특징이다.

과거 슈퍼 301조(종합통상법에 의한 Super 301조)와의 차이점은 첫째, 과거 슈퍼 301조가 NTE 제출 후 대상 국가를 지정하기 까지 1개월의 시한을 두었던 것에 비해, 현행 301조는 동기간을 6개월로 설정하고, 지정이전 상대국과의 상당한 양자협상기긴 부여하고 있다. 둘째, 과거 슈퍼 301조가 해당국가(PFC: Priority Foreign Country)를 지정하였던 것과는 달리, 현행 슈퍼 301조는 해당국 관행(PFCP)을 지정한다는 점이다.

---

4) 오리지날 301조에 비해 레귤러 301조의 주요 변화의 특징은 첫째, 제반권한이 대통령으로부터 USTR로 이전되었다는 점이다. 둘째, 구체적인 제재조치가 반드시 발동되어야 하는 '의무적 보복조치조항'을 신설하였다. 셋째, 교역상대국의 통상관행에 대해 301조 발동요건을 보다 광범위하게 확대하였다는 점이 특징이다. 김기수(1996), 「미국 통상정책의 이해」, 세종연구소 연구총서 96~08, pp. 182~183.

5) 슈퍼 301조는 법률적용이 강화된 301조의 별칭으로서 "1988 종합무역법"에 의해 도입 되었다. 미국이 외국의 불공정무역관행을 제거하기 위하여 우선적으로 추진할 국가와 관행을 지정하는 조항을 의미한다. 그동안 슈퍼 301조는 1988년에 제정돼 2년 뒤인 1990년에 만료됐으나, 1990년대 대통령 행정명령 형식으로 슈퍼 301조가 발동된 적이 있으며, 2004년에는 재도입안이 의회에서 무산되었다. 주요내용은 미통상대표(USTR)는 매년 3월까지 국별무역장벽보고서(NTE: National Trade Estimate Report)를 의회에 제출하고 NTE에 나타난 무역장벽 해소를 위해 해당국과 6개월간 양자협상 진행한다. USTR은 상기 양자협상 결과를 기초로 9월말까지 우선협상대상국 관행(PFCP: Priority Foreign Country Practice)을 지정한다.

3) 스페셜(Special) 301조 (통상법 182조)

1988년 종합무역법은 모든 분야에 적응할 수 있는 슈퍼 301조와는 별도로 특정분야를 목표한 스페셜(Special) 301조도 신설했다.[6] 스페셜 301조 역시 그 효력 면에서는 슈퍼 301조와 거의 대등하나 단지 지적재산권(IPRs: Intellectual Property Rights)부문만을 적용하도록 설계되어 있다는 점이 다르다.

발동요건은 지적재산권에 대한 보호 미흡과 시장 접근제한 제도 및 관행이 해당된다. 운영절차는 USTR이 NTE 보고서 발표 후 30일 이내에 우선협상대상국(PFC) 지정하며, 지정 후 30일 이내에 해당국에 대한 조사 개시 결정한다. 6~9개월 이내에 보복조치 여부 결정과 보복조치 결정 후 30일 이내에 보복조치를 발동한다.[7]

② 한국 적용사례

1) 일반 301조에 의한 시장개방 압력

미국의 수입규제조치보다 심각한 문제는 301조를 적용한 한국에 대한 '시장개방 압력' 이다. 한국을 대상으로 한 최초의 301조 제소는 1979년 미국 보험업계에 의하여 제기되었으며, 그동안 보험, 신발, 특수케이블, 지적재산권, 담배, 쇠고기, 포도주, 강관, 육류 등 다양한 분야가 제소된바 있다.[8]

---

6) *"SPECIAL 301" is designed to enhance the United States' ability to negotiate improvements in foreign intellectual property regimes. By April 30 of each year, USTR must identify foreign countries that deny "adequate and effective" protection of intellectual property rights (IPR) or "fair and equitable market access" to U.S. persons relying upon IPR protection. USTR must designate as "priority foreign countries" those countries whose acts, policies or practices are "the most onerous or egregious" and have the greatest adverse impact on relevant U.S. products, and that have not entered into, or are not making significant progress in, negotiations to provide adequate and effective IPR protection.. Countries not designated as "priority foreign countries" may be placed on "priority watch" or "watch" lists if their intellectual property laws or enforcement practices are of major concern to the United States. A country may be identified as denying adequate and effective IPR protection, even if it is in compliance with the TRIPS Agreement".* Grier(2005), op.cit.

7) 일반 301조, 슈퍼 301조, 스페셜 301조의 차이점은 윤충원(2004),「미국의 통상정책과 통상법」, 집문당. p. 621.

8) 왕윤종 · 나수엽(1997),「한미 통상마찰의 추이와 대응방안」, 대외경제정책연구원.

2) 슈퍼 301조: 한-미 자동차 분쟁 사례

한-미간 자동차 부문의 통상마찰은 1994년 수차에 걸친 한-미 통상관련 회담을 통해 미국 측은 한국의 시장개방을 요구하여 관세인하, 자동차 관련 세제 개편, 자동차 유통시장을 전면 개방 하는 등 각종 제도개선을 추진하였다. 이러한 노력에도 미국 측은 시장개방 압력을 더욱 강화하여, 1995년 미국 자동차공업협회는 압력수단으로 USTR에 한국자동차 시장을 우선협상대상국관행(PECP)으로 지정해 달라는 의견서를 제출하여 결국 한-미 자동차 협상이 타결되고 양해록이 작성되었다. 수입품에 대한 편견시정을 위한 정부의 가시적인 조치, 관세 인하, 자동차세제, 검사 및 인증, 자동차 할부금융, 피크타임 광고허용 등의 사항에서 한국은 상당부문 미국측의 요구를 수용하였다.

하지만 개방정도에 불만족하여 1997년 무역장벽보고서에 한국자동차시장 개방문제에 대한 의견서를 제출한 후 미국은 한국자동차 산업을 슈퍼 301조에 따른 우선협상대상국관행으로 지정하였다. 당시 한국은 자동차수출 업계의 수출차질 등을 우려하여 관세 및 세제개편 등의 노력을 통하여 1998년 슈퍼 301조의 적용을 종결한 적이 있다.[9] 따라서 슈퍼 301조는 미국 통상법에 의해 상대국 시장의 개방 압력수단 등으로 사용되며 자의적이며 일방적인 무역조치라는 문제점이 있다.

3) 스페샬 301조

미국은 지적재산권 분야 통상법 조항인 '스페셜 301조'에 따라 해마다 주요 통상 대상국들의 지적재산권 보호등급을 조정, 발표하고 있다.[10] 하지만 스페셜 301조 문제점은 첫째, 무차별대우원칙의 위배이다. 즉 자국법에 의한 보복조치 발동은 특정 국가를 지목한 일방적

9) 조용균(1997), "한, 미 통상관계와 전망-한. 미 자동차 분쟁을 중심으로", 「외교」, 제 44호, 한국외교협회, pp. 70~79. 삼성경제연구소(1997), "미 한국에 슈퍼 301조 발동", 「경제동향」, 제33호, 삼성경제연구소.

10) 스페셜 301조의 운영과 관련하여 한국은 1989년 우선감시대상국목록(PWL), 1990~91년 감시대상국(WL: Watching List), 1992~96년 우선감시대상국(PWL: Priority Watching List)으로 지정되었다. 미국측의 제도개선 요구로 한국은 저작권법, 상표법, 특허법, 의장법 등 지적재산권 관련 법규를 대폭 정비하였다. 그러나 제도개선의 불만족으로 2000년, 2001년 미국 업계의 요구에 의해 PWL로 지정되고, 2004년 이후에도 USTR는 음악의 디지털 해적행위 방지 미흡, 불법 DVD 판매, 모조상품 성행, 제약특허권 침해 등을 이유로 한국을 PWL로 분류했다. 최근 한국의 IPR 보호 노력을 고려하여 2007년 이후 감시대상국(WL)로 하향 조정되었다.

조치이다. 둘째, 우선적용원칙의 위배이다. 자국 통상법에 의한 일방적인 조치이다. 셋째, 일방적 판정 문제이다. 불합리하고 모호한 근거에 의한 자의적인 판단과 짧은 조사기간을 보복조치에 이용하고 있다는 점이다.

최근 한미 FTA에서 IPR 부문의 관심 합의부문은 특허관련제도, 상표권 및 저작권 분야인데, 이번 한미 FTA에서 미국측이 다소 유리하게 진행되었다. 예를 들면, 미국측의 관심 사안인 특허관련제도에서는 특허취소제도의 폐지와 등록지연에 따른 특허 존속기간 보상(연장) 제도의 도입이다. 상표분야는 상표전용사용권의 등록요건 폐지이다. 지적재산권의 보호는 유예기간 2년 이후 현행 WTO에서 인정하는 50년보다 더 긴 70년으로 연장되어 IPR 부문에서 상당한 지적재산권을 보유하고 있는 미국에게 유리한 협상이었다. 따라서 한국은 지적재산권의 개발과 분쟁을 사전에 막는 전략이 필요하다.

【Ⅲ】 EU TBR 및 적용사례

① EU의 일방적 무역규제수단 TBR

다음은 EU TBR 제도의 특징과 한국 적용사례에 대해서 각각 분석한다. EU는 외국기업의 불공정 무역관행으로부터 역내기업을 보호하고 동시에 제3국 시장에서의 불공정경쟁으로 인한 EU 기업을 보호하기 위해 기존의 통상정책을 강화할 필요성에 따라 1984년 신통상정책수단(NCPI: New Commercial Policy Instrument)을 마련하고 통상이익을 최대한 확보하고자 하였다. 하지만 NCPI는 증가하는 제3국에 의한 통상장벽에 유효하게 대처하지 못하여, 1995년 WTO 체제하의 공동체 권리의 실현을 보장하기 위한 절차를 규정하는 무역장벽수단(TBR)으로 수정 · 보완되었다(EC, 2004b; Rydelski, and Zonnekeyn, 1997; Freshfields Bruckhaus Deringer, 2003; 법무부, 2000; EU통상연구회, 2000; 채형복, 2001; 허태완, 1998).

TBR은 종전 NCPI와 비교하여 몇가지 차이점과 특징을 알 수 있다.[11] 첫째, 제소대상의 확대로 TBR은 NCPI와 달리 해당국가에 대해서는 양허유예와 제소대상을 회원국뿐만 아니라

11) 변재웅(2004), "EU의 일방적 무역조치 TBR과 한국적용사례", 「무역학회지」, 제29권 제3호, 한국무역학회, pp. 81~100.

EU내의 개별기업도 포함된다.

둘째, 적용대상의 확대로 상품뿐만 아니라 지적재산권과 서비스산업 등의 추가로 그 대상범위가 확대되었다.

셋째, 적용범위가 확대되어 NCPI에 비하여 제3국의 공동체시장 내에서뿐만 아니라, 제3국 시장내 공동체생산에 대하여 야기된 통상장벽과 불리한 통상효과의 유발행위에 대해서도 일련의 조치를 취할 권한을 행사할 수 있다.[12)]

넷째, 개념과 정의의 구체성을 보여준다. 예를 들면 NCPI의 위법한 통상관행 개념(Illicit Commercial Practices)이 TBR에서는 통상장벽(Obstacles to Trade)의 개념으로 대체 등 TBR은 NCPI의 개념보다 더욱 구체적이다.

다섯째, 제도의 적극적인 운용과 활용으로 NCPI는 1984년부터 1994년까지의 모두 7건을 적용하였으나 실제 조사절차가 개시된 사건은 단지 5건으로 많이 활용되지 않았다. 이에 비해 TBR의 경우 1995년 이후 10여년간 총 23건의 제소로 필요시 TBR의 발동을 통하여 EU의 권리를 확보하려고 한다는 점이 특징이다.

다음은 TBR의 제도상 의의를 살펴보면 TBR은 반덤핑, 상계관세, 세이프가드 등과 더불어 EU의 주요한 통상정책 수단중의 하나이지만, EU 기업이 제3국 시장에 진출하는데 장애요인이 되는 장벽을 제거한다는 점에서는 역외상품 수입에 따른 국내산업 보호를 주목적으로 하는 반덤핑, 상계관세와 세이프가드 조치와는 구별된다. 또한 TBR은 제3국의 불공정 무역관행을 제거하여 시장개방과 수출 촉진 달성을 목적으로 무역조치를 규정하고 있으나, TBR 규정내에 독자적인 실제적 보복조치를 규정하고 있지 않아 절차상 WTO와 상충되지 않도록 규정하고 있다. 예를 들면 TBR 조사결과 조치의 필요성이 있는 경우 WTO 분쟁해결기구를 통해 해결한다. 그리고 TBR은 대부분 국제규범과 일치하고 있으나, 조사절차중지 규정과 관련하여 구체적인 시한이 설정되어 있지 않아, 문제되는 사안은 EU와의 협상을 통해서 해결하도록 하는 정치적 통상압력수단으로 사용할 수 있다.[13)]

---

12) Rydelski, and Zonnekeyn(1997), p. 153. *"The TBR...aimed at: (a) responding to obstacles to trade that have an effect on the Community market in order to remove the injury which results from such obstacles; and (b) responding to obstacles to trade that have an effect on third-country markets in order to remove any resulting adverse trade effects"*.

13) European Commission(2000). *"The aim of the TBR is of course the removal of the barrier to trade. This can be achieved through negotiations; about half of the cases have been resolved through negotiations. However, if those negotiations break down, then a solution can be sought through the WTO"*.

TBR도 적용상에 문제점이 있다. 예를 들면 문제해결에 장기간 시일이 소요된다는 점이다.[14] 분쟁사안을 WTO 분쟁해결절차에 회부하는 경우 통상 약 2년이 걸리는 것을 감안하면, 최종 해결까지 약 2~3년의 장기간이 소요되어 직접적인 이해당사자인 공동체 기업에 매우 심각한 문제이다. 그리고 피해증명의 어려움이 있다.[15] TBR 규정상 무역장벽 즉, 제3국이 채택하고 유지하는 관행은 정부가 관련되어 있어야 하지만 정부의 개입 및 관련 사항에 대한 증명은 쉽지 않다는 점이다.

② TBR 한국 적용사례

1). 수입화장품 사례

EC(2004b) 보고서에 따르면 2004년 말까지 총 23건의 TBR 제소 중 한국은 3건이 해당된다.[16] 한국에 대한 첫 번째 TBR 제소는 EU화장품 사례이다. EU 집행위는 1998년 5월 당시 한국의 유럽산 수입화장품에 대해 과도하고 불필요한 적합성 검사와 안전성 검사와 한국화장품공업협회(COLIPA)에 의한 사전 광고심사 등이 GATT(1994)의 내국민대우 조항 및 WTO 기술장벽에 관한 협정 제5조 제1항 및 제2항을 위반하였으며, 이는 통상장벽을 초래하고 불리한 통상효과를 유발하고 있다고 주장하였다. 따라서 EU산 화장품 수입에 대해 부당한 무역장벽을 제거해줄 것을 요청하는 유럽화장품협회의 청원을 수용하여 TBR 조사를 개시한 바 있다. 이에 따라 한국은 2000년 화장품 수입제도를 개선하는 내용의 화장품법을 새로 제정하는 등 한-EU간 통상분쟁을 해결하고자 노력하였다. 2001년 1월 EU 집행위는 수입화장품 검사제도의 개선과 기능성 화장품 관련 사항이 포함된 화장품법 도입 등 한국의 화장품 수입 및 관리제도가 상당히 개선된 것을 긍정적으로 평가하여, WTO 제소를 보류하고 한국

---

14) TBR 규정상 조사절차 중지기간이 명확하게 설정되어 있지 않아, 동 기간동안 EU의 협상력은 극대화 될 수 있다. 결국 상대국과 관련조치 시정, 서면에 의한 철회 및 재발 방지 약속 등 적절한 합의를 추진할 가능성이 높다.

15) 그밖에도 TBR 자체의 WTO 합치성 문제, 조사절차의 중지결정 문제, 조치의 채택 결정 문제, TBR에서 허용되는 비위반 제소에 대한 범위의 불명확성 문제 등이 있다. 법무부(2000), 「EU 통상법 연구Ⅱ」, 법무부. p. 211.

16) 국가별로는 아르헨티나(2), 브라질(6), 캐나다(2), 칠레, 콜롬비아, 일본, 한국(3), 미국(5), 우루과이, 터키(1)이다.

화장품 교역관행에 대한 TBR 조사를 중지한다고 발표했다(EC, 2004b; 대한화장품공업협회, 1998; 방청록, 2000; 박노형 · 이로리, 2007).

2) 한국 의약품관련 제도 및 관행

한국에 대한 두 번째 TBR 적용 사례는 한국 의약품관련 제도 및 관행이다. 1999년 7월 EU 집행위는 한국시장에서 의료제품의 가격책정과 배상 관행상의 차별, 과도한 규제, 지적 재산권 문제, 의약품 무역 제도상의 투명성 부족 등 외국산 신규의약품이 가격과 환불에 관한 법률 및 관행 면에서 불리한 대우를 받고 있다고 주장하였다. 이는 GATT(1994) 제3조 4항의 내국민대우원칙에 위반되며 공동체에 통상장벽을 초래하고 불리한 통상효과를 유발하고 있다고 유럽의약품산업연합(EFPIA)가 제소함에 따라 TBR 규정에 근거하여 한국의 의약품 관련 제도 및 관행에 대해 조사를 개시하였다. 이에 대해 한국측은 그 동안 수입의약품 관리 제도의 개선을 위해 지속적으로 노력과 선진국시장의 생산가격을 국내 보험약가 책정시 고려하는 방안과 수입의약품에 대한 차별적인 제도의 개선조치를 지속적으로 추진하였다. EU는 2000년 11월 약가상환제도 개정, 의약품 검사요건 완화, 의약품 관련 지적재산권보호 강화 등 그 동안 한국의 수입의약품 관리제도 개선노력을 긍정적으로 평가하여 TBR 절차를 종결하였다(EC, 2004b; 방청록, 2000; 박노형 · 이로리, 2007).

3) 조선분생

EU는 1990년대 한국의 조선설비확장으로 공급과잉 상태를 유발하여 세계 조선가를 하락시켰다는 인식과 1999년부터 한국이 조선강국으로 부상하자 EU 조선업계의 위기감이 고조되었다. 앞장에서 살펴본바와 같이 EU는 역내 조선업계의 보조금 철폐계획에 대한 일부 회원국의 불만을 무마하고[17] 운영보조금 연장을 목적으로 1999년부터 한국정부의 조선산업에 대한 IMF 자금지원, 설비증설로 인하여 저가수주 등 불공정 관행에 대해 문제를 제기하였다(이종원, 2003; 안세영 · 정만기, 2002; 박광서 · 노승혁, 2002, 정후영, 2001; 한국조선공

---

17) EU는 조선보조금규정(Regulation No. 1540/98)을 통해 운영보조금을 2000년 말 폐지하고 혁신보조금과 지역개발보조금을 도입한 바 있다.

업협회, 2002).

한국은 EU와 그동안 조선분쟁을 완화하기 위하여 수차례의 양자협의를 통해 양측은 2000년 '조선합의의사록'을 체결하였지만,[18] EU측은 시장선가의 미개선 등 조선합의서의 실효성에 의문을 제기하여 2000년 12월 EU 집행위에 TBR 조사를 요청하였다.

제3장에서 살펴본 바와 같이 EU 집행위는 2002년 10월 한국의 조선보조금이 WTO 협정에 위반된다고 주장하고 WTO에 정식 제소하였으며, 한국도 2003년 9월 EU의 보조금문제를 WTO에 맞제소하여 승소하였다. 이는 한국-EU 양자간에 벌어졌던 조선분쟁이 WTO 분쟁해결절차로 옮기게 되었으며, WTO 분쟁절차상 유례없는 대형 사안으로 한국측의 승소로 판결된 사례이다.

【Ⅳ】 미국통상법 301조와 EU의 TBR 비교 연구

본장은 301조와 TBR의 목적 및 법적 성격, 제소주체, 조사권한, 적용대상, 조사절차 및 조사개시 결정시한, 관련국과의 협의, 판정결정기간, 보복조치실시, 보복조치수단, 보복조치범위, 보복조치에 대한 구제방법과 한계, 지정의 종류, 시효기간, 국제분쟁해결방법, WTO협정 위배여부, 일방적 무역규제와 WTO와의 관계, 조사 빈도, 제소 대상국 등을 비교 분석하며, 의의, 시사점, 그리고 일방적 무역규제와 FTA의 관계에 대해서 분석한다.

① 301조와 TBR 제도 비교

<표 2> 미국통상법 301조와 EU의 TBR 비교

구 분	미국 통상법 301조	TBR (Trade Barrier Regulation)
목적	• 불공정한 무역관행이나 무역장벽 제거를 통한 해외시장개방 목적	• 공동체시장에 피해를 주는 무역장벽에 대하여 동 피해 제거 • 제3국 시장에서 부정적 무역효과를 주는 무역장벽 제거

18) Official Journal of the European Communities, L 155/49 (2000. 6. 28) *"The aim of both sides(the EU and Korea) is to promote fair and competitive market conditions in the world market and work together to stabilise the market and thereby help raise the level of ship prices to ones that are commercially sustainable"*.

법적성격	• 자국의 법률수단으로 무역상대국에 대해 통상압력을 가하는 일방적 무역조치	• TBR은 미301조와 같이 제3국의 불공정 무역관행을 제거하여 시장 개방과 수출촉진 달성 목적으로 규정 • TBR 규정내에 독자적인 실체적 보복조치를 규정하고 있지 않아 절차상 WTO와 상충되지 않도록 규정
제소주체	• 미국 개별기업, 산업, 정부 모두에게 부여	• 공동체산업 또는 공동체기업을 대표하는자연인, 법인, 협회, 개별기업과 회원국은 집행위에 서면으로 제소 가능: 제소시 무역장벽, 피해 또는 부정적 무역효과의 존재, 양자간 인과관계의 충분한 입증 필요
조사권한	미국무역대표부(USTR)	EU 집행위원회
적용대상	• 상품 및 서비스, 지적재산권분야 등 전분야에 대한 불공정 통상정책 및 관행	좌 동
조사절차 및 조사개시 결정시한	• 일반 301조: 업계 청원 후 45일 이내에 또는 USTR 발의로 조사개시 결정 • 슈퍼 301조: NTE 발표 후 30일 이내 우선협상대상국관행(PECP)지정→ 90일 이내 조사개시의무 • 스페셜 301조: 지적재산권보호현황 국별 연례평가 매년 4월 30일 발표→ 우선협상대상국(PFC)지정→30일 이내 조사개시 결정	o 제소한 날로부터 45일 이내 조사절차 개시여부에 대한 결정 필요: 공동체 이익과 부합하지 않거나 충분한 증거 자료가 제시되지 않는 경우, 집행위가 조사거부 가능 o 조사개시부터 5개월 이내에 조사 결과 제출, 사안이 복잡한 경우에는 7개월 까지 연장 가능
관련국과의 협의	조사개시와 동시에 관련국과 협의	좌 동
판정결정 기간	• 일반 및 슈퍼 301조: 12개월~18개월 • 스페셜 301조: 6개월~9개월	• 5~7개월(최대 9개월을 넘지 못함)
보복조치 실시	• 30일 이내(단, 양자협상의 실질적 진전 등으로 연기 필요시 180일까지 연기 가능)	• 30일 이후 효력 발위(특별한 경우 10일 이후 효력 발효)
보복조치 수단	• 무역협정폐지, 관세 및 비관세 및 비관세 장벽부과(대부분 100% 보복 관세부과)	• 양허의 정지 또는 철회 • 관세인상 또는 새로운 수입과징금의 도입 • 관련국가와의 무역에 영향을 주는 수량제안 및 기타 수출입조건 변경
보복조치 범위	• 제한 없음(조사대상에 관계없이 미국이 의도하는 어떤 상품이나 분야에 대해서 보복조치가 가능. 주로 상대국의 경쟁력 있는 수출상품)	• WTO와의 연계를 통한 보복조치

보복 조치에 대 한 구제 방법과 한계	• 구제방법: WTO 분쟁해결절차를 통해서 제301조로 인해 입은 피해에 대해 구제 가능 • 문제점: ① 분쟁해결 양해절차에 소요되는 18개월이라는 기간동안 미국의 보복조치를 감당하는 것보다 쌍방의 협상으로 합의가 유리 ② 구제수단이 소급적 효과가 없는 잠재적(Prospective)인 것을 고려 ③ 분쟁해결 양해절차에서 승소 가능성 고려 ④ 보복조치 중에는 분쟁해결의 심사대상이 될 수 없는 것도 있음	• TBR규정을 통해 EU의 업종단체 뿐 아니라 개별기업들이 제3국의 무역 장벽에 대해 공격적으로 문제제기를 할 수 있는 시스템 마련 • 조사된 건의 상당부분이 WTO 분쟁 해결절차를 거치지 않고, 양국간의 협상을 통해 비교적 짧은 시간 내에 무역장벽을 해소하여 원만히 타결함으로써 효과적임 • 문제점: ① 유럽법원은 공동체의 이해관계에 따라 재량에 의한 판단의 회피를 가져 올 수 있음 ② 기한 결정이 회원국에 대하여 행해지면 회원국은 그 결정에 따라 국내적인 2차적 조치 가능
지정의 종류	• 매년 국가별 무역장벽보고서(NTE) 의회 제출 • 일반 301조: 지정 없음 • 슈퍼 301조: 우선협상대상국(PFC), 우선협상관행(PFP) • 스페셜 301조: 감시대상국(WL), 우선감시대상국(PWL), 우선협상대상국(PFC)	없음
시효 기간	• 일반301조: 항구적(Permanent) • 스페셜301조: 항구적(Permanent) • 슈퍼301조: 한시적(Temporary)	항구적(Permanent)
국제분쟁 해결방법	• 국제규범(WTO)의 분쟁해결 절차를 이용하지 않음	• 분쟁해결절차에 국제규범(WTO) 이용
WTO 협정 위배 여부	• WTO 규정과 정신에 정면으로 위배 • 위배내용: – 분쟁발생시 일방적인 무역조치의 발동 – 내국민대우원칙의 위배, 미국 국내 통상법의 역외 적용, 수량규제 조치의 존속과 수출 자율규제 조치의 우회적용	• WTO규정과 완전히 위배되고 있지는 않지만 위배되는 점이 있음 • 위배내용: 규정(조사절차중지)과 관련 구체적인 시한이 명시되지 않아, TBR은 하나의 무역압력수단(정치적 수단)으로서 그 기능이 확대 될 것이며, 관련 조사대상국은 협상과정에서 상당히 수세적 입장에 처할 수도 있음
일방적 무역 규제와 WTO와의 관계	• WTO 회원국간 WTO협정에 해당되는 경우: 기본적으로 WTO 분쟁 해결 절차를 우선 적용하고 301조 절차가 당해 WTO 절차를 준수하는 쪽으로 병행 진행 • WTO 회원국간 분쟁이지만 WTO	• WTO 회원국간 WTO협정에 해당되는 분쟁인 경우: TBR은 WTO 분쟁해결 절차에 접근을 제도적으로 용이하게 하는 국내창구 역할 • WTO 회원국간 WTO협정에 해당되는 분쟁이지만 WTO협정에서 다루기

	협정에 해당되지 않는 분쟁일 경우: WTO 분쟁해결절차에 의존하지 않고 곧바로 301조 절차를 개시 • WTO 회원국이 아닌 국가와의 분쟁일 경우: 양자간 협상을 통한 양자 무역 협정이나 제도에 따른 일방적인 조치에 의존	힘든 분쟁인 경우: 국내정책 등과 관련된 무역장벽 및 조선선업과 같이 기존의 국제협정이 다루기 힘든 분야에 사용될 가능성 –TBR과 WTO규정을 병용할 것으로 예상 –무역압력 수단으로서 EU 협상력 극대화 예상 • WTO 회원국간 분쟁이지만 WTO 협정에 해당되지 않는 분쟁인 경우: TBR은 미국의 301조와 같이 보복 조치의 수단(또는 위협수단)으로 사용될 수 있음 • WTO 회원국이 아닌 국가와의 분쟁인 경우: WTO협정의 의무, 절차에 구애 받지 않고 보복 조치 가능
조사빈도	필요시 수시 사용	조사결과에 따라 사용
제소 상대국	서유럽, 일본, 캐나다, 한국, 대만, 브라질 등	브라질, 미국 아르헨티나, 한국, 칠레, 콜롬비아, 캐나다, 일본 등
의의 및 시사점	• 301조는 미국의 권의주의적 통상 정책의 소산이며 미국통상정책의 양면성을 지님 • WTO 분쟁해결절차를 약화시키더라도 미국이 원하는 결과를 얻기 위해 무역 보복을 함으로써 상대국에 협상카드로 사용	• 무역장벽 또는 제3국에 의해 채택 되거나 유지되고 있는 관행이란 기존(NCPI)의 불법적 관행 개념보다 상당히 넓은 범위로 해석 • 부정적 무역효과 기준은 피해 검증 보다 관대하며 피해의 입증 없이 제소의 용이싱 제공 • 조사된 건의 상당부분이 WTO 분쟁 해결절차를 거치지 않고, 양국 가의 협상을 통해 비교적 짧은 시간 내에 무역장벽을 해소하도록 타결됨으로써 효과적으로 운영되며 미국301조 보다 다소 순응적 성격

자료: 변재웅 · 정종철(2008), pp. 55~58.

1). 목적

301조는 불공정한 무역관행이나 무역장벽제거를 통한 해외시장개방을 목적으로 한다. 한편 TBR은 공동체시장에서 피해를 주는 무역장벽에 대하여 피해와 제3국 시장에서 부정적 무역효과를 주는 무역장벽의 제거를 목적으로 한다.

2) 법적 성격

301조는 자국의 법률수단으로 무역상대국에 대해 통상압력을 가하는 일방적 무역조치이다. 반면, TBR은 301조와 같이 제3국의 불공정 무역관행을 제거하여 시장개방과 수출촉진 달성을 목적으로 무역조치를 규정하고 있으나, TBR 규정 내에 독자적인 실체적 보복조치를 규정하고 있지 않아 절차상 WTO와 상충되지 않도록 규정하고 있다.

3) 제소 주체

301조의 제소는 미국 개별기업, 산업, 정부 모두에게 부여한다. 반면 TBR은 공동체산업 또는 공동체기업을 대표하는 자연인, 법인, 협회, 개별기업과 회원국은 집행위에 서면으로 제소 가능하다. 제소시 무역장벽, 피해 또는 부정적 무역효과의 존재, 양자간 인과관계를 충분하게 입증해야 한다.

4) 조사 권한

301조는 미국무역대표부(USTR)가 조사권한을 가지는 반면, TBR은 EU 집행위원회가 조사권한을 가진다.

5) 적용 대상

301조와 TBR은 상품 및 서비스, 지적재산권분야 등 전 분야에 대한 불공정 통상정책과 관행에 대해서 적용한다. 따라서 양 제도는 적용대상이 동일하다.

6) 조사절차 및 조사개시 결정시한

일반 301조는 업계 청원 후 45일 이내에 또는 USTR 발의로 조사개시를 결정한다. 구체적으로 슈퍼 301는 NTE 발표 후 30일 이내 우선협상대상국관행(PECP)을 지정하고, 90일 이내 조사개시 의무가 있다. 스페셜 301조는 재적재산권보호현황 국별 연례평가를 매년 4월 30일까지 제출하고, 우선협상대상국(PFC)를 지정하여 30일 이내 조사개시를 결정한다.

한편 TBR은 제소한 날로부터 45일 이내 조사절차 개시여부를 결정한다. 이때 공동체 이익과 부합하지 않거나 충분한 증거자료가 제시되지 않는 경우, 집행위가 조사거부를 할 수 있다. 조사개시부터 5개월 이내에 조사결과를 제출하고, 사안이 복잡한 경우에는 7개월까지 연장가능하다.

7) 관련국과의 협의

양제도 모두 조사개시와 동시에 관련국과 협의한다.

8) 판정결정기간

판정결정기간은 일반 · 슈퍼 301조는 보통 12~18개월, 스페셜 301조는 6~9개월 정도가 각각 소요된다. TBR은 보통 5~7개월이 소요되며 최대 9개월을 넘지 못하도록 하고 있다. 따라서 EU의 TBR이 미국의 301조보다 판정결정기간이 짧은 점이 특징이다.

9) 보복조치실시

보복조치실시는 301조는 30일 이내이며, 단, 양자협상의 실질적 진전 등으로 연기 필요시 180일까지 연기가 가능하다. TBR은 30일 이후 효력을 발휘하는데, 특별한 경우 10일 이후 효력을 발휘한다.

10) 보복조치수단

보복조치수단은 301조는 무역협정폐지, 관세 및 비관세장벽을 부과한다. 이 경우 대부분 100% 보복관세를 부과한다. TBR은 양허의 정지 또는 철회, 관세인상 또는 새로운 수입과징금의 도입, 관련국가와의 무역에 영향을 주는 수량제안과 기타 수출입조건 변경 등의 조치를 취한다.

11) 보복조치범위

301조는 보복조치범위의 제한이 없다. 따라서 조사대상에 관계없이 미국이 의도하는 어떤 상품이나 어떤 분야에 대해서 보복조치가 가능하다. 주로 상대국의 경쟁력 있는 수출상품을 주요 대상으로 하고 있다. 한편 TBR은 WTO와의 연계를 통한 보복조치를 취한다는 점이 다르다.

12) 보복조치에 대한 구제방법과 한계

301조의 구제방법은 WTO 분쟁해결절차를 통해서 301조로 인하여 입은 피해에 대해 구제받을 수 있다. 하지만 이 경우 문제점은 첫째, 분쟁해결 양해절차에 소요되는 18개월의 장기간동안 미국의 보복조치를 감당하는 것보다는 쌍방의 협상으로 합의를 하는 것이 유리할 수 있다. 둘째, 구제수단이 소급적 효과가 없는 잠재적(Prospective)인 것을 고려해야 한다. 셋째, 분쟁해결 양해절차에서 승소할 가능성에 대해서 고려해야 한다. 넷째, 보복조치 중에는 분쟁해결양해의 심사대상이 될 수 없는 것도 있다.[19)]

한편 TBR은 보복조치에 대한 구제방법을 규정을 통해 EU의 업종단체 뿐만 아니라 개별기업들이 제3국의 무역장벽에 대해 공격적으로 문제제기를 할 수 있는 시스템을 마련하고 있다. 조사된 건의 상당부분이 WTO 분쟁해결절차를 거치지 않고, 양국 간의 협상을 통해 비교적 짧은 시간 내에 무역장벽을 해소하도록 원만히 타결됨으로써 효과적으로 운영하고 있다. 하지만 문제점은 첫째, 유럽법원은 공동체의 이해관계에 따라 재량에 의한 판단의 회피를 가져 올 수 있다. 둘째, 기한 결정이 회원국에 대하여 행해지면 회원국은 그 결정에 따라 국내적인 2차적 조치를 취할 수 있다는 점이 문제점이다.[20)]

13) 지정의 종류

301조는 매년 국가별 무역장벽보고서(NTE)를 의회에 제출한다. 일반 301조는 지정이 없

---

19) 김성준(1996), 「WTO법의 형성과 전망, 제4권 GATT TRIP DSU」, 삼성출판사. 법무부(1996), 미국통상법연구, 법무부.

20) 전게서.

으며, 스페셜 301조는 감시대상국(WL), 우선감시대상국(PWL), 우선협상대상국(PFC)를 각각 지정한다. 슈퍼 301조는 우선협상대상국(PFC), 우선협상관행(PFP)을 각각 지정한다. 이에 비해 EU의 TBR은 이러한 지정제도가 없다.

14) 시효기간

일반 301조와 스페셜301조는 항구적(Permanent)이며, 슈퍼301조는 한시적(Temporary)이다. 한편 TBR은 항구적(Permanent) 성격을 지닌다.

15) 국제분쟁해결방법

301조는 국제규범(WTO)의 분쟁해결절차를 이용하지 않는다. 하지만 TBR은 분쟁해결절차에 국제규범(WTO)을 이용한다.

16) WTO 협정 위배여부

301조는 WTO 규정과 정신에 정면으로 위배된다. 위배내용은 분쟁발생시 일방적인 무역조치의 발동, 내국민대우원칙의 위배, 미국 국내 통상법의 역외 적용, 수량규제조치의 존속과 수출 자율규제 조치의 우회작용 등이다.

하지만 TBR은 WTO 규정과 완전히 위배하고 있지는 않지만 위배되는 점은 있다. 위배내용은 규정(조사절차중지)과 관련하여 구체적인 시한이 명시되지 않아 TBR은 무역압력수단(정치적 수단)으로서 그 기능이 확대 될 것이며, 관련 조사 대상국은 협상과정에서 상당한 수세적 입장에 처할 수 있다. 결국 301조는 WTO 분쟁해결절차와 충돌할 가능성이 많은 공격적 성격의 무역구제조치이며, 이에 비해 EU TBR제도의 경우는 WTO 분쟁판결이 선행되며 판정결과를 수용하며, 다자간 무역규범과의 상충가능성을 다소 제거한 순응적 무역규제수단이다.[21)]

---

21) 최원목(2003), "우리나라 무역보복조치의 발전방향", 「통상법률」, 51호, 법무부, pp. 11~34.

17) 일방적 무역규제와 WTO와의 관계

일방적 무역규제와 WTO와의 관계를 살펴보면, 301조는 첫째, WTO 회원국간 WTO 협정에 해당되는 경우는 기본적으로 WTO 분쟁해결 절차를 우선 적용하고 301조 절차가 당해 WTO 절차를 준수하는 쪽으로 병행적으로 진행한다. 둘째, WTO 회원국간 분쟁이지만 WTO 협정에 해당되지 않는 분쟁일 경우, WTO 분쟁해결절차에 의존하지 않고 곧바로 301조 절차를 개시한다. 셋째, WTO 회원국이 아닌 국가와의 분쟁 경우는 양자간 협상을 통한 양자 무역협정이나 제도에 따른 일방적인 조치에 의존한다.

한편 TBR은 첫째, WTO 회원국간 WTO협정에 해당되는 분쟁인 경우는 TBR은 WTO 분쟁해결절차에 접근을 제도적으로 용이하게 하는 국내창구역할을 한다. 둘째, WTO 회원국간 WTO협정에 해당되는 분쟁이지만, WTO협정에서 다루기 힘든 분쟁인 경우는 국내정책 등과 관련된 무역장벽과 조선업과 같이 기존의 국제협정이 다루기 힘든 분야에 사용될 가능성이 크다. TBR과 WTO규정을 병용할 것으로 예상되며, 이러한 경우, 무역압력 수단으로서 EU 협상력 극대화 예상된다. 셋째, WTO 회원국간 분쟁이지만, WTO협정에 해당되지 않는 분쟁 경우는 TBR은 미국의 301조와 같이 보복조치의 수단(또는 위협수단)으로 사용될 수 있다. 넷째, WTO 회원국이 아닌 국가와의 분쟁 경우는 WTO협정의 의무 및 절차에 구애받지 않고 보복 조치가 가능하다.

18) 적용 대상국

301조는 주로 서유럽, 일본, 캐나다, 한국, 대만, 브라질 등이며, TBR도 브라질, 미국 아르헨티나, 한국, 칠레, 콜롬비아, 캐나다, 일본 등이다. 양제도 모두 선후진국에 대해서 차별 없이 적용되고 있다.

19) 조사 빈도

301조의 경우 필요시 수시로 사용되어 지고 있지만, TBR은 조사결과에 따라 사용한다는 점이 다르다. 하지만 슈퍼 301조의 경우, 2004년 재도입안이 의회에서 무산된 후 사용이 없다.

② 시사점 및 대응전략

양제도의 차이점에서도 알 수 있듯이, 301조는 미국의 권위주의적 통상정책의 소산이며 미국통상정책의 양면성을 보여주고 있다. WTO 분쟁해결절차를 약화시키더라도 미국이 원하는 결과를 얻기 위해 무역보복을 함으로서 상대국을 협상시키기 위한 수단으로 사용되고 있다는 점이 특징이다.[22] 또한 301조는 WTO 규정과 정신에 정면으로 위배된다. 위배내용은 분쟁발생시 일방적인 무역조치의 발동, 내국민대우원칙의 위배, 미국 국내 통상법의 역외적용, 수량규제조치의 존속과 수출 자율규제 조치의 우회작용이다.

반면 TBR에서 무역장벽 또는 제3국에 의해 채택되거나 유지되고 있는 관행이란 상당히 넓은 범위로 해석될 수 있다. 부정적 무역효과 기준은 피해 검증보다 관대하며 피해의 입증 없이 제소의 용이성을 제공해 주고 있다. 또한 TBR은 WTO규정과 완전히 위배하고 있지는 않지만 위배되는 점이 있다. 예를 들면 규정(조사절차중지)과 관련하여서는 구체적인 시한이 명시되지 않아 TBR은 무역압력수단(정치적 수단)으로서 그 기능이 확대 될 것이며, 관련 조사대상국은 협상과정에서 상당한 수세적 입장에 처할 수 있다는 점이 특징이다.

양 제도를 비교하면 301조는 WTO 분쟁해결절차와 충돌할 가능성이 많은 공격적 성격의 무역구제조치이며, 이에 비해 EU의 TBR제도는 WTO 분쟁판결이 선행되며 판정결과를 수용하며, 다자간 무역규범과의 상충가능성을 다소 제거한 순응적 무역규제수단이다. 한국의 의약품과 화장품 분쟁사례에서도 알 수 있듯이 EU TRB의 경우 분쟁의 약 40%가 TBR 사용 전 사전에 해결된다. 이러한 미국과 EU의 일방적 무역규제 성격의 차이는 미국과 EU의 통상정책의 성립과정의 차이에서 연루된다고 할 수 있다.[23]

미국과 EU의 일방적 무역규제에 대하여 한국측은 다양한 대응전략이 필요하다. 첫째, 개방화, 국제화의 추진이다. 쌍무 또는 다자간 협정상의 시장개방약속의 성실한 이행과 함께 각종 행정규제제도의 개선 등을 통해 사전에 통상마찰의 소지를 제거한다. 일례로 한국은 선진국 수준의 지적재산권 보호 등의 제도적 장치와 지적재산권의 개발과 분쟁을 사전에 막는 전략이 필요하다.

---

22) 김정수(2001), "WTO 시대의 슈퍼 301조: 국제환경의 변화와 정책레짐의 지속",「국제통상연구」, 제6권 제1호, 국제통상학회, pp. 101~132.

23) 변재웅(2001), "미국, EU, 일본의 통상정책 결정과정의 비교 연구",「무역학회지」, 제26권 제3호, 한국무역학회, pp. 219~242.

둘째, 통상외교의 강화전략이 필요하다. 대외통상협상창구의 일원화, 국제통상협상능력의 제고 등의 전략이 필요하다. 또한 통상전문가 양성과 통상외교 활동을 강화하여 합리적인 정책대안을 마련한다.

셋째, WTO의 효율적 이용이 필요하다. 분쟁발생시 WTO 등 국제기구를 통한 다국적 외교 강화가 필요하며, 다른 국가들과 공조하여 미국과 EU의 일방적인 통상압력에 국제적 공조체제를 구축할 필요도 있다. 그리고 WTO 분쟁해결절차에 대한 법적 구속력이 강화되었고, 분쟁발생시 WTO의 분쟁해결기구 등의 채널을 이용하여 해결할 필요가 있다.[24)]

넷째, 무역상대국의 법제와 연계한 통합적 연구와 국제경쟁력 강화 전략이 필요하다. 상품의 경쟁력을 향상하기 위하여 국내투자 환경 개선, 첨단기술과 고유상품 개발, 국제화 추진 등 국제경쟁력 강화 전략이 필요하다.

③ 일방적 무역규제와 FTA

한국은 최근 미국, EU와 FTA 협정을 체결하였다. 301조와 TBR의 일방적 무역규제수단이 FTA 체결 시에도 계속 사용될 것인가의 여부는 관심 이슈 중 하나이다. EU TBR의 경우, WTO뿐만 아니라 EU가 체결하는 FTA도 대상이 되기 때문에 FTA 체결로 TBR 제소 또는 발동이 줄어든다고 단정하기는 어렵다. 무역자유화의 약속의 범위가 WTO보다 확대되고, FTA에 따른 권리확보 측면에서 TBR이 여전히 유효하기 때문이다. 다만, 무역구제의 경우에 무역구제조치 발동 전 사전협의 규정을 두는 경우, 양국간 통상 분쟁을 사전에 예방하는데 도움이 될 수도 있지만, 그 자체로서 TBR 발동이 줄어든다고 판단하기는 어렵다. 그러한 사전협의는 무역구제분야에 한정되어 있기 때문이다.

일례로 EU가 체결한 FTA의 무역구제조치에 관한 최근 Pugatch(2007, p. 11)의 연구를 살펴보면, WTO뿐만 아니라 FTA상의 IPR 보호와 관련하여, TBR제도가 여전히 활용되고 있음을 알 수 있다.[25)] 또한 EU의 경우, FTA 당사국과 무역구제조치를 완전히 폐지하는 경우는 매우

---

24) 최승환(1998), "일방적 통상보복에 대한 입법적 대응방안", 「의정연구」, 제4권 2호, 한국의회발전연구회, pp. 181~200.

25) *"No rule can be really effective without the threat of a sanction. Countries where IP violations are systematic could be publicly identified. As a last resort, consideration should be given to resorting to dispute settlement mechanisms provided for in multilateral and bilateral agreements. The existing Trade Barriers Regulation(TBR) mechanism could be a starting-point."* EC(2004a, p. 11), "Intellectual property: strategy for the enforcement of

예외적이다. 현실적으로 EU와의 FTA에서 당사국간 반덤핑조치의 철폐는 가능하지 않기 때문이다.

한미 FTA의 경우, 위생 및 검역(SPS)과 무역구제분야는 FTA 체결시 양국간 분쟁발생시 협의해서 해결하도록 장치가 마련되어 있다. 따라서 무역구제분야는 관련조치가 사용되지 않는 것이 아니라 분쟁 발생시 협의절차나 채널에 의해서 조정되어 질 수 있다.[26)]

하지만 최근 연구(Pugatch, 2007; EC, 2006b; USTR, 2007a, 2007b)에 따르면 미국과 EU의 관심분야인 IPR은 FTA가 추진되더라도 지속적으로 지적재산권의 보호와 강화를 추진할 것이다.[27)] FTA상 지적재산권에 대한 접근을 비교해 보면 미국은 세부접근방법인 "나니접근법"(Nanny approach)이며,[28)] EU는 "일반접근방식"(General approach)이다.[29)] 그리고 FTA 추진으로 양자간 분쟁발생 시 분쟁해결을 위한 절차 등을 마련한다는 입장이다. FTA 미체결국가들

---

intellectual property rights in third countries."

26) 한미 FTA는 일반적으로 WTO 체계의 규범내용을 준수하는 것으로 정해졌다(한미 FTA 협정 제 10.7조). 반덤핑 및 상계관세조치의 사안은 협정상의 분쟁해결절차를 이용할 수 없다. 이밖에 양국은 협의를 위하여 무역구제제도위원회를 설치하여 FTA 운영에 관한 일반적인 의사를 전달할 수 있다.

27) *"The United States will also seek strong IPR protection and enforcement in the recently announced FTA negotiations with the Republic of Korea and Malaysia. In addition, once an FTA is concluded, the United States works closely with our trading partners to achieve appropriate implementation of FTA obligations in domestic law." USTR(2007b), "2007 Special 301 Report"*, USTR.
According the Global Europe framework, the EU "should seek to strengthen IPR provisions in future bilateral agreements and the enforcement of existing commitments in order to reduce IPR violations and the production and export of fake goods." EC(2006b), p. 13.

28) The United States-the "nanny" approach: *"an analysis of the so called "Special 301" Reports of the United States Trade Representative(USTR) further suggests that practical results in the level of IP protection are generally being secured under such RTAs and FTAs. Generally speaking the US approach does seem to provide more concrete results with regard to the level of IP protection secured at the bilateral level. In fact, it is possible to use the 301 lists to examine the extent to which United States-led FTAs have been effective in strengthening the level of IP protection in the destination countries: "...The U.S.-Korea FTA should improve the business environment in Korea for U.S. industries that rely in intellectual property protections. The IPR chapter of the FTA would reiterate certain existing protections and establish enhanced standards of protection and enforcement."* USTR(2007b).

29) EU-the "generalist" approach: ...*"Compared to those of United States agreements, the IP provisions of new-generation FTAs (so called Association Agreements) between the EU and developing countries are much more general and less issue-specific. Finally, unlike the United States model, EU-led FTAs do not have specific IP provisions that deal with enforcement, civil and criminal remedies, or administration."* USTR(2007b).
"...compared to the United States, the EU's approach towards the international regulation of IPRs is less effective and does not fully meet the EU's objectives in this field. The United States employs a more "hands-on" strategy at the regional and bilateral level, while the EU's tendency to incorporate international conventions and treaties into its regional and bilateral agreements suggests that it still favours the multilateral approach. But the European Commission seems to become more proactive in the international regulation and enforcement of IPRs and should coordinate its efforts with the United States." USTR(2007b).

에 대해서는 미국과 EU는 불정공무역 등의 이유로 일방적 무역규제수단을 지속적으로 사용할 것이다. 하지만 일방주의의 상징인 슈퍼 301조의 경우, 미국 의회의 재도입 무산, WTO 규정 준수 압력 등으로 과거처럼 상대국에 슈퍼 301조를 남용할 가능성은 적다.

【V】 결 론

5장은 미국과 EU의 일방적 무역구제수단인 301조와 TBR의 특징과 각각의 적용사례, 양제도의 차이점, 그리고 FTA에서의 시사점에 대해서 분석하였다. 미국과 EU는 자국의 통상협상을 유리하게 이끌어가기 위하여 일방적 무역규제수단을 이용하여 쌍무적 협상에 이용하고 있다. 즉, 미국은 국익을 위해 통상수단도 다자주의, 쌍무압력을 병행하는 한편, 슈퍼 301조 등 미국의 통상법상 모든 일방적 무역제재조치를 활용하여 수단의 정당성보다는 소기의 협상목표를 달성하는데 중점을 두고 있다. EU도 역내산업의 보호목적과 상대국의 시장개방을 위하여 TBR을 사용하고 있다.

특히 미국은 일방적 무역규제를 통하여 시장개방 압력을 강화하고, 농산물, 지적재산권, 외국인 투자관련 부문의 보호와 각종 제한의 폐지를 요구한다. 하지만 301조를 통한 미국 정부의 무리한 요구를 수용할 필요가 없다. WTO 규범을 무시한 미국의 일방적인 판단에 의하여 한국의 수출품에 대해 부당한 제재를 가하는 것은 WTO 규범에 의해 금지되어 있다.

선진국의 통상압력에 대한 한국의 효율적 대응전략은 현재 한국의 통상체제와 정책이 국제통상규범에 합치하는지를 파악하고 이에 대한 대비책을 마련하는 것이다. 그리고 분쟁이 발생하면 양측간 협상을 하고 실패할 경우, WTO의 분쟁해결을 통해서 해결해야 한다. 그리고 미국과 EU의 일방적 무역구제를 피하고 양측이 조화로운 통상협력을 강화하기 위하여 적극적이며 합리적인 통상전략과 FTA, 산업협력 강화전략 등이 함께 필요하다.

마지막으로 한-미, 한-EU FTA 체결로 인하여 한국에 대한 미국과 EU의 일방적 무역구제의 사용이 중지되지는 않지만, 운용과 적용의 융통성이 있을 수 있다. 301조와 TBR은 해당국간에 FTA가 체결되더라도 여전히 유효한 제도라는 점과 그렇지만 FTA에 명시된 분야별 사전협의제도나 분쟁해결절차상의 협의가 효과적으로 운영될 수 있다면 당사국간의 301조와 TBR의 발동을 줄일 수는 있다.

참고문헌

EU 통상연구회(2000),「EU의 통상정책과 법」, 율곡출판사.

고용부(1994), "미통상정책의 공격적 일방성 연구(통상법 제301조를 중심으로)",「국제상학」, 제9권 2호, 국제상학회, pp. 523~541.

김기수(1996),「미국 통상정책의 이해」, 세종연구소 연구총서 96~08.

김성준(1996),「WTO법의 형성과 전망, 제4권 GATT TRIP DSU」, 삼성출판사.

김정수(2001), "WTO 시대의 슈퍼 301조: 국제환경의 변화와 정책레짐의 지속",「국제통상연구」, 제6권 제1호, 국제통상학회, pp. 101~132.

대한화장품공업협회(1998),「국내 화장품 산업과 제도개선」, 내부자료.

박광서 · 노승혁(2002), "한국과 EU의 조선산업 통상마찰 배경과 협상에 관한 연구",「무역학회지」, 제27권 제2호, 한국무역학회, pp. 405~426.

박노형 · 이로리(2007),「유럽연합(EU) 무역구제제도 관련 법제도 연구」, 법제처.

박덕영(2004), "2004년 미국의 USTR 스페셜 301조 보고서의 주요내용과 한국의 대응", 산업자원부 무역위원회,「무역구제」, 통권 15호, pp. 91~119.

방청록(2000), "EU의 무역장벽규정이 한국의 통상환경변화에 미친 영향 연구",「유럽연구」, 제12호, 한국유럽학회, pp. 67~86.

법무부(1996),「미국통상법 연구」, 법무부.

법무부(2000),「EU 통상법 연구Ⅱ」, 법무부.

변재웅(2001), "미국, EU, 일본의 통상정책 결정과정의 비교 연구",「무역학회지」, 제26권 제3호, 한국무역학회, pp. 219~242.

변재웅(2004), "EU의 일방적 무역조치 TBR과 한국적용사례",「무역학회지」, 제29권 제3호, 한국무역학회, pp. 81~100.

변재웅 · 정종철(2008), "미국과 EU의 일방적 무역규제수단 비교 연구",「무역학회지」, 제33권 제1호, 한국무역학회, pp. 45~70.

삼성경제연구소(1997), "미 한국에 슈퍼 301조 발동",「경제동향」, 제33호, 삼성경제연구소.

안세영 · 정만기(2002), "한 · EU협상에서 내부협상갈등에 대한 연구: 조선협상사례를 중심으로",「2002무역학자전국대회발표논문집」, 한국무역학회.

오근엽(1998), "미국의 국제통상정책과 한미 무역마찰", 「북미주학연구」, 제7권, 충남대학교 북미주연구소, pp. 89~118.

오영호(2002), "미국 통상정책 결정요인 분석: 미국 반덤핑 조사와 301조 발동에 관한 정치경제적 요인의 실증분석을 중심으로", 경희대 대학원, 경제학 박사논문.

왕윤종 · 나수엽(1997), 「한 · 미 통상마찰의 추이와 대응방안」, 대외경제정책연구원.

윤충원(2004), 「미국의 통상정책과 통상법」, 집문당.

이종원(2003), "한 · EU 조선통상분쟁 사례연구: EU의 WTO 제소를 중심으로", 「동계학술대회논문 집」, 한국국제경제학회, pp. 157~175.

정후영(2001), "한-EU 조선분쟁의 주요 이슈와 향후 전망", 「KIEP 세계경제」, 제4권 9호, KIEP, pp. 57~65.

조용균(1997), "한 · 미 통상관계와 전망-한 · 미 자동차 분쟁을 중심으로", 「외교」, 제 44호, 한국외교협회, pp. 70~79.

채형복(2001), 「EU 통상법」, 지산, 2001.

최승환(1998), "일방적 통상보복에 대한 입법적 대응방안", 「의정연구」, 제4권 2호, 한국의회발전연구회, pp. 181~200.

최원목(2003), "우리나라 무역보복조치의 발전방향", 「통상법률」, 51호, 법무부, pp. 11~34.

한국무역협회(1989), 「미국의 통상관련법」, 한국무역협회.

한국조선공업협회(2000), "EC의 TBR 제소 움직임에 따른 대응책", 「조선정보」, 제68호, 한국조선공업협회, pp. 55~64.

______________(2002), 「한 · EU 조선분쟁 경과와 전망」, 내부자료.

한홍렬(1996), 「주요 선진국 무역구제의 불공정에 관한 연구」, KIEP.

허태완(1998), "EC의 TBR 분석 및 우리나라에의 도입 필요성에 관한 연구", 「통상법률」, 제22호, 법무부, pp. 89~118.

황호만(1997), "미통상법 301조와 한국의 대응방안", 「산업개발연구」, 제16호, 군산대학교 산업개발연구소, pp. 109~117.

Abbott, K. W.(1996), "Defensive Unfairness: The Normative Structure of Section 301", in J. Bhagwati and R.E. Hudec(eds.) *Fair Trade and Harmonization: Prerequisites for free Trade?* Vol. 2, MIT press.

Bello, J. H., and Holmer, A. F.(1986), "Section 301 of the Trade Act of 1974: Requirement,

Procedures, and Developments", *Northwestern International Law and Business,* Vol 7, pp. 633~665.

Bhagwati, J and H. T. Patrick, (eds.) (1990), *Aggressive Unilateralism: America's 301 Trade Policy and the World Trading System,* Ann Arbor: The University of Michigan Press.

Bronckers, M., and McNelis N.(2001), "The EU Trade barriers Regulation Comes of Age", *Journal of World Trade,* Vol 35(4), pp. 57~99.

Council of European Communities, various Council Regulations.

Denton, R.(1998), "The New Commercial Policy Instrument and AKZO v DuPont", *European Law Review,* Vol.13, pp. 3~27.

European Commission(2000), "Trade Barriers Regulation: The First Five Years", Symposium Paper of the Challenge of Globalisation: The European Union's Market Access Strategy.

European Commission(2004a), "Intellectual property; strategy for the enforcement of intellectual property rights in third countries".

European Commission(2004b), "Trade Barriers Regulation".

European Commission(2006b), *Global Europe: competing in the world: a contribution to the EU's growth and job strategy,* Brussels.

Feketekuty, G.(1990), "U.S Policy on 301 and Super 301", in J. Bhagwati and H. T. Patrick(eds.) Aggressive Unilateralism: America's 301 trade Policy and the World Trading System, The University of Michigan Press.

Freshfields Bruckhaus Deringer(2003), "EC Trade Barriers Regulation".

Grier, J. H.(2005), "Section 301 of the 1974 Trade Act, U. S. Department of Commerce", http://www.osec.doc.gov/ogc/occic/301.html

Hansen, P. I.(1987), "Defining Unreasonableness in International Trade: Section 301 of the Trade Act of 1974", *The Yale law Journal,* Vol 96, no. 5, pp. 1122~1146.

Pugatch(2007), "A Transatlantic Divide?", *ECIPE working paper No. 20/2007,* European Centre for International Political Economy(ECIPE).

Rydelski, M. S. and Zonnekeyn, G. A. V. R.(1997), "The EC Trade Barriers Regulation: The EC's Move Towards a More Aggressive Market Access Strategy", *Journal of World Trade,* Vol. 31, No. 5., pp. 147~166.

USTR(2007a), "U.S.-Korea Free Trade Agreement: Potential Economy-wide and Selected Sectoral Effects. U.S. International Trade Commission", USTR.
USTR(2007b), "2007 Special 301 Report", USTR.

제 6 장

EU의 무역구제제도 (1): 반덤핑제도

제6장

EU의 무역구제제도 (1): 반덤핑제도

【I】 EU의 무역구제제도의 의의

GATT1947체제 이후 무역자유화 노력의 결과로 공산품에 대한 선진국의 평균관세가 5% 미만으로 인하되었고, 수량제한이 대부분 철폐되어 그 결과 반덤핑조치 (anti-dumping measures), 상계조치 (countervailing measures) 및 세이프가드조치 (safeguards)와 같은 무역구제제도가 국가의 중요한 무역정책의 수단으로 등장하였다. 무역구제제도는 자유무역에 있어 공정무역을 담보하고, 시장개방으로 인하여 초래되는 국내산업에 대한 피해를 구제하는 제도로서 반덤핑, 상계조치 및 세이프가드조치를 포함한다. 반덤핑조치와 상계조치는 수출국의 불공정 무역행위를 규제하기 위한 제도로서 덤핑되거나 수출국의 보조금을 받은 수입품이 동종상품을 생산하는 수입국의 국내 산업에 실질적 피해를 초래하는 경우, 그로 인한 국내산업의 피해를 구제하기 위하여 해당 수입품에 추가관세를 부과하는 제도이다. 세이프가드조치는 반덤핑조치 및 상계조치와는 달리 불공정 무역행위로 인한 것은 아니지만 시장개방으로 인하여 수입이 급증하고, 그러한 수입 급증이 수입국에서 동종상품 또는 직접경쟁상품을 생산하는 국내산업에 심각한 피해를 초래한 경우 그러한 국내산업에 대한 피해를 구제하기 위하여 취하는 조치로서 수량할당 또는 관세할당의 형식으로 취해진다.

EU의 무역구제제도는 EU의 공통통상정책 (Common Trade Policy: CCP)의 일부를 구성하므로, 반덤핑조치, 상계조치 및 세이프가드조치의 조사 및 동 조치들의 부과 결정은 27개 개별 회원국들이 아닌 EU차원에서 내려진다. 2004년 5월 1일 키프러스, 체크공화국, 에스토니아, 헝가리, 라트비아, 리투아니아, 말타, 폴란드, 슬로바키아 및 슬로베니아 10개국의 EU가입과 2007년 1월 1일 불가리아와 루마니아 2개국의 가입으로 27개국으로 확대된 EU는 공동통상정책을 수행하는 보다 확대된 단일시장을 형성하게 되었다. 따라서 공동체의 기존 회원국에서 공동으로 적용되었던 무역구제제도와 관련된 공동체법과 관련조치들은 자동적으로 신규 가입 회원국에서 확대 적용되었다. 이들 신규 가입회원국은 더 이상 개별 국가 차원에서 무역구제조치에 관한 결정을 할 수 없게 되었다. 이들 신규 회원국에서 발효 중인 모든 무역구제조치들은 EU가입일로부터 자동적으로 즉시 소멸되었다. EU 확대에 따라 신규 회원국들과 기존의 회원국들간 또는 신규 회원국들 간에 적용되어 왔던 기존의 무역구제 조치들도 자동적으로 소멸되었다.

EU 확대 이후에 개시된 무역구제조치 관련 조사를 수행함에 있어서 신규 회원국들은 EU의 부분으로서 간주되며, 조사기간이 기존 25개 회원국일 때의 기간을 포함하는 조사인 경우에도, EU 27개 회원국의 골격에서 관련조사가 수행되었다. 기존에 부과되었던 산업피해구제조치가 확대된 신규 EU회원국들에도 적용되기 때문에 그러한 조치가 불공정 무역행위로 인한 피해를 상쇄시키는데 더 이상 적절하지 않을 수 있는데, 그 이유는 EU의 확대 이전의 시장 상황과 27개국으로 확대된 시장 상황이 다르기 때문이다. 따라서 EU의 무역구제조치의 영향을 받고 있는 제3국 수출자는 EU확대의 결과 발효 중인 관련 무역구제조치가 여전히 필요한 것인지를 검토할 필요가 있다. 그러한 조치의 유지가 더 이상 필요하지 않다는 것을 입증할 수 있다면 유럽위원회 (Commission)에 관련 반덤핑조치 또는 상계조치의 중간재심 등을 신청할 수 있다. 예컨대, 수출자가 27개국으로의 덤핑 또는 보조금이 지급된 가격으로 수출하지 않았고, 관련 상품의 수출에 의하여 27개 공동체산업이 피해를 입지 않았으며, 27개국 차원에서 그러한 조치를 취하는 것이 공동체의 이익이 아니라는 점 등을 입증할 수 있다면 그러한 조치에 대한 재심을 신청하여 동 조치의 종료를 추구할 수 있을 것이다.

【Ⅱ】 EU 반덤핑제도

① 법적 근거

EU 반덤핑제도의 법적 근거는 2009년 12월 23일 발효한 이사회규칙 1225/2009[1] 이다. 이

1) Council Regulation (EC) No 1225/2009 of 30 November 2009 on protection against dumped imports from countries not members of the European Community (OJ L343, 22.12.2009). 이하 '이사회규칙 1225/2009' 라 한다.

사회규칙 1225/2009 전의 EU반덤핑제도의 기본규칙은 1996년 3월 6일 발효된 이사회규칙 384/96[2]이었는데, 동 이사회규칙이 발효된 후 6차례 개정됨에 따라 기본규칙의 명확성과 합리성을 위하여 이사회규칙 1225/2009에 의해 그 내용이 체계적으로 정리 되었다. EU가 제3국 수입품에 대하여 반덤핑조치를 발동하기 위해서는 상기 이사회규칙에 규정된 실체적 · 절차적 요건을 충족하여야 한다. 다음에서 반덤핑조치의 부과에 요구되는 실체적 요건 및 절차적 요건을 검토한다.

② 실체적 요건

WTO반덤핑협정에 따르면, 제3국 수입품에 대한 반덤핑관세 부과는 (1) 덤핑의 존재, (2) 덤핑된 수입품에 의해 동종상품을 생산하는 국내산업에 초래된 실질적 피해 또는 그러한 피해의 위협, 그리고 (3) 덤핑과 실질적 피해 또는 실질적 피해의 위협간 인과관계에 관한 결정에 근거하여야 한다. EU의 경우, 반덤핑관세 부과 결정은 그러한 일반적 요건에 더하여 (4) 공동체 이익 (community interest)을 추가적으로 고려하여야 한다. 반덤핑조치 부과의 일반적 요건이 충족되었다 하더라도 그러한 조치의 부과가 공동체 이익에 반한다면, 조치를 부과하지 않을 수 있다. 다음에서 각 실체적 요건의 내용을 구체적으로 살펴본다.

(1) 덤핑

덤핑을 결정하기 위하여 수입품의 정상가격과 수출가격의 비교가 필요하다. 덤핑은 상품을 정상가격 미만으로 판매하는 것을 의미하는데, 이때 정상가격은 통상적으로 상품이 수출국의 국내시장에서 실제로 판매되는 가격을 의미한다. 상품의 수출가격이 수출국에서 통상적인 거래에서 확립된 동종상품의 비교 가능한 가격의 미만인 경우 그 상품은 덤핑된 것으

2) Council Regulation (EC) No 384/96 of 22 December 1995 on protection against dumped imports from countries not members of the European Community (OJ L56, 06.03.1996). 동 규칙은 발효 이후 다음과 같이 총 6차례 개정되었다. Council Regulation (EC) No 2331/96 of 2 December 1996 (OJ L317, 06.12.1996); Council Regulation (EC) No 905/98 of 27 April 1998 (OJ L128, 30. 04. 1998); Council Regulation (EC) No 2238/2000 of 9 October 2001 (OJ L 257, 11.10.2000); Council Regulation (EC) No 1972/2002 (OJ L305/1, 7.11.2002); Council Regulation (EC) No 461/2004 of 8 March 2004 (OJ L77, 13.3.2004), Council Regulation (EC) No 2117/2005 (OJ L 340, 23.12.2005). EUROPA, Anti-dumping measures, Summaries of EU Legislation-External Trade (http://europa.eu/legislation_summaries/external_trade/r11005_en.htm, 2010년 5월 4일 방문).

로 간주된다.[3] 예컨대, 제3국 수출자가 개당 생산단가 5달러인 상품을 수출국 내에서는 12달러에 판매하면서 EU에는 10달러 (수출가격)에 수출하였다면 동 상품은 덤핑된 것으로 간주된다.

그런데, 수입품의 정상가격과 수출가격을 산정하고 비교함에 있어 그러한 가격들을 산정하는데 어려움이 있을 수 있다. 예컨대, 수출자가 수출국 내에서 그 상품을 생산하거나 판매하지 않은 경우 또는 판매가 있더라도 충분하지 않은 경우 또는 그 상품이 비시장경제국에서 수출된 경우에는 정상가격 산정이 어려우며, 수출가격이 없거나 그러한 가격이 담합으로 결정된 경우 또는 수출자와 수입자 또는 제3자와의 약정으로 결정된 경우에는 그 수출가격을 신뢰할 수 없기 때문이다. 그러한 경우 덤핑 결정을 위한 정상가격과 수출가격의 결정 근거는 다음과 같다.

1) 정상가격

덤핑의 유무를 결정하기 위해 고려되는 정상가격은 수출국에서 독립된 소비자가 통상적인 거래과정에서 지불하거나 지불 가능한 가격에 기초하는 것이 일반적이다. 그러나 수출자가 수출국에서 동종상품을 생산하지 않거나 판매하지 않는 경우, 정상가격은 다른 판매자 또는 생산자의 가격에 기초하여 정해진다. 제휴 또는 서로 보상약정이 있는 것으로 보이는 당사자간 가격은 통상적인 상거래 관계에 있는 것으로 간주되지 않으며, 그러한 관계로 영향을 받지 않았다는 결정이 있지 않는 한 정상가격을 확립하는데 사용되지 않는다.[4]

조사대상 당사자의 기록이 조사대상국에서 일반적으로 수락되는 회계원칙을 준수하고, 동 기록이 조사대상 상품의 생산 및 판매와 관련된 비용을 합리적으로 반영하는 것으로 보여진다면, 비용은 일반적으로 조사대상 당사자의 기록에 근거하여 산정되어야 한다.[5]

또한 통상적 거래과정에서 동종상품의 판매가 없거나 충분치 않을 경우 (예를 들면 독점기업에 의한 판매), 또는 특수한 시장상황 때문에 그러한 판매가 정상가격과 수출가격간 적절한 비교를 가능하게 하지 않는 경우, 정상가격은 원산지국의 생산비에 합리적인 판매, 일반관리비 및 이윤에 기반한 비용에 근거한 구성가격 (constructed value) 또는 통상적인 상거

---

3) 이사회규칙 1225/2009, 1.2조.

4) 이사회규칙 1225/2009, 2.1조.

5) 이사회규칙 1225/2009, 2.5조.

래에서의 적절한 제3국으로의 수출가격이 대표적인 경우 그 수출가격에 기반하여 산정되어야 한다.[6] 특수한 시장상황은 가격이 인위적으로 낮은 경우, 상당한 물물거래 (barter trade)가 있는 경우, 또는 비상업적 가공약정 (non-commercial processing arrangements)이 있는 경우에 존재하는 것으로 간주될 수 있다.[7]

비시장경제국에서 수출된 수입품의 경우 정상가격은 시장경제국인 제3국에서의 가격이나 구성가격에 근거하여 결정되거나, 또는 제3국으로부터 공동체를 포함한 다른 국가로의 가격이나 또는 그러한 것이 가능하지 않은 경우, 공동체에서 동종상품에 대하여 합리적인 이윤마진을 포함하기 위하여 적절하게 조정된 실제로 지불되거나 지불 가능한 가격을 포함한 다른 모든 합리적인 근거에 따라 결정된다.[8]

2) 수출가격

덤핑 결정의 근거가 되는 수출가격은 상품이 공동체에 수출품으로 판매된 때 그 상품에 대하여 실제로 지불되었거나 지불 가능한 가격이다.[9]수출가격이 없거나, 그 가격이 담합으로 정해졌거나, 수출자와 수입자간 또는 수출자와 제3자간 보상약정 (compensatory arrangement)으로 인하여 수출가격을 신뢰할 수 없는 경우에는 구성수출가격 (constructed export price)이 사용된다. 즉, 수입품이 최초로 독립된 소비자에게 재판매 되지 않거나 수입될 당시의 조건으로 재판매 되지 않는다면, 수출가격은 모든 합리적인 근거에 기초하여 수입품이 독립된 구매자에게 최초로 판매된 가격에 기초하여 구성될 수 있다. 그러한 경우에 공동체 차원에서 신뢰할 수 있는 수출가격을 산정하기 위하여 수입과 재판매간 초래되는 관세, 세금을 포함한 모든 비용과 부가되는 이윤에 대한 조정이 이루어져야 한다.[10]

3) 공정한 비교

덤핑마진 (dumping margin)은 정상가격이 수출가격을 초과하는 금액이다. 실제 반덤핑관세가 수입품에 부과될 때는 결정된 덤핑마진율에 따라 일반적으로 부과되는 수입관세의 추

---

6) 이사회규칙 1225/2009, 2.3조.

7) 이사회규칙 1225/2009, 2.3조.

8) 이사회규칙 1225/2009, 2.7조.

9) 이사회규칙 1225/2009, 2.8조.

10) 이사회규칙 1225/2009, 2.9조.

가관세 형태로 부과된다.

덤 핑 마 진 = 정상가격 - 수출가격
덤핑마진율 (%) = 덤핑마진/수출가격 × 100

덤핑마진을 산정하는데 있어서는 수출가격과 정상가격간 공정한 비교가 이루어져야 한다. 이 비교는 동일한 교역 단계에서의 판매와 가능한 한 동일한 시점에 이루어진 판매에 대하여, 그리고 가격의 비교 가능성에 영향을 미치는 기타 차이점을 고려하여 이루어져야 한다. 정상가격과 수출가격이 그러한 비교 가능성에 근거하지 않는 경우, 각 경우에 있어서 가격 및 가격 유사성에 영향을 미치는 것으로 주장되고 증명되는 요인들의 차이점에 대하여 조정 형태의 정당한 공제 (due allowance)가 이루어져야 한다. 이러한 조정에서 특히 할인, 리베이트, 수량 및 교역수준과 관련하여 이중공제는 피하여야 한다. 특정 조건이 충족된 경우 조정이 이루어질 수 있는 요인으로는 물리적 특성, 수입세 및 간접세, 할인, 리베이트 및 수량, 거래 수준, 운송, 보험, 핸들링, 적재 및 부속비용, 포장, 외상판매, 판매 후 비용, 수수료, 환율 변환, 기타 요인 등이 있다.[11)]

덤핑마진의 존재는 일반적으로 가중평균정상가격과 공동체로의 모든 수출거래와의 비교에 근거하여 또는 거래 대 거래에 기반하여 개별 정상가격과 공동체로의 개별 수출가격간 비교에 의하여 확립된다. 그러나 예외적으로 다른 구매자, 지역 또는 기간 사이에 현저히 다른 수출패턴이 존재하고, 덤핑의 정도를 반영하고 있지 않은 경우, 가중평균에 기반하여 확립된 정상가격은 공동체의 모든 개별 수출거래와 비교될 수 있다.

(2) 피해

덤핑의 사실만으로는 반덤핑조치를 부과할 수 없다. 덤핑 자체는 불법이 아니다. 문제는 그러한 덤핑수입품이 동종상품 (like product)을 생산하는 공동체산업에 실질적 피해 (material injury) 또는 실질적 피해의 위협을 초래하거나 그러한 산업의 확립에 실질적 지연 (material retardation)을 초래한 경우이며, 그러한 경우에 한하여 반덤핑조치가 부과된다.[12)] 피해 결정

11) 이사회규칙 1225/2009, 2.10조.

은 실질적 증거에 기반하여야 하는데, 피해 결정에 고려되는 요소는 다음과 같다.

1) 동종상품

덤핑수입품으로 초래된 피해는 동종상품을 생산하는 공동체산업에 대한 것이므로, 덤핑수입품과 피해를 주장하는 국내산업이 생산하는 상품이 동종상품인지 여부에 대하여 판단하여야 한다. 반덤핑조사에서 동종상품은 동일한 상품 즉, 모든 면에서 조사대상 상품과 유사하거나 또는 그러한 상품이 없는 경우에는 모든 면에서 유사하지 않더라도 조사대상 상품과 밀접하게 유사한 특징을 가진 다른 상품을 의미한다.[13)]

2) 공동체산업

'공동체산업' (Community industry)이란 전체로서의 공동체 생산자, 또는 그 집단적 생산량 (collective output)이 공동체 총생산의 대부분의 비율을 구성하는 생산자를 뜻한다.[14)] 그런데 예외적으로 생산자가 수출자 또는 수입자, 또는 덤핑이 주장되는 상품의 수입자 자신인 경우에는 공동체산업은 다른 생산자를 언급하는 것으로 해석될 수 있다.[15)]

생산자는 일정한 경우에, 수출자 또는 수입자와 관련된 것으로 간주된다. 그들 중 일방이 직접 또는 간접적으로 다른 일방을 통제하는 경우, 양 당사자가 제 3자에 의해 직접 또는 간접적으로 통제되는 경우, 함께 제3자를 직접 또는 간접적으로 통제하는 경우로 관계의 효과가 그 자체로 해당 생산자가 비 관련생산자 (non-related producers)와 달리 행동하도록 유발한다는 것을 믿을 만한 근거가 있거나 그러한 의심의 근거가 있는 경우, 일방이 다른 일방에 대하여 법적으로 또는 경영상으로 다른 일방에 대하여 제한하거나 또는 지시하는 위치에 있는 경우 일방이 다른 일방을 통제하는 경우로 간주된다.[16)]

예외적인 경우, 공동체 영토가 관련생산에 있어서 두 개 이상의 경쟁 시장으로 분할되고, 만약 각 시장에서의 생산자가 그 시장에서 그들이 생산한 모든 또는 거의 모든 것을 판매하

---

12) 이사회규칙 1225/2009, 3.1조.

13) 이사회규칙 1225/2009, 1.4조.

14) 이사회규칙 1225/2009, 4.1조.

15) 이사회규칙 1225/2009, 4.1 (a)조.

16) 이사회규칙 1225/2009, 4.2조.

는 경우 그리고 그 시장에서의 수요가 공동체 내의 다른 지역의 해당 상품의 생산자들에 의해 공급될 만큼의 상당한 정도에 이르지 않는 경우에는 (공동체산업이 아닌) 개별 산업으로 간주될 수 있다.[17)]

공동체산업이 특정 지역의 생산자들을 언급하는 것으로 해석되는 경우, 수출자는 관련지역에서 이사회규칙 8조의 가격약속 (price undertakings)을 제안할 기회를 가져야 한다. 그러한 약속은 수출자가 수출가격을 수정하거나 해당 지역으로의 수출을 중단하는 것을 의미한다. 그러한 경우에는 반덤핑조치의 공동체 이익을 평가하는데 있어 지역적 이익이 특별히 고려되어야 한다.[18)]

3) 실질적 피해

실질적 피해의 결정은 명백한 증거에 근거해야 하며, 덤핑 수입량과 공동체 시장에서의 동종상품의 가격에 대한 효과 및 공동체산업에 대한 결과적 효과에 관한 객관적인 검토가 수반되어야 한다.[19)]

덤핑수입량과 관련하여 특히 공동체 내에서 절대적인 기간 내에 또는 공동체 내의 생산이나 소비에 비하여 상대적으로 덤핑수입품의 상당한 증가가 있었는지 여부가 고려의 대상이 된다.[20)] 덤핑수입품의 동종상품의 가격에 대한 효과와 관련하여, 공동체산업의 동종상품 가격과 비교하여 덤핑 수입품에 의한 동종상품의 상당한 가격 하락이 있었는지 여부 또는 그 효과가 동종상품의 가격을 하락시키거나 가격 상승을 방해했는지의 여부가 고려의 대상이 된나.[21)]

관련 공동체산업에 대한 결과적 영향에 대한 검토는 모든 관련경제적 요인에 대한 평가 및 산업의 상태와 관련지표를 포함한다.[22)] 예컨대, 산업이 과거 덤핑 또는 보조금 지급의 효과에서 회복하는 과정에 있다는 사실, 실제 덤핑마진의 규모, 판매량, 이윤, 생산량, 시장점유율, 생산성, 투자회수율, 설비 가동률에서의 실제 또는 잠재적 감소, 공동체 가격에 영향을

---

17) 이사회규칙 1225/2009, 4.1 (b)조.

18) 이사회규칙 1225/2009, 4.3조.

19) 이사회규칙 1225/2009, 3.2조.

20) 이사회규칙 1225/2009, 3.3조.

21) 이사회규칙 1225/2009, 3.4조.

22) 이사회규칙 1225/2009, 3.5조.

미치는 요소, 자금순환, 재고, 고용, 임금, 성장, 자본 또는 투자조달 능력에 대한 실제적이고 잠재적인 부정적 영향 등 산업 상황과 관련된 제반 경제적 요소 및 지표들에 대한 평가가 고려대상이 된다.[23)]

1개국 이상으로부터 수입된 상품이 동시에 반덤핑조사의 대상이 되는 경우 각국으로부터 수입된 상품의 덤핑마진이 최소마진 (2%) 이상이며, 각국으로부터의 수입물량이 무시할만한 수준이 아니고, 수입의 효과를 누적적으로 평가하는 것이 수입상품간 경쟁조건 및 수입상품과 국내 동종상품간 경쟁조건을 감안할 때 적절하다고 결정되는 경우, 그러한 수입에 따른 효과는 누적적으로 평가된다.[24)]

4) 실질적 피해의 위협

실질적 피해의 위협은 단순히 주장, 추측 또는 장래의 가능성이 아닌 사실에 근거하여야 한다. 덤핑이 피해를 초래할 것이라는 상황의 변화는 분명히 예견 가능하고, 임박한 것이어야 한다. 실질적 피해의 위협이 존재하는지 여부에 대한 결정에 있어 다음의 요소들이 고려된다.[25)]

- 상당한 수입 증가의 가능성을 함축하고 있는 덤핑수입의 공동체 시장으로의 현저한 증가율
- 추가적인 수출을 수용할 수 있는 기타 수출시장의 이용 가능성을 고려하여, 공동체로의 덤핑수출을 실제적으로 증가시킬 수 있는 가능성을 보여주는 수출자의 충분한 자유로운 처분 가능한 능력 또는 그러한 능력의 임박하고 실제적인 증가
- 수입이 국내 가격을 상당한 정도로 하락시키거나 그렇지 않으면 발생할 수 있었던 가격 인상을 억제하는 가격으로 이루어지고 있는지 여부 및 추가 수출증가 가능성 여부
- 수입국내 조사대상 상품의 재고 현황

상기 요소들이 반드시 결정적인 판단기준이 되는 것은 아니나, 그러한 요소 전체가 향후의 덤핑수출이 임박하여 보호조치가 취해지지 않으면 실질적 피해가 발생할 수 있을 것이라는 결론을 도출하는 경우 실질적 피해의 위협이 있는 것으로 간주된다.

---

23) 이사회규칙 1225/2009, 3.5조.

24) 이사회규칙 1225/2009, 3.4조.

25) 이사회규칙 1225/2009, 3.9조.

(3) 인과관계

반덤핑조치가 부과되기 위해서는 덤핑과 실질적 피해 또는 그러한 피해의 위협 간 인과관계가 증명되어야 한다.[26] 동시에 공동체산업에 피해를 주는 것으로 알려진 다른 요인으로 인한 피해가 덤핑수입품으로 인한 피해에 귀속되지 않도록 보장하기 위하여 다른 알려진 요인들이 검토되어야 한다.[27] 그러한 검토에 있어서 덤핑가격으로 판매되지 않은 수입물량 및 가격, 수요 감소 및 소비 양태의 변화, 제3국과 공동체 생산자간 제한적인 무역관행 및 경쟁, 기술개발, 공동체산업의 생산성 및 수출능력이 검토된다.[28]

(4) 공동체 이익

반덤핑조치의 부과결정은 공동체의 전반적인 이익에 반하지 않아야 한다. 그러한 공동체의 전반적인 이익을 고려하기 위해서 조사 결과에 의해 영향을 받을 수 있는 모든 관련 경제주체 즉, 공동체산업, 사용자 및 소비자의 이해관계가 고려된다. 동 검토에 있어서 피해를 주는 덤핑의 무역 왜곡적 효과를 제거하고, 효과적인 경쟁을 복구하기 위한 필요성에 특별한 고려가 있어야 한다.[29]

반덤핑조치를 부과하는 것이 공동체 이익을 위하는 것인지에 대한 결정을 위하여 수입자 및 대표적 단체, 대표적 사용자 및 대표적 소비자 단체는 반덤핑조사 개시 공고에 기재된 기간 내에 자신을 알리고, 유럽위원회 (European Commission)에 정보를 제공할 수 있다. 그러한 정보 또는 정보의 요약은 다른 당사자에게도 이용 가능하며, 그러한 정보에 대한 대응권리도 인정된다.[30] 공동체 이익에 대하여 의견을 표명할 수 있는 당사자는 부과된 잠정관세의 적용에 대한 의견을 제시할 수 있으며, 그러한 의견은 잠정조치 적용 후 한 달 이내에 접수되어야 한다.

유럽위원회는 적절하게 제출된 정보와 동 정보의 대표성 정도를 검토하여 분석한 결과를

26) 이사회규칙 1225/2009, 3.6조.

27) 이사회규칙 1225/2009, 3.7조.

28) 이사회규칙 1225/2009, 3.7조.

29) 이사회규칙 1225/2009, 21.1조.

30) 이사회규칙 1225/2009, 21.2조.

의견과 함께 자문위원회 (Advisory Committee)에 전달하며, 자문위원회의 견해는 유럽위원회가 확정반덤핑관세 부과를 제안하는데 고려되어야 한다.[31] 반덤핑조치의 부과가 덤핑 및 피해 결정에 근거하여 결정되었다 할 지라도 제출된 정보에 근거하여 그러한 반덤핑조치를 적용하는 것이 공동체 이익을 위하는 것이 아니라는 결론이 내려질 경우에는 동 조치가 부과되지 않을 수 있다.

공동체 이익의 중요성과 재량적 성격에도 불구하고 실제로 공동체 이익을 이유로 반덤핑조치의 채택을 거부한 사례는 많지 않다.[32] 덤핑과 피해가 존재하는데도 불구하고 유럽위원회가 확정반덤핑조치의 채택을 거부한 경우로 중국산 gum Rosin 사건이 있다. 포르투갈 생산자들에 의해 반덤핑조치조사 신청이 있었는데, 유럽위원회는 동 중국산 수입품이 덤핑을 하여 왔으며, 그 결과 공동체 산업에 대한 피해가 발생하였다고 판정하였다. 그러나 다수의 회원국들이 반덤핑조치를 취하는 것이 공동체 이익에 부합하지 않는다고 주장하였는데, 결정 이유는 반덤핑조치가 gum rosin 수요산업에 미치는 부정적 영향이 생산자들에게 미치는 긍정적 영향보다 압도적으로 불균형적이라는 것이다. 또한 반덤핑관세 부과가 피해제거를 위하여 적절한 수단이 되지 못한다는 이유인데, 반덤핑관세로 인하여 해당 상품의 가격이 인상될 것이고, 이는 당분간 높은 가격 때문에 적절한 대안이 될 수 없는 대체재 수입품의 급속한 시장침투가 예상된다는 이유였다. 그러한 이유에 근거하여 유럽위원회는 반덤핑조치의 부과가 적절하지 않으며, 절차를 더 이상 진행하지 않는 것이 공동체 이익에 부합한다는 결정을 내렸다.[33]

③ 절차적 요건

EU가 제3국 수입품에 대하여 반덤핑조치를 부과하기 위해서는 상기의 실체적 요건뿐만 아니라 절차적 요건도 충족하여야 한다. 반덤핑조치 부과의 실체적 요건이 충족된 경우라 할 지라도 반덤핑조사의 절차상 흠결이 있는 경우 반덤핑조치를 부과할 수 없다. 다음은 반

---

31) 이사회규칙 1225/2009, 21.5조.

32) 이진환, "EU에서 덤핑수입으로 인한 산업피해 판정 시 공익을 고려한 사례에 대한 연구", 무역유럽위원회, 무역구제 (2001-봄호), p. 75.

33) Ibid., pp.88~89 참조.

덤핑조사 절차 및 그 내용에 관하여 검토한다.

(1) 절차 개시: 신청

반덤핑조사는 개인, 법인 또는 공동체산업을 대표하여 행동하는 법 인격 없는 조합의 서면신청에 의하여 개시된다. 동 서면신청은 유럽위원회에 제출되거나 회원국에게 제출된 경우 유럽위원회에 송부되어야 한다. 그러한 신청이 없는 경우, 덤핑과 공동체산업에 대한 결과적 피해에 대한 충분한 증거를 보유하고 있는 회원국은 그러한 증거를 즉시 유럽위원회에 전달하여야 한다.[34)]

서면신청은 덤핑과 피해, 그리고 주장되는 덤핑 및 피해간 인과관계에 대한 증거를 포함하여야 한다. 신청서는 신청자에게 합리적으로 이용 가능한 다음의 정보를 포함하여야 한다: 신청자의 신원, 신청인에 의한 동종상품의 공동체 생산량과 가치에 대한 기술, 덤핑으로 주장되는 상품, 원산지국 또는 수출국명, 생산자/수출자와 수입자의 신원, 해당 상품이 원산지국이나 수출국의 국내시장에서 소비를 목적으로 판매될 때의 가격에 대한 정보 및 수출가격 또는 적절한 경우 상품이 공동체 내에서 독립 구매자에게 최초로 재판매될 때의 가격에 대한 정보, 덤핑이 주장되는 수입량의 변화, 그러한 수입품의 공동체 내 동종상품의 가격에 대한 영향 및 공동체산업의 상태와 관련된 요소 및 지표에 의해 증명된 공동체산업에 대한 결과적인 영향.[35)]

반덤핑조사는 동종상품을 생산하는 공동체 생산자에 의하여 표명된 동 조사신청에 대한 지지 또는 반대의 정도에 관한 검토에 근거하여 동 신청이 공동체산업을 대표하여 이루어진 것이라는 결정이 난 후에 개시된다. 반덤핑 조사에 대한 지지 또는 반대를 표명한 공동체산업이 동종상품의 총생산 중 50% 이상을 구성하는 공동체 생산자들에 의해 동 신청이 지지된다면 그러한 신청은 공동체산업에 의하여 혹은 공동체산업을 대표하여 이루어진 것으로 간주된다. 그러나 동 신청을 지지하는 공동체 생산자가 공동체산업이 생산하는 동종상품의 총 생산의 25% 미만인 경우에는 반덤핑조사가 개시되지 않는다.[36)]

---

34) 이사회규칙 1225/2009, 5.1조.

35) 이사회규칙 1225/2009, 5.2조.

36) 이사회규칙 1225/2009, 5.4조.

각 회원국 대표로 구성되고, 유럽위원회 대표가 의장인 자문위원회 (Advisory Committee)가 반덤핑조사신청(제소)을 검토한다. 동 유럽위원회가 조사신청이 반덤핑조사 개시를 정당화 할 만큼 충분한 증거를 포함하고 있지 않은 것으로 결정하면, 동 조사신청은 거절되고, 신청당사자에게 그 사실이 통보된다. 유럽위원회는 반덤핑조사의 개시를 정당화하기 위한 충분한 증거가 있음이 분명할 경우, 신청서가 접수된 지 45일 이내에 조사를 개시하고, EC 관보인 OJ (Official Journal)에 동 반덤핑조사 개시를 공고하여야 한다.[37] 동 공고에는 관련상품과 국가를 명시하고, 접수한 정보에 대한 개요와 함께 이해당사자들이 동 조사의 개시를 인지하고 그들의 견해를 표명할 수 있는 기간을 명시하여야 한다.[38]

조사개시 여부를 결정함에 있어서 덤핑 및 피해의 증거가 모두 동시에 고려되어야 한다. 덤핑 또는 피해에 대한 증거가 조사개시를 정당화하기에 불충분한 경우 동 조사신청은 거절된다. 수출국가들의 수입품이 각각 1% 미만의 시장점유율을 차지하고, 그러한 국가들이 전체적으로 공동체 소비의 3% 또는 그 이상을 차지하는 경우가 아닌 한, 그러한 국가들에 대해서 반덤핑조사가 개시 되어서는 안 된다.[39]

조사신청은 조사절차의 개시 전에 철회될 수 있으며, 그러한 경우 신청되지 않은 것으로 간주한다.[40]

(2) 조사

유럽위원회는 회원국과 협력하여 공동체 차원의 조사를 개시한다. 동 조사는 덤핑과 피해에 대한 조사를 포함하며, 그러한 조사는 동시에 이루어져야 한다. 덤핑의 조사기간은 절차개시 전 보통 적어도 6개월의 기간을 포함하는 기간으로 선정되어야 한다.[41] 유럽위원회는 관련 당사자들에게 질의서 (questionnaires)를 발송하며, 관련 당사자는 적어도 30일 이내에 동 질의서에 답변하여야 한다.[42]

---

37) 이사회규칙 1225/2009, 5.9조.
38) 이사회규칙 1225/2009, 5.10조.
39) 이사회규칙 1225/2009, 5.7조.
40) 이사회규칙 1225/2009, 5.8조.
41) 이사회규칙 1225/2009, 6.1조.
42) 이사회규칙 1225/2009, 6.2조.

유럽위원회는 회원국에게 정보제공을 요청할 수 있으며,[43] 특히 수입자, 무역업자와 공동체의 생산자에 대하여 모든 필요한 검사 및 조사를 수행한다. 유럽위원회는 관련 회사가 이에 동의하고 해당 국가 정부가 이에 대한 공식통보를 받고 이의를 제기하지 않을 경우 제3국에서의 조사 수행을 요청할 수 있다. 회원국은 그러한 요청을 시행하기 위하여 필요한 조치를 취해야 한다.[44]

유럽위원회는 관련 당사자들이 제출한 질의서에 대한 답변을 수령한 후 관련 공무원들이 조사를 수행한다. 이들은 당사자의 기록을 조사하기 위하여 방문할 수 있으며, 또한 관련 제3국에서의 조사를 수행할 수 있다. 방문의 목적은 질의서에 제공된 정보의 신뢰성 여부를 검증하기 위한 것이며, 검증된 정보는 이후에 덤핑마진을 계산하거나 피해요인을 결정하는데 이용된다. 이러한 계산은 종종 수 천 건의 계약 과정을 수반하고, 생산 비용의 복잡한 분석을 요구한다.

OJ에 공고된 기간 내에 이해당사자가 공청회 (hearing)를 서면으로 요청한 경우 이들은 의견을 진술할 수 있는 기회를 가져야 한다. 그러한 공청회의 서면요청은 그들이 절차의 결과에 의해 영향을 받을 가능성이 있는 이해당사자라는 것과 그들이 공청회에 참여하여야 하는 특별한 이유를 제시하여야 한다.[45]

반덤핑조사는 가능한 한 1년 이내에 종결되어야 한다. 어떠한 경우에도 그러한 조사는 가격약속의 결정 또는 확정조치의 결정에 따라서 조사 개시 15개월 이내에 종료되어야 한다.[46] 유럽위원회는 자문위원회의 회원국들과 협의한 후 잠정조치를 취할 것인 지 여부 또는 절차를 종료시킬 지의 여부를 결정하여야 한다.

(3) 잠정조치의 부과

잠정조치는 덤핑 및 그로 인한 피해가 존재한다는 데 대한 예비적인 긍정결정이 내려지고, 공동체 이익이 그러한 피해를 막기 위한 즉각적 개입을 요구하는 경우, 조사대상 수입품

---

43) 이사회규칙 1225/2009, 6.3조.

44) 이사회규칙 1225/2009, 6.4조.

45) 이사회규칙 1225/2009, 6.5조.

46) 이사회규칙 1225/2009, 6.9조.

에 부과되는 잠정반덤핑관세를 의미한다.[47] 유럽위원회는 자문위원회와 협의한 후 또는 긴급한 경우 회원국들에게 통보한 후 잠정조치를 취할 수 있다. 후자의 경우 동 조치에 대한 통보가 회원국들에게 이루어진 이후 10일 내에 협의가 이루어져야 한다.[48]

잠정반덤핑관세의 금액은 잠정적으로 확정된 덤핑마진을 초과해서는 안되며, 보다 낮은 관세가 공동체산업에 대한 피해를 제거하기 위하여 적절하다면, 동 잠정관세는 덤핑마진보다 적게 부과되는 것이 바람직하다.[49] 이를 최소부과원칙 (lesser duty rule)이라고 한다. 그러나 이 규정은 권고적 성격을 가지므로 반드시 잠정관세가 덤핑마진 보다 낮은 수준이어야 하는 것을 의미하지 않는다. 잠정관세는 6개월 동안 부과될 수 있으며, 추가로 3개월 연장되거나 또는 9개월간 부과될 수 있다. 관련무역의 상당한 비중을 대표하는 수출자가 그렇게 요구하거나 또는 유럽위원회의 그러한 통보에 대하여 반대하지 않는 경우에 잠정반덤핑관세가 연장되거나 또는 9개월의 기간 동안 부과될 수 있다. 그러나 잠정관세의 부과기간은 9개월을 초과할 수 없다.[50] 유럽위원회는 이사회 (Council)와 회원국에게 잠정조치를 통보하여야 하며, 이사회는 가중다수결 (qualified majority)로 동 잠정조치 부과에 대하여 달리 결정할 수 있다.[51]

(4) 가격약속

가격약속 (price undertaking)은 수출자 또는 유럽위원회가 서로에 대하여 제안할 수 있는데, 덤핑 및 피해에 관한 예비적 긍정결정 (예비결정)이 내려진 것을 조건으로 수출자가 가격을 수정 (인상)하거나 덤핑된 수출을 중지하는 것을 내용으로 한다. 수출자 또는 유럽위원회는 서로에게 제안된 가격약속을 반드시 수락하여야 할 의무는 없다. 가격약속이 수락된 경우 일반적으로 반덤핑조사는 종료되지만, 덤핑 및 피해에 관한 조사가 진행될 수 있으며, 그러한 경우 덤핑 및 피해에 관한 부정결정이 내려지는 경우 가격약속은 자동적으로 종료된다. 다음에서는 구체적으로 가격약속의 내용 및 수락절차, 가격약속의 위반 및 철회, 가격약속

---

47) 이사회규칙 1225/2009, 7.1조.

48) 이사회규칙 1225/2009, 7.4조.

49) 이사회규칙 1225/2009, 7.2조.

50) 이사회규칙 1225/2009, 7.7조.

51) 이사회규칙 1225/2009, 7.6조.

의 감시에 대하여 검토한다.

유럽위원회는 덤핑 및 피해에 대한 예비적 긍정결정이 내려진 것을 조건으로 수출자가 가격을 수정하거나 덤핑된 가격의 수출을 중지하기 위하여 제출하는 만족스러운 자발적 약속(satisfactory voluntary undertaking)의 제안을 수락할 수 있다. 자문위원회와 구체적인 협의 후에 덤핑의 피해가 그러한 약속으로 인하여 제거된다면 그러한 약속의 제안을 수락할 수 있다. 그러한 경우, 유럽위원회에 의해 부과된 잠정관세 또는 이사회에 의해 부과된 확정관세는 그러한 가격약속이 시행 중인 한, 가격약속을 수락한 회사가 제조하는 수입품에 적용되어서는 안 된다. 약속에 따른 가격인상은 덤핑마진을 제거하는 데 필요한 수준 보다 높아서는 안되며, 덤핑마진 보다 낮은 수준의 가격인상이 공동체산업에 대한 피해를 제거하는데 적절하다면 가격인상은 덤핑마진 미만이 되는 것이 바람직하다.[52)]

가격약속은 유럽위원회가 수출자에게 제안할 수도 있는데, 어떠한 수출자도 그러한 약속을 수락하도록 강제되지는 않는다. 수출자가 그러한 약속을 제안하지 않거나 또는 그러한 제안을 하는 요청을 수락하지 않았다는 사실이 그 사건의 고려에 있어서 어떠한 경우에도 수출자에게 피해를 주어서는 안 된다.[53)]

유럽위원회는 제안된 약속의 수락이 실행 불가능한 것으로 간주되거나 실제 또는 잠재적 수출자의 수가 너무 많은 경우, 또는 일반 정책적 이유를 포함한 기타 사유가 있는 경우에는 그러한 가격약속을 수락할 필요가 없다. 관련수출자는 자신의 가격약속 제안이 거절된 경우, 거절의 사유를 제공받을 수 있으며 그에 대한 의견을 제시할 기회를 부여 받을 수 있다. 약속의 거절 사유는 확정결정문에 제시되어야 한다.[54)]

가격약속이 자문위원회와의 협의 후에 수락되고, 자문위원회가 어떠한 반대도 제기하지 않은 경우 반덤핑조사는 종료되어야 한다. 유럽위원회는 자문위원회와의 협의 결과를 조사의 종료 제안과 함께 이사회에 제출하여야 한다. 이사회가 1개월 내에 가중다수결로 달리 결정하지 않는 한 동 조사는 종료된 것으로 간주되어야 한다.[55)] 약속이 수락된 경우라도 덤핑 및 피해에 관한 조사는 통상적으로 완료되어야 하는데, 그러한 경우에 덤핑 또는 피해에 관한

52) 이사회규칙 1225/2009, 8.1조.

53) 이사회규칙 1225/2009, 8.2조.

54) 이사회규칙 1225/2009, 8.3조.

55) 이사회규칙 1225/2009, 8.5조.

부정결정이 내려지는 경우, 약속은 자동적으로 실효된다. 그러한 결정이 가격약속의 존재에 상당부분 기인하는 경우는 예외로 한다. 그러한 경우 약속이 합리적 기간 동안 유지되도록 요구될 수 있다. 덤핑 및 피해에 대한 긍정결정이 내려지는 경우, 동 약속은 지속되어야 한다.[56)]

가격약속의 당사자가 약속을 위반 또는 철회한 경우, 또는 유럽위원회가 약속 수락을 철회한 경우, 그러한 약속의 수락은 협의 후에 적절한 경우 유럽위원회 결정 (Commission Decision) 또는 유럽위원회규칙 (Commission Regulation)에 의해 철회되어야 하며, 유럽위원회에 의해 부과된 잠정반덤핑관세 또는 이사회에 의해 부과된 확정반덤핑관세는 자동적으로 적용된다. 다만, 그러한 적용은 수출자가 의견 제시의 기회를 부여 받은 것을 조건으로 한다.[57)] 관련수출자 자신이 약속을 철회한 경우는 그러한 조건의 예외가 된다. 모든 이해당사자 또는 회원국은 약속 위반의 *prima facie* 증거를 제시하는 정보를 제출할 수 있다. 약속 위반의 발생 여부에 대한 후속 평가는 통상적으로 6개월 내에 종결되어야 하지만, 충분히 구체화된 요청이 있는 경우, 9개월 내에 종결되어야 한다. 유럽위원회는 그러한 약속을 감시하는데 있어 회원국 관할기관의 지원을 요청할 수 있다.[58)] 최선의 이용 가능한 정보에 근거하여 약속이 위반되고 있다고 믿을 이유가 있거나 또는 약속의 근거가 된 조사가 종결되지 않은 경우의 약속의 위반 또는 철회의 경우, 잠정관세가 협의 후에 부과될 수 있다.[59)]

(5) 확정조치의 부과

이사회는 최종적으로 확립된 사실이 덤핑과 그로 인한 피해가 있음을 입증하고, 공동체 이익이 개입을 요청하는 경우 해당 수입품에 대하여 확정반덤핑관세를 부과하여야 한다. 유럽위원회가 자문위원회와 협의 한 후 제출한 제안에 대하여 제안일로부터 1개월 내에 이사회가 단순다수결로 동 제안을 거절하기로 결정하지 않는 한, 유럽위원회의 제안은 채택된다.

잠정반덤핑관세가 발효 중인 경우 확정반덤핑관세 부과에 관한 제안은 동 잠정반덤핑관세의 만료 전 적어도 한 달 전에 제출되어야 한다. 잠정반덤핑관세와 마찬가지로 확정반덤

---

56) 이사회규칙 1225/2009, 8.6조.

57) 이사회규칙 1225/2009, 8.9조.

58) 이사회규칙 1225/2009, 8.9조.

59) 이사회규칙 1225/2009, 8.10조.

핑관세는 덤핑마진을 초과하지 않아야 하며, 보다 낮은 수준의 관세가 공동체산업에 대한 피해를 제거하기에 적절하다면 덤핑마진보다 적은 것이 바람직하다.[60] 앞서 언급한 바와 같이 최소부과의 원칙은 권고적인 성격을 가지므로 의무사항은 아니다.

반덤핑관세는 덤핑으로 수입되고, 그로 인하여 피해를 초래하는 것으로 결정된 모든 수입원으로부터의 수입품에 대하여, 그리고 각 경우에 있어서 적절한 금액으로, 비차별적으로 부과되어야 한다. 반덤핑관세를 부과하는 규칙 (Regulation)은 각 공급자에 대한 관세를 구체적으로 특정하거나, 그것이 실행 가능하지 않은 경우, 그리고 일반적으로 동 이사회규칙 2.7조에 언급된 경우에는 관련 공급국을 명시하여야 한다.[61] 잠정반덤핑관세와 확정반덤핑관세는 그 결정이 내려진 이후 반입된 상품에 대해서만 적용된다.[62]

피해는 관련 수입이 1% 미만의 시장점유율을 차지하고, 그러한 국가들이 전체적으로 공동체 소비의 3% 또는 그 이상을 차지하는 경우가 아니면 일반적으로 무시할 만한 수준으로 간주되어야 한다. 수출가격에 대하여 덤핑마진이 2% 미만의 최소마진으로 결정되는 경우, 반덤핑조사는 확정반덤핑조치의 부과 없이 종료된다.[63]

(6) 재심

반덤핑관세는 덤핑으로 인하여 초래된 동종상품을 생산하는 공동체산업에 대한 피해를 상쇄시키는 데 필요한 범위 내에서만 유효하다.[64] 확정반덤핑조치는 부과된 날짜로부터 5년이 되는 시점에 소멸하거나 재심에서 동 조치의 만료가 덤핑 및 피해의 지속 또는 재발을 초래할 가능성이 있는 것으로 결정되지 않는 한, 덤핑 및 피해를 모두 포함하는 가장 최근의 재심 종결 날짜로부터 5년이 되는 시점에 소멸하여야 한다. 확정반덤핑조치의 부과 이후에 동 조치의 계속적 부과의 필요성에 관하여 재심이 실시될 수 있는데, 그러한 재심으로는 중간재심 (interim review), 만료재심 (expiry review), 신규수출자재심 (new exporter review)등이 있다. 다음에서는 각 재심의 내용과 절차에 대하여 검토한다.

---

60) 이사회규칙 1225/2009, 9.4조.

61) 이사회규칙 1225/2009, 9.5조.

62) 이사회규칙 1225/2009, 10.1조.

63) 이사회규칙 1225/2009, 9.3조.

64) 이사회규칙 1225/2009, 11.1조

1) 중간재심

중간재심은 반덤핑조치의 지속적 부과의 필요성에 대하여 검토하는 재심이다. 확정반덤핑조치의 부과일 이후 적어도 1년의 합리적 기간이 경과한 후, 수출자 또는 수입자 또는 공동체 생산자가 그러한 중간재심의 필요성을 구체화한 충분한 증거를 포함하는 재심 요청을 하는 경우, 그러한 재심 요청이 정당화되는 경우에 한하여 유럽위원회의 발의 또는 회원국의 요청에 의해 검토될 수 있다.[65] 중간재심절차에 따라 유럽위원회는 덤핑 및 피해와 관련된 상황이 상당히 변경되었는지 여부 또는 기존의 조치가 피해를 제거하는데 의도된 결과를 달성하고 있는 지 여부를 검토한다.[66]

2) 만료재심

확정반덤핑조치는 그 부과로부터 5년 이내 또는 덤핑 및 피해를 포함하는 가장 최근의 재심 결과일로부터 5년 이내에 종료되어야 한다. 그런데 확정반덤핑조치 부과기간의 만료일 전에 수행된 (만료)재심에서 동 조치의 종료가 덤핑 및 피해의 지속 또는 재발가능성으로 이어질 수 있다고 결정되는 경우에는 조치가 종료되지 않을 수 있는데, 그러한 가능성을 검토하는 것이 만료재심이다.

만료재심은 유럽위원회의 발의 또는 공동체 생산자의 요청 또는 공동체 생산자를 대신하여 개시되어야 하고, 재심의 결과가 나올 때까지 확정반덤핑조치는 유효하다.[67] 만료재심의 대상이 되는 임박한 조치의 만료 공고가 동 조치의 적용기간 최종 연도의 적절한 시점에 OJ에 공표되어야 한다. 그 후 공동체 생산자들은 5년의 기간이 끝나기 3개월 전에 재심을 신청할 권리가 있다. 동 재심에 따라 조치의 실제 만료를 알리는 공고도 공표되어야 한다.[68]

3) 신규수출자재심

신규수출자재심은 관련 수출국에서의 조사대상기간에 신규수출자에 대한 개별 덤핑마진을 결정하기 위하여 수행되는 조사이다. 신규수출자 또는 생산자가 반덤핑조치의 대상이

---

65) 이사회규칙 1225/2009, 11.3조.

66) 이사회규칙 1225/2009, 11.3조.

67) 이사회규칙 1225/2009, 11.2조.

68) 이사회규칙 1225/2009, 11.2조.

된 상품에 수출국의 수출자 또는 생산자와 관련되어 있지 않다는 것과 언급된 조사기간 이후에 공동체에 실제로 상품을 수출하였다는 것을 증명하는 경우, 또는 공동체에 상당한 분량을 수출하여야 하는 취소할 수 없는 계약적 의무의 부담을 갖는 것을 증명하는 경우 개시된다.[69]

4) 재심기간

만료재심, 중간재심은 신속하게 수행되어야 하며, 재심 개시일로부터 통상적으로 12개월 이내에 종결되어야 한다. 어떠한 경우에도 이들 재심은 개시일로부터 15개월 이내에 종결되어야 한다. 신규수출자재심은 개시일로부터 9개월 이내에 종결되어야 한다. 유럽위원회는 동 시한의 만료 한 달 전에 조치를 위한 제안을 이사회에 제출하여야 한다. 조사가 시한 내에 종결되지 않은 경우, 만료재심 조사의 경우와 만료재심과 중간재심이 병행되는 경우에는 조치는 만료되고, 중간재심과 신규수출자재심에 따른 조사인 경우 동 조치에 변경은 없다. 조치의 만료 또는 유지를 알리는 공고가 OJ에 공표되어야 한다.[70]

5) 징수된 관세의 환급요청

덤핑마진이 제거되었거나 동 마진이 반덤핑관세 이하의 수준으로 감소되었다는 것이 제시되는 경우, 수입자는 징수된 관세의 환급을 요구할 수 있다.[71] 수입자는 부과될 확정관세의 수준이 결정된 날로부터 6개월 이내에 또는 잠정관세의 부과가 최종적으로 결정된 날로부터 6개월 이내에 징수된 관세의 환급을 요청하여야 한다. 동 신청은 그 상품의 자유로운 유통이 허용된 회원국을 통하여 제출되어야 한다. 유럽위원회는 자문위원회와 협의 후에 동 신청의 허용 여부 및 허용수준을 결정하여야 한다. 유럽위원회는 어느 때나 중간재심의 개시를 결정할 수 있는데, 그러한 재심의 결과로부터 도출되는 정보와 결정은 환급 여부와 정도를 정당화하는데 이용되어야 한다.[72]

69) 이사회규칙 1225/2009, 11.4조.

70) 이사회규칙 1225/2009, 11.5조.

71) 이사회규칙 1225/2009, 11.9조.

72) 이사회규칙 1225/2009, 11.8조.

④ 우회덤핑

(1) 의의

반덤핑제도에서 우회(circumvention)는 반덤핑관세명령의 적용대상물품이 생산 및 선적방법 등을 변경함으로써 반덤핑관세명령의 적용을 회피하려는 행위를 의미한다. 이러한 우회덤핑행위를 방치하면 기존의 반덤핑조치의 효과가 무력화되어 불공정 무역행위인 덤핑으로부터 국내산업을 보호하는 목적을 달성할 수 없다.[73] 따라서 그러한 우회덤핑의 규제 필요성이 제기되는데, WTO반덤핑협정은 우회덤핑규제에 관한 규정을 두고 있지 않지만 그러한 우회덤핑규제가 금지되는 것은 아니므로 반덤핑제도를 운영하는 미국이나 EU 등 일부 WTO회원국들은 그러한 우회덤핑을 규제하는 제도를 도입하고 있다.

우회덤핑과 관련하여, 이사회규칙 384/96의 관련 규정 (13조)이 이사회규칙 461/2004에 의해 개정되었는데, 동 이사회규칙의 개정은 우회조치를 구성하는 관행을 명확히 하고, 공동체 내부와 공동체 외부에서 발생하는 우회관행을 구별할 필요성이 제기되어 이루어졌다. 우회관행은 공동체 내부 또는 외부에서 발생할 수 있으며, 결과적으로 기본반덤핑규칙하에서 확대된 반덤핑관세로부터 수입자에게 부여될 수 있었던 면제가 공동체 밖에서 발생한 우회문제를 다루기 위해 반덤핑관세가 확대 부과된 경우에도 수출자에게 적용 되도록 규정하는 것이 필요하게 되었다.[74]

발효 중인 반덤핑조치의 우회(circumvention)가 발생한 경우 이사회규칙에 따라 부과된 반덤핑관세는 약간의 변형여부에 상관 없이 제3국산 동종상품의 수입품, 또는 조치 대상국의 약간 변형된 동종상품, 또는 그러한 상품의 부품에 확대되어 부과될 수 있다.[75]

우회는 제3국과 공동체간 또는 조치 대상국의 개별 기업과 공동체간 무역 패턴의 변화로

---

73) 이재형, "우회덤핑방지제도에 관한 연구", 무역유럽위원회, 무역구제 (2003-겨울호), pp. 5~6.

74) 이사회규칙 461/2004, (24)항. EC는 1987년 6월 이사회규칙 2423/88에 의해 기존 반덤핑규칙을 수정하여, EC 역내에서 단순조립생산을 통한 반덤핑조치의 우회를 방지하기 위한 규정을 도입하였다. 그러나 동 규정이 GATT 규정을 위반하는 문제를 해결하기 위하여 1994년 12월 22일 유럽공동체 비회원국으로부터 덤핑수입에 대한 보호에 관한 이사회규칙 3283/94을 제정하였으며, 동 이사회규칙과 HS (Harmonized System)의 해석에 관한 일반규칙 2(a)조와 일반 비특혜원산지규정인 규칙 2913/92 중 공동관세규약(Common Customs Code)가 우회덤핑에 적용될 수 있다. Ibid., 이재형 (2003), p. 22. 우회덤핑의 원산지 문제는 이사회규칙 461/2004, 1.9조에 의해 개정된 이사회규칙 1225/2009 13조에 한정하여 검토한다.

75) 이사회규칙 1225/2009, 13.1조.

정의된다. 관세 부과 외의 정당한 이유 또는 경제적 정당성이 부족한 관행, 공정 또는 작업에서 발생하는 변화로, 그러한 변화에 대한 피해의 증거 또는 피해 또는 관세의 구제적 효과가 동종상품의 가격 또는 분량의 측면에서 훼손되고 있다는 증거가 있는 경우, 그리고 동종상품에 대해 이전에 확립되었던 정상가격과 관련한 덤핑의 증거가 있는 경우를 의미한다.[76]

관행, 공정 또는 작업은 그 중에서도 통상적으로 조치의 대상이 되지 않는 관세 코드에 해당하는 상품으로 만들기 위하여 관련 상품을 약간 변경하는 것을 포함하는데, 다음의 경우가 이에 해당된다.[77]

- 만약 그 변경이 상품의 본질적인 특징을 변경시키지 않는 경우 제3국을 통한 조치 대상 상품을 위탁하는 경우
- 수출자 또는 생산자가 제조사의 상품에 적용 가능한 관세율 보다 낮은 개별관세의 혜택을 받는 생산자를 통하여 상품을 공동체에 수출시키기 위하여 조치 대상국가에서의 판매 패턴 및 채널을 재조직하는 경우
- 공동체 내 또는 제 3국에서의 조립공정에 의하여 부품을 조립하는 경우

우회하는 관행, 공정 또는 작업은 공동체 외부에서 발생하는 경우와 공동체 내부에서 발생하는 경우로 구별된다. 공동체 내 또는 제3국에서의 조립은 다음과 같은 경우에 발효 중인 조치를 우회하는 것으로 간주된다.[78]

- 반덤핑 조사 개시 이후 또는 직전 작업이 개시되었거나 실질적으로 증가한 경우와 관련부품이 조치의 대상국으로부터 들어오는 경우
- 부품이 조립된 상품의 부품 총 가치의 60% 이상을 구성하는 경우 (예외적으로 조립 또는 완성 작업 동안 투입된 부품의 부가가치가 제조비용의 25% 보다 많은 경우에는 우회가 발생한 것으로 간주되지 않는다)
- 조립된 동종상품의 가격 및/또는 수량 측면에서 관세의 구제효과가 훼손되고 있고, 동종 또는 유사 상품에 대하여 이전에 산정된 정상가격과 관련한 덤핑의 증거가 있는 경우

우회덤핑을 결정하는데 있어서 원산지 문제는 EEC이사회규칙 2913/92 (6)항에 규정된 대

76) 이사회규칙 1225/2009, 13.1조.

77) 이사회규칙 1225/2009, 13.1조.

78) 이사회규칙 1225/2009, 13.2조

로의 원산지 개념의 공동정의에 관한 특별규정들이 반덤핑이사회규칙에 따라 적용될 수 있다.[79] 따라서 반 우회덤핑조치를 위해 별도의 적용되는 특별원산지규정은 없으며 일반적으로 반덤핑이사회규칙에 따른다.

(2) 조사절차

우회덤핑에 관한 조사는 우회요소에 관한 충분한 증거에 근거하여 유럽위원회의 발의 또는 회원국 또는 이해관계당사자의 요청에 의하여 개시되어야 한다. 조사개시는 자문위원회와의 협의 후 유럽위원회규칙으로 관세당국에 수입품을 동 이사회규칙에 따라 등록 대상이 되게 하거나[80] 보증금 (guarantees)을 요구하도록 지시할 수 있다.

우회덤핑조사는 유럽위원회가 수행하며, 회원국 관세당국의 지원을 받을 수 있다. 동 조사는 9개월 내에 종결되어야 한다. 최종적으로 확인된 사실이 반덤핑조치의 확대를 정당화할 경우, 유럽위원회가 자문위원회와 협의 한 후에 제출한 조치 확대의 제안에 대하여 이사회가 결정한다. 유럽위원회의 반덤핑조치 확대의 제안은 이사회가 유럽위원회의 제안 제출일로부터 1개월 내에 단순다수결로서 동 제안을 거부하기로 결정하지 않는 한 채택된다. 조치의 확대는 이사회규칙에 따라 부과된 등록일 또는 보증금이 요구된 날로부터 발효된다.[81]

(3) 반 우회덤핑조치

발효 중인 반덤핑조치의 우회가 결정된 경우 이사회규칙에 따라 부과된 반덤핑관세는 약간의 변형여부에 상관 없이 제3국산 동종상품의 수입품 또는 조치의 대상이 되는 국가의 약간 변형된 동종상품 또는 그러한 상품의 부품에 확대되어 부과될 수 있다. 잔여 확정반덤핑관세를 초과하지 않는 반덤핑관세가 조치 대상국에서 개별 관세의 혜택을 받는 즉, 반덤핑관세부과의 대상이 아닌 회사의 수입품에 확대되어 부과될 수 있다.[82]

---

79) 이사회규칙 1225/2009, 14.3조.

80) 이사회규칙 1225/2009, 14.5조.

81) 이사회규칙 1225/2009, 13.3조.

82) 이사회규칙 1225/2009, 13.1조.

수입품이 동 이사회규칙에 따른 등록 또는 면제의 혜택을 받는 회사에 의해 거래될 때 동 조치의 대상이 되어서는 안 된다. 증거에 의해 정당하게 입증되는 면제요청은 조사를 개시하는 유럽위원회규칙에 설정된 시한 내에 제출되어야 한다. 관행, 공정 또는 작업의 우회가 공동체 밖에서 발생한 경우, 면제는 조치의 대상이 되는 어떠한 생산자와도 관련이 없다는 것과 동 이사회규칙에 정의된 우회관행에 연루되지 않았다는 것을 증명할 수 있는 관련 상품의 생산자에게 동 조치의 면제가 허용될 수 있다.

우회적인 관행, 공정 또는 작업의 우회가 공동체 내에서 발생한 경우, 조치의 대상이 된 생산자와 관련이 없다는 것을 증명하는 생산자에게 면제가 허용될 수 있다. 이러한 면제는 자문위원회와의 협의를 거쳐 유럽위원회결정 또는 조치를 부과하는 이사회결정에 의해 허용될 수 있으며, 그러한 결정에 명시된 조건에 따라 그 기간만큼 유효하다.[83] 동 이사회규칙의 조건이 충족되는 것을 전제로, 동 조치로부터의 면제는 조치의 확대를 위한 조사의 종결 후에도 허용될 수 있다. 조치의 확대로부터 적어도 1년이 경과하는 것을 전제로 하고, 면제를 요청하거나 잠재적으로 요청할 다수의 당사자가 상당한 경우, 유럽위원회는 조치의 확대에 대한 재심의 개시를 결정할 수 있다. 모든 재심은 동 이사회규칙에 따른 재심에 적용 가능한 대로 이사회규칙에 일치하게 수행되어야 한다.[84]

⑤ 반덤핑관세흡수재심

(1) 의의

반덤핑관세흡수재심은 수출자가 확정반덤핑관세의 부과 이후 부과되는 관세만큼 수출가격을 내리면 공동체 생산자, 유럽위원회, 회원국, 기타 이해당사자가 반덤핑관세의 부과 이후 추가관세를 물리도록 요청하는 제도이다. 이사회규칙 384/96의 개정규칙인 이사회규칙 461/2004 전문 (preamble)은 수출자에 의한 관세흡수 효과를 교정하는 목적의 재심에 관심이 있는 이해당사자들에게 그러한 반흡수조사의 개시를 요구하는 가능성을 높이기 위하여 기존 조항을 개정할 필요성이 있음을 명시 하고 있다. 그러한 흡수가 존재하는지 여부를 평가

---

83) 이사회규칙 1225/2009, 13.4조.

84) 이사회규칙 1225/2009, 13.4조.

하기 위하여 수출가격의 하락을 가격 변동의 개념으로 포함하는 것이 필요하다고 설명하였는데, 그 이유는 그러한 수출가격의 인하는 조치의 구제효과가 저해될 수 있는 상황 중의 하나이기 때문이다.

(2) 조사절차

공동체산업 또는 기타 이해당사자가 (통상적으로 조치의 발효 후 2년 내에, 원 조사 기간 후 그리고 조치의 부과 전 또는 후에) 수출가격이 하락하거나 또는 재판매가격 또는 후속적으로 공동체 내에 수입된 상품의 판매가격에 불충분한 변동이 있다는 것을 증명하는 충분한 정보를 제공한 경우, 반덤핑조치가 그러한 가격에 영향을 미칠 수 있었던 것인지 여부를 검토하기 위해 협의 후 조사가 재개될 수 있다. 동 조사는 그러한 동일한 조건에서 유럽위원회의 발의 또는 회원국의 요청에 따라서도 재개될 수 있다.[85]

재조사 동안 수출자, 수입자 및 공동체 생산자는 재판매가격 및 후속 판매가격에 관한 상황을 설명하기 위한 기회를 제공받아야 한다. 조치가 그러한 가격변동을 이끌었다는 결론이 내려지면, 피해결정에 따라 이전에 확립된 피해를 제거하기 위하여 수출가격이 재평가되어야 하고, 덤핑마진도 재평가된 수출가격을 고려하여 다시 계산되어야 한다.[86] 원조사기간 후에 그리고 조치의 부과 전 또는 후에 수출가격이 하락하거나 또는 재판매가격 또는 후속적으로 공동체 내에 수입된 상품의 판매가격에 불충분한 변동이 조치 부과 직전 또는 후에 발생된 수출가격의 하락에 기인하여 재조사의 조건이 충족된다고 간주되는 경우, 덤핑마진은 그러한 낮은 수출가격을 고려하기 위해 다시 계산되어야 한다.[87]

(3) 반덤핑조치의 수정

재조사 결과 덤핑의 증가가 증명되는 경우, 발효 중인 조치는 유럽위원회의 제안에 대하여 결정하는 이사회에 의하여 수출가격에 대한 새로운 결정에 근거하여 협의 후에 수정될

85) 이사회규칙 1225/2009, 12.1조.

86) 이사회규칙 1225/2009, 12.2조.

87) 이사회규칙 1225/2009, 12.2조.

수 있다. 이사회가 유럽위원회의 제안이 제출된 후 1개월 내에 동 제안을 단순다수결로 거부하기로 결정하지 않는 한 채택된다. 부과된 반덤핑관세금액은 이사회에 의해 초기에 부과된 관세금액의 두 배를 초과해서는 안 된다.[88)]

동 재조사에는 절차의 개시, 조사 관련 규정이 적용되어야 하는데, 그러한 재 조사가 신속하게 수행되어야 하는 경우를 제외하고, 통상적으로 재조사 개시일 6개월 내에 종결되어야 한다. 어떠한 경우라도 그러한 재조사는 재조사 개시일 9개월 내에 종결되어야 한다. 유럽위원회는 반덤핑조치를 위한 제안을 동 기간 만료 전 적어도 1개월 전에 이사회에 제출하여야 한다. 재조사가 동 기간 내에 완료되지 못하면, 조치는 변경 없이 유효하다. 조치의 유지에 대한 공고는 OJ에 공표되어야 한다.[89)]

참고문헌

박노형 · 이로리 (2007), 유럽연합(EU)무역구제제도 관련 법제도 연구, 법제처연구용역.

이진환 (2001), " EU에서 덤핑수입으로 인한 산업피해 판정 시 공익을 고려한 사례에 대한 연구", 무역유럽위원회, 무역구제.

이재형 (2003), "우회덤핑방지제도에 관한 연구", 무역구제.

EUROPA, Anti-dumping measures, Summaries of EU Legislation-External Trade (http://europa.eu/legislation_summaries/external_trade/r11005_en.htm, 2010년 5월 4일 방문)

European Commission, Global Europe: Competing in the World (2006), http://ec.europa.eu/trade (2007년 10월 30일 검색)

European Commission, A Green Paper for public consultation: Europe's trade defence instrument in a changing global economy, COM (2006)763 final, Brussels (6.12.2006)

Enlargement: Impact on Trade Defence, European Commission, http://europa.eu.int/comm./trade/issues/respectrules/tdi_enlarg/faqs.htm (2007년 10월 12일 검색).

EUROPA, Protection against trade barriers, http://europa.eu/scadplus/leg/en/lvb/r1107.htm (2007년

88) 이사회규칙 1225/2009, 12.3조.

89) 이사회규칙 1225/2009, 12.4조.

11월 1일 검색)

〈 EU관보 〉

Council Regulation (EC) No 1225/2009 of 30 November 2009 on protection against dumped imports from countries not members of the European Community (OJ L343, 22.12.2009).

Council Regulation (EC) No 384/96 of 22 December 1995 on protection against dumped imports from countries not members of the European Community, OJ L 56 (06.03.1996).

Council Regulation (EC) No 2331/96 of 2 December 1996, OJ L317 (06.12.1996)

Council Regulation (EC) No 905/98 of 27 April 1998, OJ L128 (30. 04. 1998)

Council Regulation (EC) No 2238/2000 of 9 October 2001, OJ L 257 (11.10.2000)

Council Regulation (EC) No 1972/2002 (OJ L305/1, 7.11.2002)

Council Regulation (EC) No 461/2004 of 8 March 2004, OJ L77 (13.3.2004).

제 7 장

EU의 무역구제제도(2): 상계관세제도

제7장

EU의 무역구제제도(2): 상계관세제도

【 I 】 법적 근거

EU 상계관세제도의 법적 근거는 2009년 8월 7일 발효된 이사회규칙 597/2009[1]이다. EU상계관세제도의 기본규칙은 1997년 10월 21일 발효된 이사회규칙 2026/97[2]이었는데, 동 규칙이 발효 된 이후 두 차례 개정되었다. 기본규칙의 명확성과 합리성을 위하여 이사회규칙 597/2009에 의해 그 내용이 체계적으로 정리되었고, 이사회규칙 2026/97은 폐기되었다. 동 이사회규칙은 공동체 내에서 자유롭게 유통되는 제3국 상품의 제조, 생산, 수출, 운송에 대하여 직접 또는 간접적으로 부여된 보조금이 동종상품을 생산하는 공동체산업에 초래한 피

---

1) Council Regulation (EC) No 597/2009 of 11 June 2009 on the protection against subsidized imports from countries not members of the European Community, OJ L288 (18.7.2009).

2) Council Regulation (EC) No 2026/97 of 6 October 1997 on the protection against subsidized imports from countries not members of the European Community , OJ L288 (21.10.1997). 이사회규칙 2026/97은 이사회규칙은 이사회가 2002년 11월 5일 채택한 이사회규칙 1973/2002 (Council Regulation (EC) No 1973/2002 of 5 November 2002 amending Regulation (EC) No 2026/97 on the protection against subsidized imports from countries not members of the European Community, OJ L 203 (7.11.2002)과 2004년 3월 8일 채택한 이사회규칙 461/2004에 의해 개정되었다. 특히, 2002년의 개정은 두 가지 중요한 목적을 갖고 있다. 첫 번째 목적은 공동체법의 허용보조금 (non-actionable subsidies) 규정을 폐기함으로써 WTO보조금협정의 허용보조금에 관련 규정의 만료를 이행하기 위한 것이다. 연구개발, 지역발전, 환경보전 및 개발을 목적으로 하는 보조금은 상계조치의 대상이 되지 않는 허용보조금으로 WTO보조금협정에 따라 허용되었으나 동 허용보조금은 WTO회원국들의 결정이 없는 경우에는 1999년 12월 31일까지 적용되는 한시적 지위를 갖는다. 허용보조금의 유지에 관한 WTO회원국들의 명시적인 결정이 내려지지 않아 EU는 공동체의 무역거래 형태 및 WTO협정상의 권리, 의무와의 합치성을 고려하여 관련 이사회규칙에서 허용보조금 관련 조항의 폐지를 결정하였다 두 번째 목적은 보조금 지급과 관련하여, 관련 당사국에 상품 또는 서비스 시장이 없는 경우를 포함하도록 한 것이다. 그러한 경우 조정이 이루어지거나 세계시장의 가격이 사용된다. 이러한 개정내용은 이사회규칙 1973/2002가 발효한 2002년 11월 8일 이후 반보조금규칙에 따라 개시된 모든 조사에 적용된다. 가장 최근의 개정인 2004년 3월의 개정은 반덤핑 및 반보조금 (상계조치) 분야의 의사결정과정을 개정하고, 동 조치 발동의 투명성, 효율성 및 예측가능성을 도입하는 것을 주요 내용으로 한다.

해를 상쇄시키기 위하여 해당 수입품에 상계관세를 부과하기 위한 실체적 요건 및 절차적 요건을 규정하고 있다. 동 규칙은 보조금의 정의, 상계조치 가능한 보조금과 보조금의 계산에 관한 규정을 제외하고, 특히 피해의 결정, 공동체산업의 정의, 절차의 개시, 조사, 잠정 및 확정조치, 절차의 종료의 부분은 반덤핑규칙과 유사하다.

EU가 제3국 수입품에 대하여 상계조치를 취하기 위해서는 상기 이사회규칙에 규정된 실체적 · 절차적 요건을 충족하여야 한다. 다음에서는 상계관세부과에 필요한 실체적 요건 및 절차적 요건을 중심으로 검토한다.

【Ⅱ】 실체적 요건

WTO보조금협정에 따르면, 제3국 수입품에 대한 상계관세의 부과는 (1) 상계 가능한 보조금의 존재, (2) 보조금을 지급받은 수입품에 의해 동종상품을 생산하는 국내산업에 초래된 실질적 피해 또는 실질적 피해의 위협, 그리고 (3) 보조금 지급과 피해 또는 그러한 피해의 위협간의 인과관계에 관한 결정에 근거하여야 한다. EU의 경우, 상계관세의 부과 결정은 그러한 일반적 요건에 더하여 (4) 공동체의 이익을 추가적으로 고려하여야 한다. 다음에서는 각 실체적 요건의 내용을 구체적으로 살펴본다.

① 상계조치의 대상이 되는 보조금

상계조치의 대상이 되는 보조금은 관련 이사회규칙의 보조금의 정의에 해당되고, 특정성(specificity)을 가져야 한다. 원산지국 또는 수출국 내에서 정부에 의한 보조금 지급이 있었다 하여도 그러한 보조금이 특정성을 갖지 않는다면 상계조치의 대상이 될 수 없다. 다음에서는 보조금의 정의와 특정성 요건에 대하여 검토한다.

(1) 보조금의 정의

보조금은 첫째, 원산지국 또는 수출국에서 정부에 의한 재정적 기여가 있거나 또는 GATT1994 XVI조 의미 내의 소득 또는 가격보조 형태가 존재하고, 둘째 그로 인하여 혜택이

부여되는 경우 존재하는 것으로 간주된다.[3]

다음과 같은 경우에 재정적 기여가 있는 것으로 간주된다[4]:

> (i) 직접적인 자금의 이전 예컨대, 교부 (grants), 대여 (loans), 지분투입 (equity infusion), 자금이나 채무의 잠재적인 직접 이전 (대출보증)을 수반하는 정부의 행위
> (ii) 적법하게 징수되어야 할 정부 세입을 포기하거나 징수하지 않음
> (iii) 일반적인 경제기반시설 (infrastructure)이 아닌 상품 또는 서비스의 제공 또는 상품의 구매
> 정부가 기금제도 (funding mechanism)에 대하여 지불하거나, 보통 정부에 부여된 상기 (i)~(iii)의 기능 중 하나 이상의 기능을 민간기관에 수행하도록 위임하는 경우

정부에 의한 재정적 기여가 있었다 하더라도 수혜자에게 혜택이 없다면 보조금에 해당되지 않는다. 그러한 정부의 재정적 기여가 있다면 그로 인한 혜택이 존재하는 것으로 추정되는데, 다만 다음의 경우는 혜택을 부여하는 것으로 간주되지 않는다.[5]

> • 정부의 지분자본 (equity capital) 제공이 원산지국 및/또는 수출국에서 민간투자자의 일반적인 투자관행과 일치하는 경우
> • 정부대출에 대하여 지불하는 금액과 실제 시장에서 획득하는 비교 가능한 상업적 대출에 대하여 지불할 금액과의 차이가 없는 경우
> • 정부의 대출보증에 대해 지불하는 금액과 그러한 정부대출보증 없는 상황에서 비교 가능한 상업적 대출에 대해 지불하는 금액에 차이가 없는 경우
> • 정부에 의한 상품 또는 서비스 제공 또는 상품의 구매가 적절한 보상에 의해 이루어지는 경우. 이 경우 적절한 보상은 제공국 또는 구매국에서의 당해 상품 또는 서비스에 대한 일반적인 시장조건 (가격, 품질, 이용가능성, 영업가능성, 운송 및 구매 또는 판매의 기타조건 포함)과 관련하여 결정되어야 함.

(2) 특정성

보조금이 존재한다 하더라도 특정성이 없는 경우에는 상계조치의 대상이 될 수 없다. 그러한 특정성은 보조금의 대상이 기업(군) 또는 산업(군) 특정성을 의미하며, 그러한 특정성 여부를 판단하기 위하여 다음의 원칙이 적용된다[6]:

---

3) 이사회규칙 2026/97, 2조.
4) 이사회규칙 597/2009, 2조.
5) 이사회규칙 597/2009, 6조.

(a) 공여당국 또는 근거 법이 보조금에 대한 접근을 특정기업에 명시적으로 한정하는 경우에는 특정성이 있음

(b) 공여당국 또는 근거 법이 보조금의 수혜자격과 금액을 규율 하는 객관적인 기준 또는 조건을 설정하는 경우 그러한 보조금의 수혜자격이 자동적이고, 그러한 기준 또는 조건이 엄격하게 준수되는 경우 특정성이 없음

(a)와 (b)의 적용 결과 외견상 특정성이 없는 것으로 나타나더라도, 보조금이 사실상 특정적이라고 믿을 이유가 있는 경우에는 제한된 수의 특정기업에 의한 보조금 프로그램의 사용, 특정 기업의 지배적인 이용 또는 특정 기업에 대한 보조금의 불균형적으로 대규모 금액 지급, 보조금 제공 결정에 있어서 공여당국의 재량권 행사 방식과 같은 기타 요인들이 검토될 수 있음

특정성에 대한 모든 결정은 명백한 증거에 근거하여 분명하게 입증되어야 한다.[7] 이 외에도 금지보조금에 해당되는 모든 보조금은 특정성이 있는 것으로 간주된다. 특정성이 있는 보조금은 그 자체로서 금지되지는 않고 그러한 보조금을 지급받은 수입품이 동종상품을 생산하는 공동체산업에 실질적 피해를 초래하는 경우에 한하여 상계조치의 대상이 되지만, 수출보조금이나 수입대체 보조금과 같은 금지보조금은 그 자체로서 지급이 금지된다. 금지보조금은 이사회규칙 2026/97 부속서I에 예시된 보조금을 포함하여 유일한 조건으로 또는 다른 여러 조건 중 하나로 법률상 또는 사실상 수출실적에 따라 지급되거나 (수출보조금) 수입품 대신 국내상품의 사용을 조건으로 지급되는 보조금 (수입대체보조금)을 의미한다.[8] 이들 보조금은 수출입에 직접적으로 영향을 미치므로 금지된다.

② 피해

특정성이 있는 보조금의 지급사실만으로는 상계조치를 부과하기에 충분하지 않다. 상계조치의 대상이 되는 보조금을 제공받은 수입품이 동종상품을 생산하는 공동체산업에 실질적 피해 또는 실질적 피해의 위협을 초래하거나 그러한 산업의 확립에 실질적 지연을 초래하여야 한다.[9]

---

6) 이사회규칙 597/2009, 3.2조.

7) 이사회규칙 597/2009, 3.5조.

8) 이사회규칙 597/2009, 3.4조.

9) 이사회규칙 597/2009, 8.1조.

(1) 동종상품

동종상품의 정의는 반덤핑규칙과 동일하다. 동종상품은 동일한 즉, 모든 면에서 고려대상 상품과 유사한 상품 또는 그러한 상품이 없을 때에는 모든 면에서 유사하지는 않지만 고려대상 상품의 특징과 밀접하게 유사한 특징을 갖는 다른 상품을 의미한다.

1) 공동체산업

공동체산업에 관한 정의도 반덤핑규칙과 유사하다. 공동체산업은 동종상품의 국내생산자 전체 또는 생산량의 합계가 동종상품의 전체 국내생산량의 상당부분을 점유하는 국내생산자를 지칭한다. 생산자가 보조금이 지급되었다고 주장되는 상품의 수출자 또는 수입자와 관련되어 있거나, 그 자신이 동 상품의 수입자인 경우 공동체산업은 나머지 생산자들을 지칭하는 것으로 해석될 수 있다.[10)]

예외적인 경우, 당해 생산에 관하여 공동체 영토가 둘 이상의 경쟁적 시장으로 분할되며, (i) 각각의 시장 내의 생산자가 생산한 당해 상품의 전부 또는 거의 전부가 그 시장에서 판매되고, (ii) 동 시장에서의 수요가 공동체 내의 다른 장소의 당해 상품의 생산자에 의해 상당한 정도로 충족되지 않는 경우, 각 시장의 생산자들은 별개의 산업으로 간주될 수 있다. 그러한 고립된 시장에 보조금이 지급된 수입품이 집중되고, 동 수입품이 그 시장 내에 모든 또는 거의 모든 생산을 하는 생산자들에게 피해를 초래하는 경우, 피해는 전체 공동체산업의 대부분이 피해를 입지 않았다 할 지라도 그러한 상황에서 피해가 존재하는 것으로 결정될 수 있다.[11)]

생산자는 다음의 경우에 수출자 또는 수입자와 관련된 것으로 간주된다.[12)]

- 그들 중 일방이 직접 또는 간접적으로 다른 일방을 통제하는 경우
- 양 당사자가 제 3자에 의해 직접 또는 간접적으로 통제되는 경우
- 함께 제3자를 직접 또는 간접적으로 통제하는 경우로 관계의 효과가 그 자체로 해당 생산자

10) 이사회규칙 597/2009, 9.1(a)조.

11) 이사회규칙 597/2009, 9.1(b)조.

12) 이사회규칙 597/2009, 9.2조.

가 비 관련생산자 (non-related producers)와 달리 행동 하도록 유발한다는 것을 믿을 만한 근거가 있거나 그러한 의심의 근거가 있는 경우,

- 일방이 다른 일방에 대하여 법적으로 또는 경영상으로 다른 일방에 대하여 제한하거나 또는 지시하는 위치에 있는 경우 일방이 다른 일방을 통제하는 경우로 간주됨

공동체산업이 특정 지역의 생산자들을 언급하는 것으로 해석되는 경우, 수출자 또는 상계가능한 보조금을 지급한 정부는 관련지역에서 이사회규칙 13조의 약속 (undertakings)을 제안할 기회를 가져야 한다.[13] 즉, 수출자가 수출가격을 수정하거나 수출을 중단하는 약속 또는 수출국이 보조금의 철폐를 제안하거나 또는 그러한 효과와 관련된 기타 조치를 취하는 약속을 의미한다.[14] 그러한 경우에 상계조치의 공동체 이익을 평가하는데 있어 지역적 이익이 특별히 고려되어야 한다.[15]

2) 실질적 피해

실질적 피해의 결정은 명백한 증거에 근거해야 하며, 보조금이 지급된 수입량과 공동체 시장에서의 동종상품의 가격에 대한 효과와 공동체산업에 대한 결과적인 효과에 대한 객관적인 검토가 수반되어야 한다.[16] 보조금이 지급된 수입량과 관련하여 특히 공동체 내에서 절대적 기간 내에 또는 공동체 내의 생산이나 소비에 비하여 상대적으로 동 수입품의 상당한 증가가 있었는지 여부가 고려의 대상이 된다.

보조금이 지급된 수입품의 가격에 대한 효과와 관련하여, 공동체산업의 동종상품 가격과 비교하여 동 수입품에 의한 상당한 가격 하락이 있었는지 여부 또는 그 효과가 가격을 하락시키거나 가격 상승을 방해했는지의 여부가 고려 대상이 된다. 관련공동체산업에 대한 결과적 영향에 대한 검토는 모든 관련경제적 요인에 대한 평가 및 산업의 상태와 관계가 있는 지표를 포함하여야 한다.[17] 예컨대, 해당 산업이 과거의 보조금 지급 또는 덤핑으로부터 회복하는 과정에 있다는 사실, 상계 가능한 보조금액, 판매, 이윤, 생산량, 시장점유율, 생산성,

---

13) 이사회규칙 597/2009, 9.3조.

14) 이사회규칙 597/2009,13.1조.

15) 이사회규칙 597/2009, 9.3조.

16) 이사회규칙 597/2009, 8.2조.

17) 이사회규칙 597/2009, 8.3조.

투자수익 또는 설비 가동률의 실제적 및 잠재적 감소, 공동체 가격에 영향을 미치는 요소, 자금순환, 재고, 고용, 임금, 성장, 자본조달능력 또는 투자에 대한 실제적 및 잠재적 부정적 효과 그리고 농업의 경우 정부지원계획상 부담의 증가가 있는 지 여부를 포함하여 산업의 상태에 영향을 미치는 모든 관련 경제적 요소 및 지표에 대한 평가 등이 그러한 검토에 고려된다.[18)]

2개국 이상으로부터 수입된 상품이 동시에 상계조치의 조사대상이 되는 경우, 각국으로부터 수입과 관련하여 설정된 보조금 지급액이 최소 허용수준인 종가기준 1%이상이고, 각국으로부터의 수입량이 무시할만한 수준이 아니며, 수입품간 경쟁조건 및 수입품과 공동체의 동종상품간 경쟁조건을 감안할 때 수입품의 효과를 누적적으로 평가하는 것이 적절하다고 결정하는 경우에는 수입품의 효과를 누적적으로 평가할 수 있다.[19)]

3) 실질적 피해의 위협

실질적 피해의 위협은 단순히 주장, 추측 또는 장래의 가능성이 아닌 사실에 근거하여야 한다. 보조금이 피해를 초래할 것이라는 상황을 창출하는 상황의 변화는 분명하게 예견 가능하고, 임박한 것이어야 한다. 실질적 피해의 위협을 결정하는데 고려되는 요소는 해당 보조금의 성격 및 이로부터 발생하는 무역효과, 실질적 수입증가의 가능성을 나타내는 공동체 시장에서의 보조금을 지급받은 수입품의 현저한 증가율, 추가적인 수출을 흡수하는 다른 수출시장의 이용 가능성을 감안하여, 공동체로의 보조금을 지급 받은 수출품의 실질적 증가 가능성을 나타내는, 충분하고 자유롭게 처분 가능한 수출자의 생산능력 또는 그러한 생산능력의 임박하고 실질적인 증가, 수입품이 현저하게 가격을 인하하거나 가격인상을 억제시키고, 추가 수입에 대한 수요를 증가시킬 가격으로 반입되는 지 여부 그리고 조사대상 상품의 재고 현황 등이다. 그러한 고려요소 전체가 보조금을 받은 수출품의 증가가 임박하고, 보호조치가 취해지지 않으면 실질적 피해가 발생할 것이라는 결론에 도달하게 하여야 한다.[20)]

---

18) 이사회규칙 597/2009, 8.5조.

19) 이사회규칙 597/2009, 8.4조.

20) 이사회규칙 597/2009, 8.9조.

③ 인과관계

상계조치가 부과되기 위해서는 상계 가능한 보조금의 존재 및 그로 인한 실질적 피해 또는 그러한 피해의 위협간 인과관계가 증명되어야 한다.[21] 동시에 공동체산업에 피해를 주는 것으로 다른 알려진 요인으로 인한 피해가 보조금이 지급된 수입품으로 인한 피해에 귀속되지 않도록 보장하기 위하여 다른 알려진 요인들이 검토되어야 한다. 그러한 검토에 고려될 수 있는 요소는 보조금을 받지 않은 수입품의 수량과 가격, 수요의 감소 또는 소비형태의 변화, 제3국과 공동체 생산자간 제한적 무역관행 및 이들 간 경쟁, 기술개발 및 공동체산업의 수출실적과 생산성이 포함된다.[22]

④ 상계가능 보조금액의 산정

상계 가능한 보조금액은 수혜자에 대하여 부여된 혜택으로서 보조금 지급에 대한 조사기간 동안 존재하는 것으로 확인된 혜택을 기준으로 산정된다. 일반적으로 동 기간은 수혜자의 가장 최근의 회계연도를 의미하지만, 믿을 수 있는 재정적 및 다른 관련 정보가 입수 가능하다면 조사개시로부터 적어도 6월 이전의 다른 기간이 될 수도 있다.[23]

수혜자에 대한 혜택과 관련하여 이사회규칙은 원산지국 또는 수출국 정부에 의한 재정적 기여가 있으면 혜택이 있는 것으로 간주하지만, 앞서 보조금의 정의에서 언급한 바와 같이 혜택을 부여하는 것으로 간주되지 않는 일정한 경우를 규정하고 있다.[24]

상계 가능한 보조금액은 공동체 내로 수출되는 보조금을 받은 상품의 단위 기준으로 확정하는데, 동 보조금액을 확정하는데 있어서 신청비용 또는 보조금의 지급자격을 충족하거나 보조금을 받기 위해 지급한 다른 비용, 수출세, 관세 또는 특별히 보조금을 상쇄시키기 위해 공동체로 수출된 상품에 부과되는 다른 요금은 보조금 총액에서 공제될 수 있다.[25]

보조금이 제조, 생산, 수출 또는 운송된 수량과 관계 없이 공여된 경우, 상계 가능한 보조금

---

21) 이사회규칙 597/2009, 15.1조.

22) 이사회규칙 597/2009, 8.4조.

23) 이사회규칙 597/2009, 5조.

24) 이사회규칙 597/2009, 6조 및 보조금의 정의에 관한 관련본문 내용 참조.

25) 이사회규칙 597/2009, 7.1조.

액은 총보조금액을 보조금 지급에 대한 조사기간에 해당 상품의 생산, 판매 또는 수출의 수준에 따라 적절하게 할당함으로써 확정한다.[26)]

보조금이 고정자산의 획득 또는 향후 획득과 관련될 수 있는 경우, 상계가능 보조금액은 보조금을 관련 산업 내의 그러한 자산의 정상적 감가상각을 반영하는 기간에 걸쳐 분배하여 산정한다. 감가상각이 되지 않는 자산의 경우, 보조금은 무이자 대출로 인정되어 실제 시장에서 조달할 수 있는 비교 가능한 상업적 차입에 대하여 지불하는 금액의 차이를 혜택으로 본다.[27)]

보조금이 고정자산의 획득과 관련이 없는 경우, 조사기간 중에 수여 받은 혜택은 원칙적으로 동 기간에 귀속되며, 다른 기간에의 귀속을 정당화시키는 특별한 상황이 발생하지 않는 한, 조사기간에 해당 상품의 생산, 판매 또는 수출의 수준에 따라 적절하게 할당된다.[28)]

⑤ 공동체 이익

상계조치의 부과결정은 공동체의 전반적인 이익에 반하지 않아야 한다. 공동체의 전반적인 이익에 대한 검토는 조사 결과에 의해 영향을 받을 수 있는 국내산업, 사용자 및 소비자를 포함하는 다양한 이해관계가 고려되어야 한다. 그러한 검토를 하는 경우, 피해를 초래하는 보조금에 의한 무역왜곡 효과를 제거하고, 효율적인 경쟁을 회복하기 위한 필요성을 특별히 고려하여야 한다.[29)] 조치의 부과가 공동체 이익에 부합하는 것인지 여부를 판단하는 과정에서 조사당국이 모든 견해와 정보를 고려할 수 있도록 하기 위하여 요청자, 수입자 및 그들의 대표단체, 사용자 대표단체, 소비자 대표단체는 상계관세 조사개시 공고에 명시된 기간 내에 자신의 존재를 알리고 유럽위원회 (European Commission)에 정보를 제출할 수 있다. 이러한 정보 또는 그에 대한 요약은 다른 당사자가 입수 가능하여야 하며, 그러한 정보에 대한 대응의 권리도 갖는다.[30)]

이들 이해당사자는 부과된 잠정조치의 적용에 대하여도 의견을 표명할 수 있으며, 그러한

26) 이사회규칙 597/2009, 7.2조.

27) 이사회규칙 597/2009, 7.3조.

28) 이사회규칙 597/2009, 7.4조.

29) 이사회규칙 597/2009, 31.1조.

30) 이사회규칙 597/2009, 31.2조.

의견은 해당 조치의 적용일 이후 1개월 내에 접수되어야 한다. 유럽위원회는 적법하게 제출된 정보와 그 정보의 대표성을 검토하고, 분석의 결과와 자신의 의견을 함께 자문위원회에 송부한다. 유럽위원회는 자문위원회가 표명한 의견을 이사회에 제출할 자신의 제안에 고려하여야 한다.[31)]

특정성 있는 보조금의 존재 및 그로 인한 피해의 결정에 근거한 상계조치라도 제출된 정보에 근거하여 그러한 조치의 적용이 공동체 이익을 위한 것이 아니라는 분명한 결론이 도출되는 경우에는 상계조치를 적용하지 않을 수 있다.[32)]

【Ⅲ】 절차적 요건

① 절차 개시: 신청

상계조치 절차는 개인, 법인 또는 공동체산업을 대표하여 행동하는 법인격 없는 단체의 서면신청에 의하여 개시된다. 신청서는 유럽위원회에 제출되거나, 회원국에게 제출된 경우에는 유럽위원회에 송부되어야 한다. 그러한 신청이 없는 경우, 보조금 지급 및 그로 인한 공동체산업에 대한 결과적 피해에 관한 충분한 증거를 보유하고 있는 회원국은 그러한 증거를 즉시 유럽위원회에 전달하여야 한다.[33)]

서면신청은 상계조치가 가능한 보조금의 존재 (가능한 경우 금액 포함), 그로 인한 공동체산업에 대한 피해 및 보조금 지급이 주장되는 수입품과 주장되는 피해 간 인과관계에 관한 충분한 증거를 포함하여야 한다. 동 신청은 신청자에게 합리적으로 이용 가능한 다음의 정보를 포함하여야 한다: 신청자의 신원 및 신청자의 동종상품의 공동체 생산량과 가치에 대한 서술, 보조금이 지급된 것으로 주장되는 상품, 원산지국 또는 수출국명, 각 알려진 수출자 또는 외국인 생산자의 신원에 대한 기술 및 해당 상품을 수입하는 것으로 알려진 사람의 목록, 해당 보조금의 존재, 금액, 성격 및 상계가능성에 관한 증거, 보조금을 지급받은 것으로 주장되는 수입량의 변화, 공동체 시장에서 동 수입품의 동종상품 가격에 대한 영향 및 공동

31) 이사회규칙 597/2009, 31.4조.

32) 이사회규칙 597/2009, 31.1조.

33) 이사회규칙 597/2009, 10.1조.

체산업의 상황과 관련된 요소 및 지표에 의해 증명된 공동체산업에 대한 결과적 영향.

상계조치조사는 동종상품의 공동체 생산자에 의해 표명된 지지 또는 반대의 정도에 대한 검토에 기초하여, 동 신청이 공동체산업을 대표하여 이루어진 것이라는 결정이 난 후에 개시된다. 동 조사신청에 대하여 지지 또는 반대 의사를 표명한 공동체산업이 생산한 동종상품의 총생산의 50% 이상을 구성하는 공동체 생산자들에 의하여 동 조사신청이 지지되면 그러한 신청은 공동체산업에 의하여 또는 공동체산업을 대표하여 이루어진 것으로 간주된다.[35]

각 회원국 대표로 구성되고, 유럽위원회 대표가 의장인 자문위원회가 조사신청을 검토한다. 협의 후 절차의 개시를 정당화하는 충분한 증거가 있음이 분명한 경우 유럽위원회는 신청서가 접수 된 45일 이내에 절차를 개시하고, 관보인 OJ에 조사의 개시를 공고하여야 한다.[36] 동 공고에는 관련상품과 국가를 명시하고, 접수한 정보에 대한 개요와 이해 당사자들이 동 조사의 개시를 인지하고 그들의 견해를 표명할 수 있는 기간을 명시하여야 한다.[37] 증거가 불충분한 경우, 45일 이내에 신청자에게 그 사실을 통보하여야 한다.[38]

조사개시 여부에 관한 결정에는 보조금 및 피해에 관한 증거가 동시에 고려되어야 한다. 그러한 증거가 불충분한 경우 조사신청은 기각된다. 그 수입품이 1% 미만의 시장점유율을 나타내고, 그러한 국가에서 생산된 수입품이 집단적으로 공동체 소비의 3% 미만에 해당하는 경우에는 조사가 개시되지 않는다.[39] 상계조치조사 신청은 절차 개시 전에 철회될 수 있으며, 그러한 경우 신청되지 않은 것으로 간주한다.[40]

유럽위원회는 특별한 상황에서 공동체산업에 의한 또는 공동체산업을 위한 상계조치조사 신청서의 접수 없이 그러한 조사의 개시를 직권으로 결정할 수 있다. 그러한 경우, 조사개시 결정은 그러한 개시를 정당화하는 상계 가능한 보조금의 존재, 피해 및 인과관계 등에 대한 충분한 증거에 기초하여 이루어져야 한다.[41]

---

34) 이사회규칙 597/2009, 10.2조.

35) 이사회규칙 597/2009, 10.8조.

36) 이사회규칙 597/2009, 10.13조.

37) 이사회규칙 597/2009, 10.14조.

38) 이사회규칙 597/2009, 10.13조.

39) 이사회규칙 597/2009, 10.11조.

40) 이사회규칙 597/2009, 10.12조.

② 조사

유럽위원회는 회원국과 협력하여 공동체 차원의 조사를 하여야 한다. 상계조치조사는 보조금 지급과 피해에 관한 조사를 포함하며, 그러한 조사는 동시에 이루어진다. 보조금 지급의 조사기간은 절차 개시 직전 보통 적어도 6개월의 기간을 포함하는 기간으로 선정되어야 한다.[42] 유럽위원회는 관련 당사자들에게 질의서를 발송하며, 관련 당사자는 적어도 30일 이내에 동 질의서에 답변하여야 한다.[43]

유럽위원회는 회원국에게 정보제공을 요청할 수 있으며, 회원국은 그러한 요구에 대하여 필요한 조치를 취해야 한다.[44] 특히 수입자, 무역업자와 공동체의 생산지에 대하여 모든 필요한 검사 및 시찰을 수행하고, 관련 회사가 이에 동의하고 해당 국가의 정부가 이의를 제기하지 않을 경우 유럽위원회는 제3국에서 조사를 수행할 것을 요청할 수 있다. 회원국은 그러한 요청을 시행하기 위하여 필요한 조치를 취해야 한다.[45]

OJ에 공고된 기간 내에 이해당사자가 공청회를 서면으로 요청한 경우 이들은 의견을 진술할 수 있는 기회를 가져야 한다. 그러한 공청회의 서면요청은 그들이 절차의 결과에 의하여 영향을 받는 이해당사자라는 것과 공청회가 필요한 특정 이유가 있음을 제시하여야 한다.[46]

조사는 가능한 한 1년 이내에 종결되어야 한다. 어떠한 경우에도 그러한 조사는 가격약속에 따른 결정 또는 확정상계관세의 부과에 대한 결정에 따라 조사개시 13개월 내에 종료되어야 한다.[47] 유럽위원회는 조사과정에서 원산지국 또는 수출국에게 사실 상황을 명확하게 하고, 상호 합의된 해결책을 도출하기 위하여 협의를 지속하기 위한 합리적인 기회를 제공하여야 한다.[48]

41) 이사회규칙 597/2009, 10.10조.
42) 이사회규칙 597/2009, 11.1조.
43) 이사회규칙 597/2009, 11.2조.
44) 이사회규칙 597/2009, 11.3조.
45) 이사회규칙 597/2009, 11.4조.
46) 이사회규칙 597/2009, 11.5조.
47) 이사회규칙 597/2009, 11.9조.
48) 이사회규칙 597/2009, 11.10조.

③ 잠정조치 부과

잠정조치는 상계조사 개시가 이사회규칙에 따라 개시되었고, 그러한 조사의 개시가 OJ에 공표되어 이해당사자가 의견을 제시할 수 있는 정보와 적절한 기회를 제공받았고, 수입품이 상계 가능한 보조금으로부터 혜택을 받고 공동체산업에 결과적인 피해를 초래하였다는 잠정적 긍정결정이 내려지며, 공동체 이익이 그러한 피해를 방지하기 위해 개입을 요청하는 경우 잠정상계관세의 형식으로 부과된다.

잠정상계관세는 조사 개시일로부터 60일 이내에는 부과될 수 없으며, 조사 개시일로부터 9개월 내에 부과될 수 있다. 잠정상계관세의 수준은 잠정적으로 확립된 상계 가능한 보조금 총액을 초과할 수 없으며, 보다 낮은 수준의 관세가 공동체산업에 대한 피해를 제거하기 위하여 충분하다면 잠정상계관세의 수준은 그 보다 낮아야 한다.[49] 잠정관세는 보증에 의해 확보되어야 하며, 관련 상품의 공동체 내에서의 자유로운 유통을 위한 방출은 그러한 보증이 조건이 되어야 한다.[50]

유럽위원회는 자문위원회와 협의 후에 또는 극도의 긴급상황인 경우 회원국에게 통보한 후에 잠정조치를 취해야 한다. 후자의 경우 늦어도 회원국에 통보한 후 유럽위원회가 조치를 취한 날로부터 10일 이내에 협의가 개최되어야 한다.[51] 회원국이 유럽위원회의 즉각적인 개입을 요청한 경우, 잠정조치의 부과가 조사 개시 후 60일 내에는 적용되지 않아야 한다는 요건과 최소관세 부과 요건을 충족시키는 경우 유럽위원회는 그러한 요청을 받은 날로부터 최대 5일 이내에 잠정상계관세의 부과 여부를 결정하여야 한다.[52] 유럽위원회는 잠정조치에 대한 결정을 이사회와 회원국에게 통보하여야 하고, 이사회는 가중다수결로서 그러한 결정에 대하여 달리 결정할 수 있다.[53] 잠정상계관세는 최대한 4개월의 기간 동안 부과될 수 있다.[54]

---

49) 이사회규칙 597/2009, 12.1조.

50) 이사회규칙 597/2009, 12.2조.

51) 이사회규칙 597/2009, 12.3조.

52) 이사회규칙 597/2009, 12.4조.

53) 이사회규칙 597/2009, 12.5조.

54) 이사회규칙 597/2009, 12.6조.

④ 약속

유럽위원회는 보조금 및 피해의 존재에 대한 잠정적 긍정결정이 내려진 것을 조건으로 수출국 또는 수출자가 제안하는 만족스러운 자발적 약속을 다음의 요건에 따라 수락할 수 있다.[55]:

- 원산지국 또는 수출자가 보조금을 철폐 또는 제한하고, 그 효과와 관련된 기타 조치들을 취하는데 동의하는 경우
- 또는 수출자가 가격을 수정하거나 수출자가 상계 가능한 보조금의 혜택을 받는 만큼 해당 지역으로의 수출을 중단한다고 약속을 하고, 유럽위원회가 자문위원회와 협의 후 그로 인하여 보조금의 피해효과가 제거된다는 것을 확인하는 경우

그러한 약속이 유효한 한, 유럽위원회에 의해 부과된 잠정관세와 이사회에 의해 부과된 확정관세는 동 약속을 수락하는 유럽위원회결정 및 그러한 결정의 후속 개정에서 언급된 회사의 관련 수입품에 대하여 적용 되어서는 안 된다.

그러한 약속에 따른 수입품의 가격인상은 상계 가능한 보조금액을 상쇄하는데 필요한 수준 보다 높아서는 안되며, 상계 가능한 보조금액 보다 낮은 수준의 인상이 공동체산업에 대한 피해를 제거하는데 적절하다면, 가격인상은 그 미만이 되는 것이 바람직하다.[56] 반덤핑의 경우와 마찬가지로 동 규정은 권고적이어서 그 준수가 강제적이지는 않다. 즉, 반드시 상계관세율 미만으로 가격인상이 되어야 하는 것을 의미하는 것은 아니다.

유럽위원회는 실제 또는 잠재적 수출자의 수가 너무 많은 경우와 같이 그 약속의 수락이 현실적이지 않은 경우, 또는 일반 정책적 이유를 포함하는 기타 사유가 존재하는 경우 제안된 약속을 수락할 필요는 없다. 관련 수출자 또는 원산지국 또는 수출국은 약속 제안이 거절된 경우 거절사유를 제공받을 수 있으며, 그에 대한 의견을 제시할 기회를 부여받을 수 있다. 약속의 거절사유는 확정 결정에 제시되어야 한다.[57]

약속은 유럽위원회가 제안할 수도 있으나 어떤 국가 또는 수출자가 그러한 약속의 제안을 반드시 수락하여야 할 의무가 있는 것은 아니다. 약속은 보조금 지급 및 그러한 보조금 지급

55) 이사회규칙 597/2009, 13.1조.

56) 이사회규칙 597/2009, 13.1조.

57) 이사회규칙 597/2009, 13.3조.

으로 인하여 초래된 피해에 대한 예비적 긍정결정이 내려진 후에 제안될 수 있다.[58)]

약속은 자문위원회와의 협의 후에 수락되고, 자문위원회가 어떠한 반대도 제기하지 않은 경우 동 조사는 종료되어야 한다. 유럽위원회는 자문위원회와의 협의 결과를 조사 종료에 대한 제안과 함께 이사회에 제출하여야 한다. 이사회가 가중다수결로서 달리 결정하지 않는 한 조사는 1개월 내에 종료되어야 한다.[59)]

약속이 수락된 경우라 할지라도 보조금 및 피해 조사는 통상적으로 완료되어야 한다. 그러한 경우 보조금 또는 피해에 대한 부정결정이 내려진 경우 약속은 자동적으로 소멸하는데, 그러한 결정이 어떤 약속의 존재에 대부분 기인하는 경우는 예외로 한다. 그러한 경우 합리적 기간 동안 약속이 유지될 것이 요구될 수 있다. 보조금 및 피해 긍정결정이 내려진 경우 약속은 조건 및 이사회규칙의 규정에 따라 지속되어야 한다.[60)]

약속 당사자에 의한 약속 위반 또는 철회의 경우, 또는 유럽위원회에 의한 약속 수락의 철회의 경우 동 약속은 협의 후에 적절한 경우 유럽위원회결정 또는 규칙에 의하여 철회되어야 하고, 유럽위원회에 의해 부과된 잠정상계관세 또는 이사회에 의해 부과된 확정상계관세는 그러한 수출자 또는 국가에게 의견 제시의 기회가 주어진 것을 조건으로 자동적으로 적용되어야 한다. 관련 수출자 또는 원산지국 또는 수출국 자신이 약속을 철회한 경우는 그러한 조건의 예외가 된다.[61)]

모든 이해당사자 또는 회원국은 약속 위반의 *prima facie* 증거를 제시하는 정보를 제시할 수 있다. 약속 위반 여부에 대한 후속 평가는 통상적으로 6개월 내에 종결되어야 하고, 충분히 구체화된 요청이 있는 경우 9개월 내에 종결되어야 한다. 유럽위원회는 약속을 감시하는데 있어서 회원국 관할기관의 지원을 요청할 수 있다.[62)] 약속이 위반되고 있다고 믿을 이유가 있거나 또는 약속에 이르게 한 조사가 종결되지 않은 경우의 약속 위반 또는 철회의 경우 이용 가능한 정보에 기초하여 잠정상계조치가 자문위원회와의 협의 후에 부과될 수 있다.[63)]

---

58) 이사회규칙 597/2009, 13.2조.

59) 이사회규칙 597/2009, 13.5조.

60) 이사회규칙 597/2009, 13.6조.

61) 이사회규칙 597/2009, 13.9조.

62) 이사회규칙 597/2009, 13.9조.

63) 이사회규칙 597/2009, 13.10조.

5 확정조치 부과

이사회는 최종적으로 확립된 사실이 상계 가능한 보조금의 존재와 그로 인한 피해가 있음을 입증하고, 공동체 이익이 그러한 개입을 요청하는 경우 수입품에 대한 확정상계관세의 부과를 결정할 수 있다. 이사회가 유럽위원회의 확정상계관세의 부과제안에 대하여 자문위원회와의 협의를 거쳐서 단순다수결로 거절하기로 결정하지 않는 한 동 제안은 채택된다.

잠정관세가 발효 중인 경우 확정조치를 위한 제안은 동 잠정관세의 만료 전 적어도 1개월 전에 제출되어야 한다. 잠정상계관세와 마찬가지로 확정상계관세의 총액은 상계 가능한 보조금액을 초과하지 않아야 하며, 보다 낮은 수준의 관세가 공동체산업에 대한 피해를 제거하기에 적절하다면 상계 가능한 총 보조금액 보다 적어야 한다.[64]

상계관세는 상계 가능한 보조금으로 혜택을 받고 있고, 피해를 초래한다고 결정된 모든 수입원으로부터의 수입품에 대하여 각 경우에 있어서 적절한 수준으로 비차별적으로 부과되어야 한다. 단, 가격약속이 수락된 수입원으로부터의 수입품은 제외된다.[65] 유럽위원회가 표본조사규정에 따라 조사를 한정시킨 경우, 이사회규칙의 샘플링규정[66]에 따라 자신의 입장을 표명한 수출자 또는 생산자로부터의 수입품에 적용되는 모든 상계관세가 동 샘플링 검토에 포함되지 않은 수입품에 대해서 적용될 때 샘플링의 당사자에게 설정된 상계 가능한 보조금의 가중평균금액을 초과해서는 안 된다. 제로 및 최소 상계 가능한 금액은 무시될 수 있으며, 이사회규칙 비 협력규정[67]에 인급된 상황에서 설정된 개별적 상계관세는 샘플링규정에 규정된 대로 계산된 개별 보조금지급액이 계산된 모든 수출자 또는 생산자로부터의 수입품에 적용되어야 한다.[68]

상계관세는 피해를 초래하는 상계 가능한 보조금의 효과를 상쇄시키는데 필요한 범위 내에서 필요한 기간만큼 유효하다.[69] 잠정조치와 확정상계관세는 결정이 내려진 이후 반입된 상품에 대해서만 적용된다.[70]

---

64) 이사회규칙 597/2009, 15.1조.

65) 이사회규칙 597/2009, 15.2조.

66) 이사회규칙 597/2009, 27조.

67) 이사회규칙 597/2009, 28조.

68) 이사회규칙 597/2009, 15.3조.

69) 이사회규칙 597/2009, 17조.

70) 이사회규칙 597/2009, 16조.

⑥ 재심

확정상계관세는 보조금 지급으로 인한 피해를 상쇄시키는데 필요한 범위 내에서 유효하다. 확정상계조치는 부과된 날짜로부터 5년이 되는 시점에 소멸하거나 또는 재심에 의해 동 조치의 만료가 피해의 지속 또는 재발을 초래할 가능성이 있는 것으로 결정되지 않는 한, 보조금 및 피해를 모두 포함하는 가장 최근의 재심의 종결 날짜로부터 5년이 되는 시점에 소멸한다. 상계조치의 재심에는 중간재심, 신속재심, 만료재심이 있다.

(1) 중간재심

확정상계조치가 부과된 5년의 기간 동안 조치의 계속적 부과의 필요성이 제기될 수 있는데 그에 대한 검토를 중간재심이라고 한다. 동 재심 요청은 수출자 또는 수입자 또는 그러한 중간재심의 필요성을 구체화한 충분한 증거를 포함하는 공동체 생산자의 요청에 의해 수행될 수 있는데 그러한 경우 확정조치의 부과로부터 적어도 1년의 합리적인 기간이 경과하여야 한다.[71]

중간재심의 요청서가 상계조치의 지속적인 부과가 상계 가능한 보조금을 상쇄하기 위해 더 이상 필요하지 않고, 조치가 제거 또는 변경된다면 그 피해가 지속 또는 재발되지 않을 것, 또는 기존조치가 피해를 초래하는 상계 가능한 보조금을 중화시키는데 충분하지 않거나 또는 더 이상 충분하지 않다는 충분한 증거를 포함하는 경우 중간재심 절차가 개시되어야 한다.[72] 부과된 상계관세가 결정된 상계 가능한 보조금액 보다 적은 경우, 중간재심은 공동체 생산자 또는 기타 다른 이해관계자가 통상적으로 조치의 발효일로부터 2년 내에 원조사 기간 후와 조치부과 전 또는 후에 수출가격이 하락하였다거나 또는 공동체 내에 수입된 상품의 재판매 가격에 어떠한 변동도 없거나 불충분한 변동이 있었다는 증거를 제출한 경우에 개시될 수 있다. 조사 결과 그러한 혐의가 맞는 것으로 증명된 경우, 상계관세는 피해를 제거하기 위해 요구되는 가격인상을 달성하기 위하여 인상될 수 있다. 그러나 증가된 관세수준은 상계 가능한 보조금액을 초과해서는 안 된다.[73]

---

71) 이사회규칙 597/2009, 19.1조.

72) 이사회규칙 597/2009, 19.2조.

73) 이사회규칙 597/2009, 19.3조.

중간재심은 위의 조건에 따라 유럽위원회의 발의 또는 회원국의 요청에 의하여 개시될 수 있다.[74] 유럽위원회는 중간재심절차에 따라 보조금의 지급 및 피해와 관련한 상황이 상당히 변경되었는지 여부 또는 기존의 조치가 피해를 제거하는데 의도된 결과를 달성하고 있는 지 여부를 검토한다.[75]

(2) 신속재심

자신의 수출품이 확정상계관세 부과의 대상이 되었으나 원 조사기간 중 유럽위원회에 대한 협력 거부 외의 사유로 개별적으로 조사받지 않은 수출자는 유럽위원회가 그 수출자에 대한 개별 상계관세율을 신속하게 설정할 수 있게 하기 위하여 신속재심 (accelerated review)을 요청할 권리가 있다. 그러한 재심은 자문위원회와 협의 후 그리고 공동체 생산자들이 의견을 표명한 기회를 가진 후에 개시되어야 한다.[76]

(3) 만료재심

확정상계조치는 부과된 날짜로부터 5년 시점에 소멸하거나 또는 동 조치의 만료가 보조금지급 및 피해의 지속 또는 재발을 초래할 가능성이 있는 것으로 재심에서 결정되지 않는 한, 보조금의 지급 및 피해를 포함하는 가장 최근의 재심의 종결날짜로부터 5년 시점에 소멸한다. 임박한 조치의 만료공고가 조치의 적용기간 최종 연도의 적절한 시점에 OJ에 공표되어야 하는데, 공동체 생산자들은 그 5년의 기간이 끝나기 전 만료재심을 신청 할 권리를 갖는다. 동 재심에 따라 조치의 실제 만료를 알리는 공고도 공표되어야 한다.[77]

만료재심은 유럽위원회의 발의나 공동체 생산자의 요청 또는 공동체 생산자를 위하여 개시되어야 하고, 그러한 재심의 결과가 나올 때까지 확정상계조치는 유효하다.[78] 만료재심은 동 재심의 요청서에 조치의 만료가 보조금의 지급 및 피해의 지속 또는 재발의 결과를 초래

---

74) 이사회규칙 597/2009, 19.3조.

75) 이사회규칙 597/2009, 19.4조.

76) 이사회규칙 597/2009, 20조.

77) 이사회규칙 597/2009, 18.4조.

78) 이사회규칙 597/2009, 18.1조.

할 가능성이 있다는 충분한 증거를 포함하는 경우에 개시되어야 한다. 그러한 가능성은 예컨대, 지속되는 보조금 지급 및 피해의 증거 또는 피해의 제거가 부분적으로 또는 단독으로 상계조치의 존재에 기인한다는 증거 또는 수출자의 상황 또는 시장조건 그 자체가 장래의 피해를 유발하는 보조금 지급의 가능성을 나타낸다는 증거에 의해 표시될 수 있다.[79]

만료재심 조사를 수행하는데 있어 수출자, 수입자, 원산지국 또는 수출국 그리고 공동체 생산자는 재심요청에 제시된 사안에 대하여 부연 설명, 반박 또는 의견을 제시할 기회를 제공 받아야 하며, 결론은 동 확정상계조치의 만료가 보조금 지급 및 피해의 지속 또는 재발을 초래할 가능성이 있는 지 여부의 문제와 관련하여 제시된 모든 관련 그리고 충분한 서류증거를 고려하여 도출되어야 한다.[80]

【Ⅳ】 상계조치의 우회

① 의의

이사회규칙에 따라 부과된 상계관세는 유효한 조치에 대한 우회가 발생한 경우 약간의 변형여부에 상관 없이 제3국산 동종상품의 수입품 또는 조치의 대상이 되는 국가의 약간 변형된 동종상품 또는 그러한 상품의 부품에 확대되어 부과될 수 있다.[81] 상계조치의 우회란 제3국과 공동체간 또는 조치의 대상이 되는 국가의 개별 기업과 공동체 간 무역 패턴의 변화로 정의된다. 관세 부과 외의 정당한 이유 또는 경제적 정당성이 부족한 관행, 공정 또는 작업에서 발생하는 변화로, 그러한 변화에 대한 피해의 증거 또는 피해 또는 관세의 구제적 효과가 동종상품의 가격 또는 물량의 측면에서 훼손되고 수입된 동종상품 또는 그 부품이 보조금으로부터 여전히 혜택을 받는다는 증거가 있는 경우를 의미한다.

관행, 공정 또는 작업은 통상적으로 상계조치의 대상이 되지 않는 관세 코드에 해당하는 상품으로 만들기 위하여 관련 상품을 약간 변경하는 것으로 다음의 경우를 포함한다.[82]

---

79) 이사회규칙 597/2009, 18.2조.

80) 이사회규칙 597/2009, 23.1조.

81) 이사회규칙 597/2009, 23.1조.

82) 이사회규칙 384/96, 13.1조.

- 만약 그 변경이 상품의 본질적인 특징을 변경시키지 않는 경우
- 제3국을 통한 조치 대상 상품을 위탁하는 경우
- 수출자 또는 생산자가 제조사의 상품에 적용 가능한 관세율 보다 낮은 개별관세의 혜택을 받는 생산자를 통하여 상품을 공동체에 수출시키기 위하여 조치 대상국에서의 판매 패턴 및 채널을 재조직하는 경우.

② 조사절차

상계조치의 우회에 관한 조사는 우회요소에 관한 충분한 증거에 근거하여 유럽위원회의 직권 또는 회원국의 요청 또는 이해관계당사자의 요청에 의하여 개시되어야 한다. 조사개시는 자문위원회와의 협의 후에 유럽위원회규칙으로 회원국 관세당국에 수입품을 등록 대상이 되게 하거나 보증금을 요구하도록 지시할 수 있다. 상계조치의 우회에 관한 조사는 유럽위원회가 수행하며, 회원국 관세당국의 지원을 받을 수 있다. 조사는 9개월 내에 종결되어야 한다. 최종적으로 확인된 사실이 상계조치의 확대를 정당화 할 경우, 자문위원회와 협의 후 유럽위원회가 제출한 제안에 대하여 이사회결정으로 동 상계조치가 확대될 수 있다. 유럽위원회의 상계조치 확대에 대한 제안은 이사회가 유럽위원회의 제안을 제출한 날로부터 1개월 내에 단순 다수결로서 동 제안을 거부하기로 결정하지 않는 한 채택된다. 조치의 확대는 이사회규칙에 따라 부과된 등록일 또는 보증금이 요구된 날로부터 발효된다.[83]

③ 반 우회 조치

발효 중인 상계조치의 우회가 결정된 경우 이사회규칙에 따라 부과된 상계관세는 약간의 변형여부에 상관 없이 제3국산 동종상품의 수입품 또는 조치의 대상이 되는 국가의 약간 변형된 동종상품 또는 그러한 상품의 부품에 확대되어 부과될 수 있다. 발효 중인 조치의 우회가 발생한 때 잔여 확정상계관세를 초과하지 않는 상계관세는 조치의 대상이 되는 국가 내의 개별 회사의 수입품에 대하여 확대될 수 있다.[84]

수입품은 동 이사회규칙에 따른 등록 또는 면제의 혜택을 받는 회사에 의해 거래될 때 상

83) 이사회규칙 597/2009, 23.2조.

84) 이사회규칙 597/2009, 23.2조.

계조치의 대상이 되어서는 안 된다. 증거에 의해 정당하게 입증되는 면제요청은 조사를 개시하는 유럽위원회규칙에 설정된 시한 내에 제출되어야 한다. 관행, 공정 또는 작업의 우회가 공동체 밖에서 발생한 경우, 상계조치의 대상이 되는 어떠한 생산자와도 관련이 없다는 것과 동 이사회규칙에 정의된 우회관행에 연루되지 않았다는 것을 증명할 수 있는 관련상품의 생산자에게 동 조치의 면제가 허용될 수 있다.[85)]

관행, 공정 또는 작업의 우회가 공동체 내에서 발생한 경우, 조치의 대상이 된 생산자와 관련이 없다는 것을 증명하는 생산자에게 동 조치의 확대로부터의 면제가 허용될 수 있다. 그러한 면제는 자문위원회와의 협의를 거쳐 유럽위원회결정 또는 조치를 부과하는 이사회결정에 의해 허용될 수 있으며, 그러한 결정에 명시된 조건에 따라 그 기간만큼 유효하다.[86)] 이사회규칙의 조건이 충족되는 것을 전제로, 상계조치의 확대를 위한 조사의 종결 후에도 면제가 허용될 수 있다. 조치의 확대로부터 적어도 1년이 경과하는 것을 전제로 하고, 면제를 요청하거나 잠재적으로 요청할 다수의 당사자가 상당한 경우, 유럽위원회는 상계조치의 확대에 대한 재심의 개시를 결정할 수 있다. 모든 재심은 동 이사회규칙에 따른 재심에 적용 가능한 대로 이사회규칙에 일치하게 수행되어야 한다.[87)]

참고문헌

〈국내 · 외 문헌〉

박노형 · 이로리 (2007), 유럽연합(EU)무역구제제도 관련 법제도 연구, 법제처연구용역.

European Commission, Global Europe: Competing in the World (2006), http://ec.europa.eu/trade (2007년 10월 30일 검색)

European Commission, A Green Paper for public consultation: Europe's trade defense instrument in

85) 이사회규칙 597/2009, 23.3조.

86) 이사회규칙 597/2009, 23.3조.

87) 이사회규칙 597/2009, 23.3조, 이사회규칙 597/2009의 재심 관련규정은 19조 (중간재심), 20조 (신속재심).

a changing global economy, COM (2006)763 final, Brussels (6.12.2006)

Enlargement: Impact on Trade Defense, European Commission, http://europa.eu.int/comm./trade/issues/respectrules/tdi_enlarg/faqs.htm (2007년 10월 12일 검색).

EUROPA, Protection against trade barriers, http://europa.eu/scadplus/leg/en/lvb/r1107.htm (2007년 11월 1일 검색)

〈EU관보〉

Council Regulation (EC) No 597/2009 of 11 June 2009 on the protection against subsidized imports from countries not members of the European Community , OJ L288 (18.7.2009).

Council Regulation (EC) No 2026/97 of 6 October 1997 on the protection against subsidized imports from countries not members of the European Community, OJ L288 (21.10.1997)

Council Regulation (EC) No 1973/2002 of 5 November 2002 amending Regulation (EC) No 2026/97 on the protection against subsidized imports from countries not members of the European Community, OJ L 203, (7.11.2002)

제8장

EU의 무역구제제도(3): 세이프가드제도

제8장
EU의 무역구제제도 (3): 세이프가드제도

【I】 법적 근거

세이프가드조치는 수입이 급증하여 공동체 내 동종상품 또는 직접경쟁상품을 생산하는 공동체 생산자에 대하여 심각한 피해 (serious injury) 또는 그러한 피해의 위협을 초래하는 경우 부과되는 조치이다. 정상적인 무역관계에서 일시적으로 수입이 급증하여 국내산업에 피해를 주는 경우 국내산업을 보호하기 위하여 잠정적으로 취해지는 조치로서 덤핑 또는 보조금 지급 등의 불공정 무역행위로 초래된 국내산업의 피해를 구제하는 반덤핑조치 또는 상계조치와는 다른 성격을 갖는다. 세이프가드조치의 조사 신청은 개별 산업이 아닌 회원국 정부에 의해서만 가능하며, 조사 개시도 자문위원회를 통하여 회원국간 협의가 이루어진 후 가능하므로 그 조사개시 요건이 반덤핑조치와 상계조치에 비하여 상대적으로 엄격하다.

EU세이프가드조치제도의 법적 근거는 2009년 4월 20일 발효한 이사회규칙 260/2009[1]이다. 이사회규칙 260/2009 전의 EU세이프가드제도 기본규칙은 1994년 12월 31일 발효된 공동수입관리규칙인 이사회규칙 3285/94[2]인데, 동 이사회규칙은 발효된 이후 유럽위원회(European Commission)의 권한을 확대하고, 절차를 보다 명료하게 만드는 등의 방향으로 총 4차례[3] 개정되어 왔다. 기본규칙의 명확성과 합리성을 위하여 이사회규칙 260/2009에 의해

1) Council Regulation (EC) No 260/2009 of 26 February 2009 on the common rules for imports (OJ L84, 31.3.2009).

2) Council Regulation (EC) No 3285/94 of 22 December 1994 on the common rules for imports and repealing Regulation (EC) No 518/94 ,OJ L 349 (31.12.1994). 이하 제4장의 본문에서 '이사회규칙'은 세이프가드조치에 관한 이사회규칙을 가리킨다.

3) 동 이사회규칙이 제정된 후 총 4차례의 개정이 있었는데, 가장 최근의 두 차례의 개정 이사회규칙 2474/2000,

그 내용이 체계적으로 정리되었다.

【Ⅱ】 실체적 요건

세이프가드조치가 부과되기 위해서는 특정 상품의 수입이 급증하여 공동체내 동종상품 및 직접경쟁상품을 생산하는 공동체 생산자에 대해 심각한 피해 또는 심각한 피해의 위협을 초래하고, 그러한 수입 급증과 심각한 피해 또는 그러한 피해의 위협간의 인과관계가 존재하여야 한다. 세이프가드조치조사 시 수입급증을 검토함에 있어 GATT1994 XIX조의 WTO 관세 양허 후 예상하지 못한 상황의 발전 (unforeseen development)으로 인한 수입급증도 반드시 고려되어야 한다.

① 수입급증

공동체 생산자들에 대한 심각한 피해 또는 피해의 위협을 초래하는 수입경향, 수입조건의 검토에는 특히 다음의 요소가 포함된다.[4)]

- 수입량, 특히 공동체 생산 또는 소비에 비해 절대적 또는 상대적으로 상당한 증가가 있었는지 여부
- 수입품의 가격, 특히 공동체 내의 동종상품의 가격과 비교하여 상당한 가격인하가 있는 경우
- 생산, 생산설비, 재고, 판매, 시장점유, 가격, 이윤, 자본회수, 현금흐름, 고용과 같이 특정 경제적 요소에 의해 나타나는 공동체 생산자들에 대한 결과적 영향
- 관련 공동체 생산자에 대하여 피해를 초래하거나 초래할 수 있었던 수입 경향 외의 요소 등.

이사회규칙 2200/2004은 동 이사회규칙이 적용되었던 부속서의 섬유, 의류제품에 관한 사항으로 동 이사회규칙의 적용범위에 관한 내용이다. 이사회규칙 3285/94는 섬유, 의류제품에 대한 특별세이프가드규칙인 이사회규칙 517/94 (Council Regulation (EC) No 517/94 on common rules for imports of textile products from certain third countries not covered by bilateral agreements, protocols or other arrangements, or by other specific Community import rules (OJ L67, 10.3.94) 의 대상이 되는 섬유제품과 비시장경제국의 상품에 대한 이사회규칙 519/94 (Council Regulation (EC) No 519/94 on common rules for imports from certain third countries and repealing Regulation (EEC) No 1765/82, 1766/82 and No 3420/83, OJ L67 (10.3.1994)) 의 대상이 되는 제3국산 상품에는 적용되지 않는다.

4) 이사회규칙 260/2009, 10.1조.

공동체 생산자는 공동체 영토 내에서 동종 또는 직접경쟁상품 전체로서의 생산자를 의미하거나, 또는 동종 또는 직접경쟁상품의 집단적 산출물이 동 상품의 전체 공동체 생산의 대부분을 구성하는 경우의 생산자를 의미한다.[5)]

② 피해

심각한 피해는 공동체 생산자의 지위에 있어서 상당한 전반적인 손상을 의미하며, 심각한 피해의 위협은 분명히 임박하고 심각한 피해를 의미한다. 심각한 피해에 대한 위협이 주장된 경우 유럽위원회는 특정 상황이 실제의 피해로 발전할 가능성이 있는 것으로 명백하게 예견 가능한 것인 지 여부를 결정하여야 한다. 이러한 점에서 공동체로의 수출 증가율, 원산지국 또는 수출국에서의 현재의 수출량, 가까운 장래에 예견 가능한 수출량 및 수출량이 공동체로의 수출에 이용될 가능성과 같은 요인들을 고려하여야 한다.[6)]

③ 인과관계

세이프가드조치가 부과되기 위해서는 특정 상품의 수입 급증과 동종 또는 직접경쟁상품을 생산하는 공동체 생산자들에 대한 심각한 피해 또는 피해의 위협간에 인과관계가 존재하여야 한다.

【Ⅲ】 절차적 요건

① 절차 개시: 신청

회원국은 세이프가드조치를 요구하는 것으로 보이는 수입의 변화를 유럽위원회에 통보하여야 한다.[7)] 회원국의 요청 또는 유럽위원회의 발의로 협의가 자문위원회 내에서 개최될

---

5) 이사회규칙 260/2009, 5.3조.

6) 이사회규칙 260/2009, 16.1조.

7) 이사회규칙 260/2009, 2조, 4조.

수 있다.[8] 그러한 협의는 수입조건, 경제적 상업적 상황 및 취해질 조치에 대하여 검토하는 것을 목적으로 한다.[9] 협의 후에 세이프가드조치 조사의 개시를 정당화하기에 충분한 증거가 있는 경우, 유럽위원회는 한달 내에 세이프가드 조치조사를 개시하고, 관보인 OJ에 절차의 개시를 정당화하는 정보를 요약하여 공표하여야 한다.[10]

회원국이 유럽위원회의 개입을 요청한 경우, 유럽위원회는 그러한 요청을 받은 날로부터 최대 5일 이내에 조사개시 여부에 대한 결정을 내려야 한다.[11] 유럽위원회의 결정은 이사회와 회원국에게 통보되어야 하며, 그러한 통보가 이루어진 날로부터 1개월 이내에 회원국은 그 결정을 이사회에 회부할 수 있다.[12] 회원국이 유럽위원회 결정을 이사회에 회부하는 경우 이사회는 가중다수결로 그 결정을 확인하거나, 수정하거나 또는 취소할 수 있다. 동 사안이 이사회에 회부된 지 3개월 이내에 이사회가 어떤 결정도 내리지 않는다면, 유럽위원회의 결정은 취소된 것으로 간주된다.[13]

② 조사

유럽위원회는 자문위원회와의 협의를 거쳐 회원국이 요청한 날로부터 1개월 내에 조사를 개시하여야 하고, 관보인 OJ에 이를 공고하여야 한다. 그러한 공고는 접수된 정보의 요약본과 유럽위원회에 제공되어야 할 모든 관련 정보, 관련 당사자들이 서면으로 자신의 의견을 표명하고, 정보를 제출할 기간과 구두로 의견을 표명할 수 있는 기간도 명시하여야 한다.[14] 유럽위원회는 필요하다고 간주되는 모든 정보를 수집할 수 있으며[15], 공청회를 통하여 관련 당사자들의 의견을 수렴할 수 있다.[16]

---

8) 이사회규칙 260/2009, 3조.
9) 이사회규칙 260/2009, 4.3조.
10) 이사회규칙 260/2009, 6조.
11) 이사회규칙 260/2009, 16.6조.
12) 이사회규칙 260/2009, 16.7조.
13) 이사회규칙 260/2009, 16.8조.
14) 이사회규칙 260/2009, 6.1(a)조.
15) 이사회규칙 260/2009, 6.2조.
16) 이사회규칙 260/2009, 6.3조.

세이프가드조치 조사는 해당 상품의 수입이 관련 공동체 생산자에게 심각한 피해 또는 그러한 피해의 위협을 초래하는 지 여부를 결정한다. 일단 조사가 개시되면 유럽위원회는 조사의 수행에 필요하다고 간주하는 모든 정보를 구하고, 검증하여야 한다. 이해당사자와 수출국 대표는 공동체 당국 또는 회원국에 의해 준비된 내부 문서를 제외하고, 서면 요청 시 동 조사와 관련되어 유럽위원회에게 이용 가능한 모든 정보를 검토할 수 있다. 단, 그러한 정보가 그들의 사건과 관련이 있고, 기밀이 아니어야 한다.[17] 회원국은 조사되고 있는 상품의 시장상황의 변화와 관련하여 그 처분 하에 있는 정보들을 요청에 따라 그리고 유럽위원회에 의해 제시된 절차에 따라 제공하여야 한다.[18] 이사회규칙에 의하거나 동 규칙에 따라 유럽위원회가 정한 시한 내에 정보가 제공되지 않거나 조사가 상당히 방해를 받는 경우, 결정은 이용 가능한 정보에 근거하여 내려질 수 있다. 유럽위원회가 이해당사자나 제3국이 허위 또는 오도하는 정보를 제공하였다고 결정하는 경우, 유럽위원회는 그 정보를 무시하고 이용 가능한 정보를 활용할 수 있다.[19] 협의 후에 유럽위원회가 조사를 개시할 만큼 증거가 충분하지 않다고 판단하는 경우 그 결정을 회원국의 정보를 접수한 날로부터 1개월 내에 동 회원국에게 통보하여야 한다.[20]

유럽위원회는 세이프가드조치조사의 종료 시점에 자문위원회에 결과보고서를 제출하여야 한다.[21] 유럽위원회가 조사 개시 후 9개월 내에 어떠한 공동체 감시 또는 세이프가드조치도 필요하지 않다고 판단하는 경우 동 조사는 자문위원회와의 협의를 거친 후 1개월 내에 종결될 수 있다. 세이프가드조사의 종료결정은 조사의 주요 결론 및 근거에 대한 요약을 언급한 공고의 형태로 관보인 OJ에 공표되어야 한다.[22] 유럽위원회가 공동체의 감시 또는 세이프가드조치가 필요하다고 결정한 경우, 조사 개시일로부터 9개월 내에 필요한 결정을 취해야 한다. 예외적인 상황에서 이러한 시한은 최대 2개월 연장될 수 있다. 그러한 경우에도 연장기간 및 그 이유를 관보인 OJ에 공표하여야 한다.[23]

---

17) 이사회규칙 260/2009, 6.2조.

18) 이사회규칙 260/2009, 6.3조.

19) 이사회규칙 260/2009, 6.5조.

20) 이사회규칙 260/2009, 6.6조.

21) 이사회규칙 260/2009, 7.1조.

22) 이사회규칙 260/2009, 7.1조.

23) 이사회규칙 260/2009, 7.2조.

③ 잠정조치

잠정세이프가드조치는 세이프가드조치의 연기가 동종상품 또는 직접경쟁상품을 생산하는 공동체 생산자에게 회복하기 어려운 피해를 초래하고, 즉각적인 조치가 필요한 경우 그리고 예비결정이 증가된 수입이 동종 또는 직접경쟁상품을 생산하는 공동체산업에 심각한 피해를 초래하거나 그러한 위협이 있다는 명백한 증거를 제공하는 경우 조사의 어느 단계에서든 취해질 수 있다.[24] 그러나 잠정세이프가드조치의 부과는 200일을 초과하지 못한다.[25] 잠정세이프가드조치가 심각한 피해를 방지하거나 회복시킬 가능성이 있는 경우 잠정세이프가드조치는 기존의 관세 수준을 인상하는 형식으로 취해진다.[26] 심각한 피해 또는 피해의 위협이 존재하지 않는 것으로 결정되면 동 잠정세이프가드조치는 철회되고, 그러한 잠정조치의 결과 징수된 관세는 자동적으로 가능한 한 조속히 환급되어야 한다.[27]

④ 확정조치

유럽위원회가 세이프가드조치조사 종결 시 확정세이프가드조치가 필요하다고 판단한 경우, 조사개시일로부터 9개월 내에 필요한 조치를 취할 수 있다. 예외적인 상황에서 이러한 시한은 연장기간 및 이유의 요약을 명시하는 공고를 OJ에 공표 하고, 추가적으로 2개월 연장될 수 있다.[28]

세이프가드조치의 형태는 수량할당(quantitative quotas), 관세할당(tariff quotas) 등이 있는데, 세이프가드조치의 목적을 달성하기 위해 가장 적합한 조치를 선택할 수 있다. 동 조치의 부과 기간은 심각한 피해를 방지 또는 구제하고, 공동체 생산자 측면에서 구조조정을 촉진하는데 필요한 기간에 한정된다. 세이프가드조치의 부과기간은 잠정조치를 포함하여 4년을 초과할 수 없다. 예외적인 상황에서 세이프가드조치의 연장이 필요한 경우 동 조치의 총 부과기간은 8년을 초과할 수 없다. 세이프가드조치의 부과기간이 1년을 초과하는 경우, 동 조

24) 이사회규칙 260/2009, 8.1조.

25) 이사회규칙 260/2009, 8.2조.

26) 이사회규칙 260/2009, 8.3조.

27) 이사회규칙 260/2009, 8.4조.

28) 이사회규칙 260/2009, 8.4조.

치는 부과기간 동안 일정한 간격을 두고 점진적으로 자유화되어야 한다.[29)]

수입쿼터를 설정하는데 있어서 특히 다음의 사안이 고려되어야 한다. 가능한 한 전통적 무역흐름을 유지하는 것이 바람직하며, 통상의 계약조건으로 계약이 체결되었고, 그러한 계약이 관련 회원국에 의해 유럽위원회에 통보 되었다면, 체결된 계약에 따라 수출된 상품의 물량 그리고 쿼터 설정에서 추구된 목적달성을 위협하는 것으로부터 회피할 필요성이 고려되어야 한다.[30)] 모든 쿼터는 심각한 피해를 예방 또는 구제하기 위하여 다른 수준의 쿼터가 필요하지 않는 한, 이용 가능한 통계상 지난 3년의 대표기간에 걸친 수입의 평균 수준 보다 낮은 수준으로 설정되어서는 안 된다.[31)]

수입쿼터가 해당 상품의 공급국가들 간에 배분되는 경우, 그러한 배분은 공동체 내의 수입에 관련 상품을 공급하는데 실질적인 이해관계를 가진 공급자들과 합의되어야 한다. 합의가 이루어지지 않는 경우, 쿼터는 이전의 대표기간 동안 관련상품의 공동체 내 수입비중에 비례하여 공급국가들간에 배분되어야 한다. 상품의 무역에 영향을 미칠 수 있었거나 미칠 수 있는 모든 구체적 요소에 적절한 고려가 이루어져야 한다.[32)] 유럽위원회에서의 협의 수행의무가 무시되지 않는 것을 조건으로, 공동체는 하나 또는 그 이상의 국가를 원산지로 하는 수입품이 이전 대표기간 동안 관련 상품의 전체 수입증가와 관련하여 불균형한 비율로 증가하였다면, 심각한 피해의 경우에는 이러한 배분방법을 따르지 않을 수 있다.[33)]

상품의 수입이 이미 기존의 세이프가드조치의 대상이 된 경우 이전의 조치기간과 동등한 기간이 경과하기 전까지 그 상품에 추가적인 조치가 취해져서는 안 된다. 그러한 기간은 적어도 2년 미만이 되어서는 안 된다. 180일 또는 더 적은 기간의 세이프가드조치가 다시 부과될 수 있는데, 그 상품의 수입에 대한 세이프가드조치의 도입일로부터 적어도 1년이 경과한 경우와 동 조치의 도입일 바로 이전 5년의 기간 동안 그러한 세이프가드조치가 두 번 이상 동일상품에 부과되지 않은 경우이다.[34)]

WTO회원국인 개도국으로부터 당해 상품의 공동체로의 수입이 3% 미만이고, 조사대상국

---

29) 이사회규칙 260/2009, 20조.

30) 이사회규칙 260/2009, 16.3 (a)조.

31) 이사회규칙 260/2009, 16.3 (b)조.

32) 이사회규칙 260/2009, 16.4 (a)조.

33) 이사회규칙 260/2009, 16.4 (b)조.

34) 이사회규칙 260/2009, 22조.

이 2개국 이상인 경우 수입액 총액이 공동체 수입의 9% 미만인 경우에는 세이프가드조치를 부과할 수 없다.[35]

⑤ 재심

회원국의 요청 또는 유럽위원회의 발의로 유럽위원회는 세이프가드조치의 효과를 검토하고 동 조치에 대한 추가적인 자유화의 적절성 및 조치의 적용이 여전히 필요한지 여부를 검토하기 위하여 자문위원회와 협의를 한다. 세이프가드조치의 부과기간이 3년을 초과하는 경우 유럽위원회는 조치의 적용 기간 중간 시점에 그러한 협의를 모색하여야 한다.[36]

자문위원회의 협의 결과에 따라 세이프가드조치가 철회되거나 수정될 수 있다. 세이프가드조치가 이사회규칙으로 결정된 경우, 유럽위원회는 이사회에 동 조치를 철회 또는 수정할 것으로 제안하여야 하며, 이사회는 가중다수결로 그에 대한 결정을 하여야 한다. 기타 다른 모든 경우에서는 유럽위원회가 공동체의 세이프가드조치 및 감시조치를 수정 또는 철회하여야 한다.[37]

참고문헌

〈국내 · 외 문헌〉

박노형 · 이로리(2007), 유럽연합(EU)무역구제제도 관련 법제도 연구, 법제처연구용역.

European Commission, Global Europe: Competing in the World (2006), http://ec.europa.eu/trade (2007년 10월 30일 검색)

European Commission, A Green Paper for public consultation: Europe's trade defense instrument in

35) 이사회규칙 260/2009, 19조.

36) 이사회규칙 260/2009, 21.1조.

37) 이사회규칙 260/2009, 21.2조.

a changing global economy, COM (2006)763 final, Brussels (6.12.2006)

Enlargement: Impact on Trade Defense, European Commission, http://europa.eu.int/comm./trade/issues/respectrules/tdi_enlarg/faqs.htm (2007년 10월 12일 검색).

EUROPA, Protection against trade barriers, http://europa.eu/scadplus/leg/en/lvb/r1107.htm (2007년 11월 1일 검색)

〈EU관보〉

Council Regulation (EC) No 260/2009 of 26 February 2009 on the common rules for imports (OJ L84, 31.3.2009).

Council Regulation (EC) No 3285/94 of 22 December 1994 on the common rules for imports and repealing Regulation (EC) No 518/94 ,OJ L 349 (31.12.1994)

Council Regulation (EC) No 517/94 on common rules for imports of textile products from certain third countries not covered by bilateral agreements, protocols or other arrangements, or by other specific Community import rules ,OJ L67 (10.3.1994)

Council Regulation (EC) No 519/94 on common rules for imports from certain third countries and repealing Regulation (EEC) No 1765/82, 1766/82 and No 3420/83 , OJ L67 (10.3. 1994)

제 9 장

EU 환경정책

제9장
EU 환경정책

【I】 서 론

최근 선진국들은 청정생산과 자원순환형 사회경제 체제 구축을 위해서 환경규제를 지속적으로 강화하고 있으며, EU도 각종 환경관련 규제들을 도입하여 친환경적인 제품생산을 유도하고 있다. EU의 환경규제정책은 환경의 질을 유지 보호함으로서 인간의 건강보호를 목적으로 한다. 그리고 합리적인 방식으로 자연자원을 재이용하고, 지역적 혹은 지구적 환경문제를 해결하기 위하여 국제적 차원에서의 협력 등 제반조치를 취한다.[1)]

EU 환경기준은 EU 수출국에게는 이중적인 의미를 내포하고 있다. EU 환경규제조치는 가전제품 · 정보통신기기 등의 소비재로 확산되고 있어 환경기준을 충족시키지 못하는 역외국 기업들에게는 무역장벽으로 작용한다. 이면에는 유럽의 우수한 환경기술로 환경규제를 지속적으로 강화하고 있다. EU는 실질적으로는 수량규제, 반덤핑관세 등의 직접적인 수입규제보다 복잡한 환경규제로 수입품의 진입을 통제하고 있다. 또한, 유럽업계는 환경기준 자체를 제정하는 과정에도 EU 기업의 입장을 반영시켜, 수입품은 유럽시장에서 상대적으로 불리한 상황이다.

한국의 경우, EU 환경규제로 인해 한국기업의 수출에 적지 않은 영향을 미칠 것으로 전망되어 이에 따른 적절한 대응이 필요한 실정이다. 또한 국내기업들이 EU 환경규제로 인해 수

1) "Community policy on the environment shall contribute to pursuit of the following objects: preserving, protecting and improving the quality of the environment; protecting human health; prudent and rational of natural resources; promoting measures at international level to deal with regional or worldwide environmental problems" 1992 Treaty on European Union Article 130r(now 174).

출물량의 적기 생산 및 납품에 어려움이 발생하는 등 기업의 애로가 증대하고 있다. 그러나 다른 측면에서 EU의 환경기준은 이를 충족할 수 없는 국가 제품의 시장접근을 봉쇄시킴으로서 환경기준을 충족할 수 있는 국가제품에게는 보다 유망한 시장 환경을 제공한다는 긍정적인 측면이 있다. 특히, EU의 환경 기준은 세계 최고 수준인 만큼 이를 충족시킬 경우 제품의 국제적 경쟁력이 향상되어 EU 이외의 다른 시장 진출에도 큰 도움이 될 수 있다. 따라서 현행 EU 환경규제 뿐만 아니라 장기적인 관점에서 선진국의 산업환경정책 방향을 주시하고, 기업 활동 전 과정에 걸친 환경친화성을 제고하기 위한 계획 수립과 시행이 필요하다.

이러한 맥락에서 EU의 환경정책에 대한 연구의 필요성이 증대되고 있다. 9장은 EU의 환경규제정책에 관한 연구로서, EU 환경규제정책 시행에 따른 기업의 대응과 시사점을 중심으로 분석한다. 제 2절에서 EU 환경정책, 제 3절에서 한국의 대EU 주요 수출 품목인 자동차, 섬유 및 전자 분야의 EU 산업별 환경규제와 대응사례, 제 4절에서 기업과 정부차원의 EU 환경정책의 대응전략에 대해서 각각 분석한 후, 제 5절에서 결론을 도출한다.

【Ⅱ】 EU 환경정책

국제환경협약(교토의정서)에 근거하여 각국이 환경규제를 강화하고 있으며, 개별국 환경정책 목표 이행과정에서 환경관련 무역장벽의 확산이 심화되고 있다.[2] 또한 환경규제 도입과정에서 관련단체의 역할이 강화되는 특징이 있다. EU도 예외가 아니며, 세계 환경규제정책을 선도하고 있다. EU의 경우, 산업・환경문제 및 정책대응은 EU 환경청을 중심으로 회원국간에 합의하여 제정되며, 이에 따른 환경정책의 원칙과 기본방향은 개별 회원국 산업부문에 직접적인 영향을 미치고 있다.[3] 이러한 과정에서 최근 절차적 규정, 공공참여, 자발적 합의 등 신수단(New Instruments)은 EU 환경정책의 효율성을 향상시킨다.[4] Lenschow(2002)

2) 환경보전을 위한 세계 각국의 노력과 함께 환경보전 방침도 기존의 사후처리(EOP: end of pipe) 중심에서 오염물질 발생의 사전 예방 위주로 개편되고 있으며, 제품의 환경성을 개선하기 위한 여러 조치가 시행되고 있다. 제품이 환경에 미치는 총 영향 중 80% 이상은 디자인 과정에서 이미 결정되기 때문에 디자인, 제조, 유통, 사용 및 폐기 등 모든 단계에서 환경친화성을 고려한 환경정책을 추진하고 있다.

3) McCormick, J., Environment Policy in the European Union, The European Union Series, Palgrave, 2001.

4) 절차적 규정, 자율규제, 공공참여, 자발적합의 등 신수단(New Instruments)은 기본적으로 다음과 같은 두 가지 방법으로 EU 환경정책의 효율성을 제고한다. 첫째, 신수단은 회원국이 국내규제조건을 고려하여

는 EU의 경우, 지속가능한 발전(Sustainable Development)을 위하여 통합환경정책(EPI: Environmental Policy Integration)이 필요하다는 점을 강조하고 있다.

EU 환경정책은 무역규제조치 적용대상 범위 확대, 제조업자 및 수입업자에 대한 환경책임 의무 강화, 오염자 부담원칙에 의한 환경책임제도 도입 등의 특징이 있다.[5] 첫째, 무역규제조치 적용대상 범위 확대이다. EU의 환경기준 적용대상은 전기 · 전자, 기계, 자동차, 섬유 및 의류, 화학제품 등 거의 전 산업이다. 화학산업은 EU가 처음 환경기준 제정을 추진해 온 산업이며, 이어 자동차 산업에 대한 포괄적인 환경프로그램(Auto-Oil 프로그램)이 확정되면서 환경규제 대상이 다변화되어 전기 · 전자, 섬유 · 의류가 새로운 환경관련 규제대상이 되었다.[6]

둘째, 제조업자 및 수입업자에 대한 환경책임 의무 강화이다. EU의 각종 환경규제의 큰 특징은 품목 여하를 불문하고 제조업자와 수입업자의 의무 강화, 그리고 제품의 무료수거 및 재활용의무가 여러 산업으로 확산되고 있다는 점이다. 따라서 생산자 및 수출입업체의 직접적인 비용부담은 크게 늘 것으로 예상된다. 특히, 수거 및 재활용 의무는 역외국 업체에 더 불리하여, 경쟁력 약화로 이어질 수 있다. 따라서 폐기물 생산량이 적고 환경친화적인 제품이 가격 경쟁력과 마케팅 면에서 유리하다.

셋째, 오염자 부담원칙에 의한 환경책임제도의 도입이다. EU 집행위는 2002년 EU 역내의 수질토질오염의 지속에 따른 생물다양성(Bio-diversity)의 훼손 및 인간건강의 위협 등 환경적 피해를 복구하고, 이를 예방하는데 오염자 비용 부담원칙(Polluter-pays-principle)의 적용을

EU수준으로 되도록 영향을 미친다. 둘째, 수행과정에서 공공의 역할을 촉진(강조)하며, EU위원회는 환경정책의 사회적 지지와 관심을 증대할 목적이다. "New instruments (such as procedural regulation, self regulation, public participation and voluntary agreements) are expected to improve the effectiveness of EU environmental policy in basically two ways. First, they leave Member States more leeway to comply with EU requirements by taking account of domestic context conditions. In fact, the new flexibility may ease the decision making process as well as the subsequent implementation. Second, in promoting the role of the general public in the implementation process, the Commission aims at increasing the societal support and awareness with respect to its policies". Knill, C., and Lenschow, A., Implementing EU Environmental Policy: New Directions and Old Problems, (ed.), Manchester University Press, 2000. p. 251.

5) 河村寛治, 三浦哲男(編), 『EU環境法と企業責任』, 東京: 信山社, 2004. 유상희, "EU의 환경규제와 통상문제", 「동의논총」, 제34집, 2001, pp. 509~528.
EU 환경정책의 주요 원리는 오염자부담원칙, 지속가능개발의 원칙, 고도의 보호원칙, 예방의 원칙, 근접의 원칙, 통합의 원칙, 예외의 원칙, 과학적 기술적 자료 고려원칙, 보충성의 원칙, 국가기준준수의 원칙, 비례의 원칙, 사전예방의 원칙, 세이프가드원칙 등이 있다. J. McCormick(2001), op. cit., pp. 75~86. 이종원, "EU 환경정책의 발전단계와 주요 원리 그리고 규제현황", 「유럽학회 하계정책세미나집」, 2006, pp. 9~27.

주요 내용으로 하는 환경책임제(Environmental Liability)를 채택하였다.

다음은 EU의 주요 환경규제정책에 대해서 살펴본다. <표 1>에서 알 수 있듯이, EU의 주요 환경규제는 다음과 같은 5가지로 구분할 수 있다.

첫째, 전기 · 전자제품 폐기물처리지침(WEEE: Directive on Waste Electrical and Electronic Equipment)은 주요 전기 · 전자제품별로 회수(Recovery), 재사용(Re-use) 및 재활용(Recycle) 비율이 정해져 있으며, 이 비율을 준수하는 기업의 전기 · 전자제품만이 EU내에서 판매 가능하다는 지침이다.

둘째, 유해물질 사용제한지침(RoHS: Directive on the Restriction of the use of Hazardous Substances in electrical and electronic equipment)은 2006년 7월부터 납, 수은, 카드뮴, 6가크롬, PBB/PBDE(총 6종) 등 동 지침에 의해 사용이 제한되는 물질이 포함된 신규 전기 · 전자제품은 EU 역내에서 판매할 수 없다는 내용이다.

셋째, EU 에코디자인지침(EuP: Establishing a framework for the setting of eco-design requirements for Energy-using Products)은 에너지사용제품의 설계시 친환경적 디자인을 채택하는데, 이를 위해 에코디자인 필수요건(Essential Requirements)을 규정하고 세부 이행수단을 개발하도록 하는 기본지침이다.

넷째, 신화학물질관리정책(REACH: Registration, Evaluation, Authorization and restriction of Chemical)은 EU역내에서 거래되고 있는 화학물질에 대한 위험성 평가의 책임소재를 각 회원국 정부기관에서 해당 화학물질의 생산자로 변경하여 생산자가 일정규모 이상 생산 · 사용하는 물질을 등록하고 관련정보를 제공하도록 의무화하는 새로운 EU의 통합 화학물질 관리정책이다. REACH는 현재 추진 중인데 무역장벽화 가능성이 있어 한국은 한-EU 공동위를 통하여 한국 수출업체가 불이익을 받지 않도록 요청하고 있다.[7)]

다섯째, 폐자동차처리지침(ELV: Directive on End of Life Vehicles)은 EU가 자동차 폐기물 발생과 유해물질 사용억제를 위한 자동차 폐차처리지침(Directive)을 제정, 2003년 7월 이후 EU에서 판매되는 자동차 부품, 소재의 중금속 함유량을 규제하고 있다.

---

6) 전기 · 전자 제품 중에서는 휴대폰과 PC를 포함한 정보통신기기에 최근 규제가 집중되는 경향을 보이고 있으며 기계류 중에서는 소음발생량이 많은 건설장비류가 주 대상이다. 세부 품목별로 보면 세탁기, 식기세척기, 냉장고 등의 백색가전이나 자동차, 타이어, 건설장비, 통신기기 등 한국의 주요 수출품목이여서 지속적인 관심이 요구되고 있다.

7) 외교통상부, "신화학물질관리제도(REACH)의 무역장벽화 가능성 검토", 외교통상부, 2006.

<표 1> EU 주요 환경정책

EU 환경규제	발효일	주요내용
전기 · 전자제품 폐기물처리지침 (WEEE)	2003. 2.	• 주요 전기 · 전자제품별로 회수, 재사용 및 재활용 비율이 정해져 있으며 이 비율을 준수하는 기업의 전기 · 전자제품 EU내에서 판매 가능
유해물질 사용제한지침 (RoHS)	2003. 2.	• 2006년 7월부터 납, 수은, 카드뮴, 6가 크롬, PBB 및 PBDE(총 6종) 등 사용이 제한되는 물질이 포함된 신규 전기 · 전자제품은 EU 역내에서 판매 불가
EU 에코디자인 지침(EuP)	2005. 8.	• 에너지사용제품의 설계 시 친환경적 디자인 채택 • 이를 위해 에코디자인 필수요건을 규정하고 세부 이행수단을 개발하도록 하는 기본 지침
신화학물질 관리정책 (REACH)	2007. 4.	• EU 역내에서 거래되고 있는 화학물질에 대한 위험성 평가의 책임소재를 각 회원국 정부기관에서 해당 화학물질의 생산자로 변경하여 생산자가 일정규모 이상 생산 · 사용하는 물질을 등록하고 관련정보를 제공하도록 의무화하는 새로운 EU의 통합 화학물질 관리정책
폐자동차 처리지침 (ELV)	2000. 10.	• 자동차 폐기물 발생과 유해물질 사용억제를 위한 자동차 폐차처리지침으로 2003년 7월 이후 EU에서 판매되는 자동차 부품, 소재의 중금속 함유량을 규제

자료: 전국경제인연합회(2005), p. 2에서 수정.

이러한 조치들의 특징은 첫째, EU가 제품의 설계시부터 폐기물관리 측면을 고려하여 친환경적인 제품을 생산하도록 유도한다. 둘째, EU의 환경규제는 폐기물, 화학물질, 대기오염 배출을 중심으로 규제를 강화하고, 특히 제조업자에 대한 환경책임의 의무를 대폭 강화한 점이다.[8] 셋째, 일련의 EU 환경규제정책 수립과정에서 특히 정치적, 법률적인 관점에서 관심이 증대되고 있어 현실적인 다양한 요인들을 고려한다.[9] 넷째, EU 환경정책 및 조치는 무역과 밀접한 연관이 있으며, 역외국에게 무역장벽으로서는 특정 물질 규제, 제품환경 기준,

---

8) 河村寛治; 三浦哲男(2004), op. cit., 정홍열, "유럽연합의 부분별 환경정책에 대한 일고", 「유럽연구」, 제22집, 2005, pp. 209~239. EU의 폐기물은 광산 및 채석장, 산업부문, 도시의 각종 쓰레기, 에너지관련 부분에서 많이 생성되고 있다.

9) Usui, Y., "Evolving Environmental Norms in the European Union", European Law Journal, vol 9(1), 2003, pp. 69~87. 김학노(2004)는 EU의 환경정책을 기능적 파급과 정치적 파급 사이의 상호 긴밀한 영향으로 해석하고 있다.

에코라벨링, 제품승인, 환경세 및 국경세 조정, 폐기물처리, 자발적 협력, 표준 및 상호인증, 제도 및 관행 등의 여러 규정·규칙과 연관된다.[10] 따라서 한국 수출업체들의 대 EU 수출에 중요한 지침이 되고 있다. 다섯째, 이러한 EU의 환경규제정책·조치들은 1967년 이후 보강·강화되고 있다.[11]

【Ⅲ】 EU 산업별 환경기준과 대응사례

3절에서는 EU 산업별 환경기준과 대응에 관하여 분석한다. 유럽의 환경적용 품목군은 전기·전자, 자동차, 섬유 및 의류, 기계, 타이어, 종이, 염료, 페인트, 세척기 등 거의 모든 품목이 규제 대상이다. 여러 품목 중 한국의 대EU 주요 수출 품목인 자동차, 섬유, 전기전자분야의 EU 산업별 환경기준과 기업차원의 대응사례, 그리고 EU 환경규제에 따른 기업 피해 사례에 대해서 각각 분석한다. 자동차, 전자, 섬유 등 한국과 EU간 무역구조는 제10장에서 분석한다.

---

10) EU의 일반적인 환경 규제조치는 EU환경마크인 에코라벨과 환경세가 있다. 첫째, EU는 1993년 이후 자율규정인 EU차원의 환경마크인 Eco-Label을 제정하여 시행하고 있다. 에코라벨(Environmental Labelling) 부착은 강제규정이 아닌 자율규정으로서 부착여부는 제조업체나 수입업체에 달려 있다. 그러나 에코라벨은 범EU 차원의 환경마크로서 유럽에서 환경에 대한 관심이 높아지면서 점차 소비자들의 물품 구매기준의 결정요인이 되고 있다. 그 결과 유럽업계는 에코라벨 제정 관련 작업반에 식·간접으로 참여하여 기준 제정을 주도함으로서 역내산업의 이해를 반영하고 있다. 에코라벨은 제품의 제조 및 소비과정에서 환경에 미치는 피해를 줄이기 위하여 제조과정에서 사용을 금지하거나 제한하는 화학물질들을 규정함으로써 특정제품의 EU 역내판매를 사실상 간접적으로 제한해 왔다. 특히 유럽 소비자 및 환경단체 그리고 에코라벨 부착업체들이 에코라벨 부착품목이 환경친화적인 제품임을 적극 홍보하면서 이를 환경보호와 마케팅 전략의 하나로 이용하면서 에코라벨 품목은 계속 늘어나고 있는 추세이다. 오호성,『환경경제학(전정판)』, 서울: 법문사, 2002, p. 224. KOTRA,『유럽환경시장이 보인다: 유럽 환경시장 진출 가이드』, KOTRA, 2005, pp. 15~16. 김영생, 이종원, "EU의 무역 및 환경연계정책과 우리나라의 대EU 무역에 미치는 영향",「유럽연구」, 17권, 2003, pp. 87~88. 참조
둘째, 환경세의 도입이다. EU 차원에서의 환경세 추진은 별 진전이 없는 실정이다. EU 공동의 탄소세나 에너지세를 도입하고 에너지 제품에 대한 최소 소비세율을 도입하려는 여러 시도가 있었으나, 재정문제로 채택되지 못하였다. 반면, 환경세는 주로 회원국 차원에서 이루어지고 있다. 국별로는 프랑스, 독일, 이태리, 영국 등 EU 주요국들이 환경세를 도입하는 경향이다. 독일과 이태리는 탄소세를 도입하였고, 프랑스, 영국도 추진 중에 있다. 환경세 부과와 관련, 품목별 환경세 부과는 비료 및 살충제, 용제·PVC 등 화학물질, 원료, 지하수, 토지, 항공, 관광 등의 분야로 확대되는 경향이 있다. 오호성(2004), ibid., p. 95. 임동순, "유럽의 환경정책 동향과 국내 산업환경정책에 대한 시사점",「KIET산업경제」, 67호, 2004, pp. 13~23. 참조

11) J. McCormick(2001), op. cit., pp. 50~51. "The evolution of EU environmental activity" 참조.

① 자동차 산업

현재 EU 자동차산업은 Auto-Oil 프로그램에 따라 배기가스 배출량 감축, 연비 효율성 등급 라벨링, 자동차 연료의 오염물질별 최대 함유량 제한 및 폐차처리지침의 4가지 방식으로 환경규제를 하고 있다. 첫째, 배기가스 배출량 감축이다. 자동차 배출가스는 Directive 70/220/EEC에 의해 규제가 개시되어 Auto-Oil 프로그램을 통해 4가지 오염물질인 일산화탄소, 휘발성유기화합물, 질산 및 분진에 대한 최대 배출량 규제가 강화되었다. 경차는 (Directive 98/69/EC) 2005년부터, 중 · 상용차는(Directive 99/96/EC) 2008년부터 각각 두 단계에 걸쳐 더 엄격한 배기가스 기준이 적용한다.

둘째, 연비 효율성 등급 라벨링(Directive 1999/94/EC)이다. EU는 2001년부터 자동차 제조업체와 모든 매장에 연비 라벨링 의무를 적용함으로서 소비자에게 환경 친화적인 자동차 구입을 유도하고 있다. 동 지침(Directive 1999/94/EC)은 승용차 연비 및 이산화탄소 배출량의 표기를 의무화하는 것을 규정하고 있다.

셋째, 자동차 CO^2 배출 모니터링제의 도입이다. 유럽의 산업들은 그동안 이산화탄소 배출 감축을 위해 노력해온 결과 전력회사와 일반 제조업체들은 소기의 성과를 달성하였다. 그러나 자동차 운행대수가 크게 늘고, 운송수단으로부터의 이산화탄소 배출(80%가 도로에서 발생)은 오히려 늘어나 EU의 총 이산화탄소 배출량의 약 1/3을 차지하고 있다. 이를 막기 위해 1996년 EU 집행위 환경이사회에서 자동차 CO_2 배출 감시제도를 승인하였다.

넷째, 폐차 처리지침(Directive 2000/53/EC)이다. EU는 폐차 쓰레기의 축소 및 재사용 확대를 촉진하기 위해 폐차 처리비용을 자동차 생산자가 부담하는 내용의 폐차처리지침을 2000년에 채택하였다. 동 지침은 특수차량 및 삼륜차의 경우 지침상의 의무를 일부 면제 받는 것을 제외하고는 모든 차량, 폐차량과 그 부품을 적용대상으로 한다.[12)]

다음은 자동차 부분의 대응사례에 대해서 살펴본다.[13)] EU는 2006년부터 폐자동차의 85%

---

12) 오호성(2002), op. cit., p. 96.

13) 중소기업인 서진캠은 초경량 알루미늄을 소재로 한 캠축을 개발, 환경규제에 대처하고 있다. HMK사는 자동차 핸들, 에어백 뒷판, 좌석 지지대 등에 쓰이는 마그네슘 합금 소재를 2003년 개발하여 생산하고 있다. 마그네슘 합금 소재는 알루미늄보다 40% 이상 가벼우면서도 철강에 뒤지지 않는 강도를 갖고 있어 자동차뿐만 아니라 첨단전자기기에도 적용되는 부품이다. 종전까지 노르웨이 등에서 전량 수입한 이 제품을 미국 등에 수출한다.

이상을 재활용하도록 하는 자동차폐차지침(ELV)과 납, 카드뮴 등의 사용을 금지하는 유해물질 사용제한 지침(RoHS) 등을 본격 시행한다.

EU 자동차 관련 환경규제가 본격화함에 따라 국내기업들은 친환경 자동차를 적극 개발하고 있다.[14] 현대자동차의 경우, 환경규제가 갈수록 심화되고 고유가 추세가 예상됨에 따라 전기태양광 · 하이브리드 등 친환경차를 개발 중이다. 현대자동차는 1990년부터 전기자동차 개발, 그리고 1998년부터 본격적인 연료전지차 개발을 추진하고 있으며, 2000년 하이브리드 전기차를 세계 7번째로 개발했다. 하이브리드카 양산과 미래형 자동차 개발은 EU 등 선진국들의 환경규제에 대한 대응전략이다.

현대자동차는 환경친화적 자동차개발 프로그램 적용뿐만 아니라, 폐차장과 A/S사업소에서 발생하는 자사 차량의 모든 범퍼에 대한 회수시스템을 구축하고 재활용 하고 있다. 또한 그린(Green)구매 및 공급정책을 통한 협력업체 환경경영체제를 지원하는 등 2003년부터 유럽 폐차규정과 중금속사용 규정에 대한 대응체계를 구축하고 있다.

② 섬유산업

섬유산업의 경우, 제품자체보다는 제조공정에 사용되는 염료를 규제하는 방식의 환경조치가 대부분으로 이를 보완하는 방안으로 환경마크(에코라벨)가 병행되고 있다. 에코라벨은 섬유제품 전반, 베드 매트리스, 베드린넨 및 T-셔츠에 대해 시행되고 있으며, 이중 베드 메트리스는 1998년 10월, 베드린넨과 T-셔츠는 1996년, 나머지 모든 섬유제품(섬유제 의류와 실내용 섬유직물, 사와 직물)은 1999년 3월부터 시행되고 있다. 섬유제품의 유럽 수출시 환경규제는 최종제품에 대한 유해물질에 대한 시험성적서와 에코라벨 부착 요구의 두가지 유형으로 구분된다.[15]

일반 섬유제품에 대한 에코라벨의 경우, EU는 집행위 결정(1999/178/EC)에 의해 일반섬유제품에 대한 에코라벨을 규정하고 있다. 일반 섬유제품에 대한 에코라벨의 대상품목은 의류 및 실내용 섬유제품, 중량의 최소 90% 이상이 섬유직(Fibres Textiles)으로 구성된 의류, 중량

14) 한국은 하이브리드 및 연료전지차 등 환경친화적 자동차 개발과 보급을 적극 추진 계획이다. 산업자원부, "하이브리드연료전지차 시대를 앞당긴다", 「보도자료」, 2005.

15) 최은경, 유의상, 박영환, "섬유환경 및 EU 에코라벨 인증 체계 이해", 「섬유기술과 산업」, 제9권 1호, 2005, p. 39.

의 최소 90% 이상이 섬유직으로 구성된 실내용 섬유제품(카페트 등 바닥용 섬유제품은 제외)이다. 다만, 동 규정은 에코라벨을 부여하기 위한 환경규정으로 에코라벨 자체가 자율적 원칙에 의하므로 에코라벨 획득을 희망하지 않는 업체는 동 규정을 반드시 준수해야 할 의무는 없다. 에코라벨은 강제적 규정이 아니지만 소비자는 같은 가격이면 에코라벨 섬유제품을 선호한다.[16] 하지만 독일의 경우 수입업자들은 에코라벨의 인증을 요구하고 있어 국내 수출업자는 에코라벨의 인증을 받아야 하는데, 그렇지 못하면 수출지연과 물량 감소의 위험이 있다. 이러한 환경규제의 배경은 중국, 인도, 브라질 등 저가 수입품과의 경쟁을 회피하기 위한 목적이다.

이러한 EU시장의 섬유부문 환경규제에 대하여 국내기업의 대응방안 모색이 시급하다. 제일모직은 특수 난연 수지를 개발해 유럽시장을 공략하고 있다. 특히 2004년부터 제일모직에서 생산하고 있는 케미컬 제품이 RoHS에 만족하는 제품임을 인증하는 유해물질 인증서를 협력업체에 발급해주는 서비스를 시행해 환경친화형 제품에 대한 인지도 확대와 협력업체 지원을 확대하고 있다. 하지만 현재 중소기업의 경우는 이러한 환경규제에 적절히 대응하지 못하는 실정이다.

③ 전기 · 전자 산업

EU의 경우 회수 및 재활용망 구축 등이 생산자 부담원칙이어서 이로 인한 관련기업의 채산성 악화가 우려된다. 특히 가전제품의 수명주기 단축으로 폐기물의 양이 증대될 것이므로 동 지침으로 인한 피해가 가중될 전망이다. 일례로 냉장고의 경우, 국내시장 가격의 3~4%의 추가비용이 발생한다. 국내 생산 공정상의 유해물질 사용제한으로 인해, 공정개선 방안 마련에 따른 추가 비용 지출에 따라 기업경쟁력이 악화될 것으로 전망된다. 예를 들면 콘덴서의 경우, 국내가격의 약 15%의 원가 상승이 예상된다.[17]

EU의 전기 · 전자 산업에 대한 주요조치는 전자파 규제, 에너지 소비량 규제, 에너지 라벨링, 환경마크, 그리고 폐가전 지침에 따른 재활용 및 수거의무 등을 들 수 있다. 이미 전자제품에 적용되는 전자파지침(89/336/EEC, 92/31/EEC)등이 컴퓨터와 통신기기에 적용되고 있

16) 최은경, 유의상, 박영환(2005), ibid., p. 42.

17) 전국경제인연합회, "EU 환경규제 동향과 시사점", 「FKI 연구보고서」, 전국경제인연합회, 2005, p. 15.

으며, 새로 추진 중인 전자파 억제규정도 휴대폰, 레이다 등의 일부 통신기기를 규제대상에 포함시키고 있다.

특히 최근 EU에서는 전기전자제품에 대한 폐기물의 발생을 줄이고, 특정 유해물질의 사용을 억제하기 위한 환경규제를 대폭 강화하고 있어 전자업계의 대응이 시급히 요구되고 있는 실정이다.[18] 전기전자제품은 대부분 납이 첨가된 솔더를 사용하고 있어 납 등 유해물질을 사용하지 않은 대체물질을 개발하거나 생산공정을 개선하지 않을 경우, 향후 한국 전자업계는 선진국에 수출하는데 많은 어려움에 직면할 것으로 예상된다. 이러한 EU의 환경규제 장벽이 높아지면서, 국내 가전업계들이 이에 대응한 제품개발과 수출전략을 모색하고 있다.

〈표 3〉 주요 기업의 대응사례

기 업	대 응 사 례
삼성전자	• 범유럽 WEEE 대응 ERP(European Recycling Platform) 컨소시엄 가입 (2005년 6월) • 3300여개 협력업체 대상 '에코파트너' 인증 작업 완료 • 2005년 8월부터 전 제품에 유해물질이 들어가지 않은 부품만 사용
LG전자	• 2005년 7월부터 모든 제품에 대해 RoHS 규제물질 6종 사용을 전면 금지 • 유해물질 성분분석 시험소를 개설하고 2005년 초부터 친환경 인증제 • '그린파트너십' (Green Partnership) 도입 및 시행
삼성SDI	• 2004년까지 내부공정 개선 및 전제품 RoHS 규제물질 전폐 • 내부 제조공정 Lead-Free Soldering 체계 구축 • RoHS 유해물질 함유 부품 Zero화 체계 구축 • 유해물질 분석 기술 확보 및 부품 환경성 평가, 각 분석 부품의 물질 정보 DB화
대우 일렉트로닉스	• 유해물질 검사 장비를 사업장마다 갖추고 'DEC 그린파트너' 제도 운영
소니	• RoHS 대응: 협력업체 납품과정, 제조과정, 선적과정의 3단계 검사를 통해 관리 • 유해화학물질관리 System 구축, 유해화학물질 DB 구축으로 유해화학물질 관리 • 84%의 재활용율(일본 가전 리사이클 법상 의무 재활용율은 중량대비 55%)
HP	• 2007년까지 자사의 전자제품과 프린트용품 약 50만톤 재활용 예정
마츠시타 전기	• WEEE 대응: EU 회원국별 재활용 정책을 관리 · 운영하는 재활용 관리팀 운영 • 효율적인 재활용 제도 구축을 위해 프랑스의 톰슨, 일본의 빅터사 등과 연대

18) 안기철, "EU 전기전자제품 관련 환경규제 논의와 우리의 대응", 「KIET산업경제」, 47호, 2002, pp. 26~36.

	• 효율적인 재활용 제도 구축을 위해 프랑스의 톰슨, 일본의 빅터사 등과 연대 • RoHS 대응: 2005년부터 출시되는 모든 제품에 6개 유해물질사용금지 조치 적용, 무연 솔더링 기술을 전세계 공장에 적용(2003년 이후)

자료: 전국경제인연합회(2005)

다음은 주요기업의 사례를 살펴본다. <표 3>은 국내외 주요 기업의 대응사례를 보여주는데, LG전자의 경우 최근 EU 환경규제 품목 중 하나인 특정유해물질 사용제한지침(RoHS)에 의거하여 국제공인시험기관으로 인정되어 국내외 거래사와의 유해물질 분석 공인성적서 요구에 대해 자체 성적서로 대응하고 협력사를 지원하고 있다.[19] 또한 유해물질을 관리하고 친환경 부품을 조달하고 있으며, RoHS 규제물질 6종(카드뮴, 납, 수은, 6가크롬, 브롬계 난연제) 미사용 보증서와 유해물질 분석표, 6대 물질 데이터를 협력업체에 요구하고 있다. 2005년부터 모든 제품에 대해 이들 물질의 사용을 전면 금지하고, 품질센터에 유해물질 성분분석 시험소를 개설하여 2005년 초부터 친환경 인증제인 '그린파트너십'(Green Partnership)을 도입 · 시행하고 있다.

삼성전자의 경우, 자체 유해물질 규제안을 마련으로 에코파트너 인증제도를 운영하고 있다. 이것은 EU시장 및 선진국의 환경규제에 대응하기 위해 삼성전자가 자사와 거래하고 있는 협력업체 제품이 유해물질 관리기준에 부합하며 해당 물질의 관리를 적절히 수행할 수 있는 조직과 체계를 갖추고 있는지를 평가 · 인증하는 것이다. 이러한 에코파트너 인증제도는 RoHS 기준보다 엄격한 기준으로 관리되고 있으며, 부품 · 원재료 등을 공급하는 모든 협력업체와 제품을 공급하는 OEM 업체를 모두 검사한다.

삼성SDI의 경우, 6대 유해물질을 제거하여 'RoHS-Free'를 추진하고 있다. 현재 국내에서 몇 가지 제품에 대해 6대 유해물질을 제거한 경우는 일반적이지만, 삼성SDI는 국내를 포함해 해외생산법인에서 생산되는 모든 제품에 대해 RoHS 규정을 충족하고 있다. 또한 무연 납땜기술 · 카트뮴 제거, 형광체 · 2차전지용 화학물질을 씻어내는 특수약품을 물로 대체하는 세정법 등 친환경 신기술 개발을 추진하고 있다.

대우일렉트로닉스의 경우도 유해물질 검사장비를 사업장마다 갖추고 'DEC 그린파트너' 제도를 운영하고 있다. 그리고 소니, 마쓰시다, HP 등 외국기업들도 RoHS, WEEE 지침 등 각

19) 최광림, "LG전자 해외 환경규제대응 및 협력업체 지원사례", LG전자 품질센터, 2005.

종 규제에 대응하여 사전 적극적인 환경친화적 제품생산체제를 각각 추진하고 있다.

④ 환경규제의 효과 및 피해사례

EU가 각종 환경규제를 도입함으로서 한국에 미치는 영향을 분석하면 다음과 같다. 긍정적인 효과는 국내 환경관련 기술과 수준을 제고 시킬 수 있다. 그리고 EU 및 기타국 시장에서 값싼 중국 및 아시아 제품과의 환경친화적 품질경쟁으로 경쟁력을 제고 할 수 있다. 또한 국내 제조업자들의 환경 마인드 고취, 관련 정보화 촉진 및 국내관련 규제 정비, 재활용률 증대를 통한 환경보전 등의 긍정적인 효과를 기대할 수 있다.

한편 부정적인 영향은 EU 환경규제가 무역장벽으로 작용할 수 있다. 환경관련 기술 및 투자 여력이 없는 국내 중소업체의 피해가 우려되며, EU 기업에 비해 경쟁력이 취약할 수 있다. 또한 대체물질 사용으로 인한 생산비용 상승, 수익성 있는 부문에 대한 투자위축 등으로 생산성 하락, 해당제품의 생산 감소, 혹은 산업 활동의 위축, 해당부분의 국제경쟁력 약화로 인한 국내 가용자원의 이동이 제한될 수 있다.

〈표 4〉 EU 환경규제가 한국에 미치는 효과

긍정적인 효과	부정적인 효과
• 국내 환경관련 기술과 수준 제고 • EU 및 기타국 시장에서 중국 및 아시아 제품과의 환경친화적 품질경쟁으로 경쟁력 제고 • 국내 제조업자들의 환경 마인드 고취 • 관련 정보화 촉진 및 국내관련 규제정비, 재활용률 증대를 통한 환경보전 효과 등	• 무역장벽 가능성 • 환경관련 기술 및 투자 여력이 없는 국내 중소업체의 피해 우려 및 경쟁력 약화 • 대체물질 사용으로 인한 생산비용 상승, 수익성 있는 부문에 대한 투자위축 등을 통한 생산성 하락 • 해당제품의 생산 감소, 혹은 산업 활동의 위축, 해당부분의 국제경쟁력 약화로 인한 국내 가용자원의 이동 제한 등

다음은 EU 환경규제에 따른 기업 피해사례에 대해서 분석한다. <표 5>는 환경규제에 따른 국내외 기업의 피해사례를 보여준다. 2001년 Sony Play Station 1이 네덜란드 카드늄(Cadmium) 초과로 선적 전 통관 금지조치가 취해졌고, Compaq은 1999년 스웨덴 조달청 계약조건인 할로겐 난연재 금지조항을 위반하여 공급계약이 파기 되었다. 또한 Dyson사의 청소

기는 1988년 독일과 스위스의 카드뮴 초과로 출하가 금지되었다. 한편 국내업체의 사례로는 장신구 제조업체 A사가 유해물질의 시장유통 및 사용제한 지침(Directive 76/769/EEC)을 인지하지 못하여 5만 유로 상당의 니켈반지 제품을 주문받아 제품 출고 후, 바이어로부터 수출품의 니켈함유량이 EU 기준치를 초과할 경우 전량 주문 취소할 계획임을 통보 받았다. 이러한 국내외 사례는 EU 환경규제 피해를 잘 보여주고 있어 이에 대한 사전 대응이 필요함을 암시한다.

〈표 5〉 EU 환경규제에 따른 기업 피해 사례

업체명 (품목명)	발생 시점	규제 법규	규제물질/ 기준	피해 금액	결 과
SONY (Play Station 1)	2001	네덜란드 Cadmium Decree 1999	Cadmium 100㎎/㎏ 이하	US$ 1억6천만 (130만대)	선적전 통관금지
COMPAQ (PC)	1999	스웨덴 조달청 계약 조건(할로겐 난연재 금지 조항)	할로겐 난연재 검출 無	US$ 5,000만	공급계약 파기
DYSON (청소기)	1998	독일/스위스 국가규정	Cadmium 100㎎/㎏ 이하		시장진출 포기 (출하금지)
국내 A사 (니켈도금반지)	2004	유해물질의 시장 유통 및 사용제한 지침(Directive 76/769/EEC)	Nickel release 0.5㎍/㎠/week 이하		규제완화 지역으로 우회수출

자료: 전국경제인연합회(2005), p. 15.

【Ⅳ】 EU 환경정책 대응전략

① 기업의 대응전략

최근 EU 등 선진국들은 청정생산 및 자원순환형 사회경제 체제 구축을 위해 환경규제를 지속적으로 강화하고 있어 이에 대한 대응전략이 필요하다. 첫째, 기업의 친환경적 의식전환, 환경투자 확대, 대기업-중소기업 협력 등 업계 공동 대응방안 마련이 시급하다. 특히 부품수가 많은 전자제품이나 자동차의 경우 선진환경규제에 효율적으로 대응하기 위해서는 협력업체와의 환경경영 시스템 구축과 친환경공급망 구축이 필요하다.

한편 EU 환경규제로 원가상승 및 생산차질 등이 우려된다. 국내기업들이 EU 수출지역내 환경규제 문제로 인해 수출물량의 적기 생산 · 납품에 어려움이 발생하는 등 기업의 부담이 증가하고 있다. 따라서 협력업체 지원강화, 환경투자를 기업의 경쟁력 제고방안으로 인식하는 의식전환도 필요하다.

둘째, 업계 공동으로 환경폐기물 및 온실가스 등 자율적인 감축을 추진하여 환경문제에 선도적으로 대응하고 이를 통한 친환경기업이미지를 조성한다. 또한 국내 대기업들은 협력업체 기술지원, 유해물질 관리기법 전수, 환경경영인증 무료컨설팅 등 협력업체와의 상생경영으로 환경규제를 대응하고 제품 수출경쟁력을 강화해야 한다.

하지만, 앞의 사례에서도 알 수 있듯이, 국내기업, 특히 중소기업은 해외기업의 대응에 비해서는 미흡한 실정이다. 일례로 소니, 일렉트로룩스, 필립스 등 글로벌 전자업체들은 공동 컨소시엄을 구성해 WEEE 등 유럽 환경규제를 기업에게 유리한 방향으로 이끌기 위한 다각도의 협상을 진행하고 있다.[20] 하지만 한국기업의 경우, 이러한 다각도 협상보다는 EU의 규제내용 준수에만 몰두하고 있으며, 이에 대한 자구적인 협상노력이 부족하다. 또한 환경기준 충족을 위한 기술에 있어서 외국의 사용비중이 높은 점은 한국 제품의 가격상승요인이다.[21]

셋째, EU 환경규제의 체계적인 대응을 위해서는 표준화된 시험방법, 국가간 유해물질 분석결과 상호인증 추진, 첨단소재의 국가표준도 제정을 통하여 관련기업의 환경규제를 적극 대응하는 전략이 필요하다. 기업은 또한 EU의 환경규제부분에 대한 사전 조사작업을 실시하여 제품 수출시 규제대상이 되는지에 대한 여부를 분석한 후, 자사 제품의 환경규제에 대한 적합한 제품생산을 추진하고 친환경성을 부각하는 마케팅을 실시하여 판매를 촉진한다.

넷째, 협력업체 교육, 사전정보 수집 및 유해물질 관리 강화, 유해물질 분석을 위한 국내 인프라 구축, 대체재료 기술 확보가 필요하다.[22] 특히 중소기업들은 규제대응의 중요성 인식, 유해물질 데이트 관리, 협력업체 관리가 필요하다.

---

20) 『디지털타임즈』, 2005년 8월 1일.

21) 일례로 디젤승용차에 사용되는 VGT · CRDi등의 엔진의 경우, 외국계 부품업체가 독점 하여 가격상승의 큰 요인으로 작용하여 한국제품의 가격경쟁력을 저하시키고 있다. 『조선일보』, 2005년 6월 22일.

22) 이광은, "해외환경규제에 대한 국내 중소기업 현황 및 대응방안", 리차드컨설팅, 2005.

다섯째, EU의 우수사례를 벤치마킹하여 제도 완비를 서둘러야 한다. 일례로 EU의 온실가스 배출권 거래제도가 성공적으로 정착되었다.[23] 또한 EU는 기후변화대응을 위해 교토의정서의 성공적인 요소와 유연한 메커니즘을 토대로 전세계적 참여를 확대 유도하고, 향후 모든 가스가 포함될 수 있도록 확대할 계획이다. 최근 한국도 CDM(청정개발체제), 배출권거래제 등 교토메커니즘을 수행할 수 있는 제도적 기반을 갖추는 작업이 시작되었으나, 아직은 시작단계에 불과하며, 배출량 산출방식, 배출량 평가 등 사전 준비단계를 거쳐한다. 하지만 아직 준비가 미흡하여 EU의 우수사례를 벤치마킹하여 제도 완비를 서둘러야 한다.

여섯째, EU 현지업체와의 연계가 중요하다. 제품 주문시 바이어가 수출지역내 신규 환경규제에 대해 인지하지 못하고 있을 경우, 이로 인한 피해는 그대로 생산업체에게 전가된다. 이러한 규제를 받지 않으려면 현지업체와 연계하여 회수, 재활용 체계 구축 등 대응방안을 마련한다.[24]

환경규제 장벽은 비단 한국뿐만 아니라 경쟁국가에서도 동일한 문제점으로 작용한다. 따라서 환경규제가 국내 업체에게만 불리한 것이 아니기 때문에 저가 전략으로 한국 업체를 위협하고 있는 중국과 아시아 국가들과의 경쟁에서 기술경쟁력을 제고한다면 한국기업에게 오히려 기회로 작용할 수 있다.

② 정부의 대응전략

기업의 대응과 함께 정부차원의 대응도 모색해야 할 것이다. 첫째, 정부차원의 환경규제 대응전략 수립으로 선진국의 환경규제지침에 대응하여 정보제공, 부품소재 유해물질관리 정보망 D/B 구축과 이를 위한 예산확보가 필요하다. 정부예산의 확대를 통하여 차세대 핵심환경기술개발사업, 환경기술진흥사업 등 여러 사업기반을 조성해야 하며 기술 촉진을 위해 재정지원이 필요하다.

둘째, 기업 · 정부간 합동 대응체제 구축이다. 정부는 관계부처를 통하여 실질적인 대응체계를 구축할 필요가 있으며, EU의 무역규제에 대해 정부와 기업의 공동노력이 필요하다. 예를 들면, 자동차, 가전 · 전자제품의 부품 중 상당수가 중소기업들이 생산하고 있어 국내 대

---

23) 환경부, 『EU 대기환경규제 동향 및 국내 대응전략』, 환경부, 2005.

24) 안기철(2002), op. cit., p. 35.

기업과 중소기업이 현지에 재활용 수거 생산기지를 모색하도록 지원해야 한다. 또한 글로벌 환경 수준을 고려하여 국내 선진 환경기법을 기업 · 정부간 공유하고, 환경상품 및 서비스 해외진출 기반을 기업과 공동으로 마련한다.

셋째, 중소기업에 대한 지원 강화이다. 중소기업은 대기업과 달리 사전대응이 부족하다. 따라서 복잡하게 지원되고 있는 각종 중소기업자금을 정비하여 지원의 효율성을 제고한다. 예를 들면 환경기술 및 환경개선 시설자금 지원 등을 일원화하고 중소기업에 대한 환경경영 체제를 지원한다.

넷째, 환경마크제 인센티브 제공이다. 환경마크제의 대상품목을 확대하면서 이를 통하여 기업에 대한 인센티브를 제공하여야 한다. 예를 들면 환경부에서는 전기 · 전자 제품에 대하여 환경마크기준을 마련하려 하지만, 자동차부품에 대한 인증기준은 현재 없는 실정이어서 이에 대한 대책이 필요하다.

다섯째, 무역환경정보네트워크 구축 및 활성화이다.[25] 무역환경정보시스템의 구축을 통하여 무역환경규제에 대한 대응책을 마련할 수 있다. EU시장의 환경규제정책을 준수하기 위해서 무역정보에 관한 정부의 인프라 구축 노력, 환경서비스 정보구축 및 무역환경정보네트워크의 활성화가 필요하다.

【V】 결 론

9장은 EU의 환경정책과 EU 환경규제에 민감한 한국의 자동차, 섬유, 전기 · 전자 분야를 사례연구 하였다. 최근 EU 등 선진국들은 청정생산과 자원순환형 사회경제 체제구축을 위해 환경규제를 지속적으로 강화하고 있고, 이에 따라 국내기업의 무역차질 등 산업피해가 나타나고 있는 실정이다.

EU는 일련의 환경규제제도를 도입하여 무분별한 자원의 낭비를 규제함으로서 진정한 삶의 가치를 창조하고 지속적인 발전을 추구한다는 목표이다. 즉, 환경정책이나 환경세와 같은 환경규제제도가 도입되면 소비자는 환경규제가 도입되기 전보다 재화의 가격이 상승하

25) 적극적인 청정생산 체제 구축, 무역 · 환경정책의 연계, 국제환경정보 네트워크 구축 등이 필요하다. 유상희, "유럽시장의 환경관련 무역장벽: 영향과 대응방안", 「유럽연구」, 14호, 2001, pp. 143~169.

여 소비가 감소하고 이는 환경보전에도 영향을 미친다. 생산자도 규제제도가 도입되기 전보다 재화의 생산에 가격이 상승하여 생산 감소와 환경보전의 효과가 있다. 결국 EU의 환경규제 조치들은 소비자와 생산자의 후생을 변화시켜 환경을 보전하고자 함을 알 수 있다.

하지만 EU 환경정책은 생산자와 수입업자에게만 회수책임을 전담시키는 구조여서, 생산자, 소비자, 정부, 그리고 기타 이해관계자 모두 책임을 공유해야 한다. 한국의 경우, EU의 환경규제가 미치는 효과는 지대하다. 대EU 주요 수출 품목 중 전기 · 전자산업이 전체 EU 수출에서 73.6%의 높은 점유율을 보이고 있어 환경규제로 인해 한국기업의 수출에 적지 않은 영향을 미칠 것으로 전망되어 기업과 정부차원의 체계적인 대응이 요구된다. 환경기준 충족을 위한 노력은 중국, 아시아 등의 저가 제품과의 경쟁에 있어서 한국기업에게 유리한 측면으로 작용할 수 있다. EU 환경규제의 선제대응으로 국내제품의 환경경쟁력 강화 기회로 활용해야 한다.

기업측면에서는 한국기업의 경쟁력 확보를 위하여 EU 환경규제에 신속히 적용해야 하며, 친환경 제품의 생산이 EU 시장진입에 중요한 부분이다. EU의 환경규제부분에 대한 사전조사 작업을 실시하여 제품 수출시 규제대상이 되는지에 대한 여부를 분석한 후, 자사 제품의 환경규제에 대한 적합한 제품생산을 추진한다. 이와 연계하여 제품과 공정상의 결함여부 등 자사제품의 문제점에 대한 세부적인 원인 파악도 필요하다. 또한 제품의 친환경성을 부각하는 홍보 등 체계적인 마케팅을 실시하여 제품의 판매촉진을 추진한다. 이를 위해서는 진출기업의 협력사와도 공조하여 EU의 환경기준을 준수하여 친환경기업 이미지를 조성하는 것이 중요하다.

정부차원에서는 현행 EU 환경규제 뿐만 아니라 장기적인 관점에서 선진국의 산업환경정책 방향에 부합하는 환경규제 대응전략 수립이 필요하다. 또한 한-EU간 지속적인 협의채널, 기업 · 정부 간 합동 대응체제 구축, 중소기업에 대한 지원 강화, 환경마크제 인센티브 제공, 무역환경정보네트워크 구축 및 활성화가 필요하다.

【 부록 】 무역규제 효과를 수반하는 주요 환경정책 이슈

■ EU의 무역규제 관련 환경정책은 크게 ① 화학물질규제(위험평가, REACH 규정 등) ② 제품규제(WEEE, RoHS, ELV 지침 등)로 대별된다.

- EU는 환경정책의 원칙으로 지속가능한 개발 원칙(Sustainable Development Principle), 사전오염예방의 원칙(Precautionary Principle)과 환경오염자부담 원칙(Polluter Pays Principle: PPP)등을 제시한다.
- EU는 환경에 대한 사전오염예방 차원에서 기존 및 신규 화학물질에 대한 위험성 평가 및 관련 DB 구축에 본격 나서는 한편, 폐기물처리나 위험물질 관리에 따르는 각종 비용을 환경오염자 부담 원칙에 의거 생산자 및 수출자에게 전담시키는 방식을 취하고 있는 것이다.
  * EU측의 환경보호 의지에도 불구하고 점증하는 EU의 환경정책 현안들은 원격지에 있는 수출자가 EU 현지에서 발생하는 폐기물처리 부담을 안게 되는 등 역외기업에 크게 불리하게 작용한다.

a. 신화학물질 관리정책(REACH)

◉ REACH는 Registration(등록), Evaluation(평가), Authorization(승인) of CHemicals의 머리글자를 따서 만들다.

■ 연간 1톤 이상(약 3만종) 생산(수입 포함)되는 화학물질을 대상으로 화학물질 생산자 및 수입자에게 관련 정보의 등록, 위해성 평가, 사용 승인 등의 규제를 부과하여 인체 및 환경에 유해한 각종 유해화학물질에 대한 관리를 강화하기 위해 제정한다.

■ 대EU 석유화학제품, 반도체, 의약품 등을 수출하는 우리 화학업체에 영향을 미친다.

■ 시행 일정

2003. 11, EU집행위원회, REACH 규정안 제안

2006. 6.27, 환경이사회 합의

2006년 말, 유럽의회 채택(이후 예정)

2007. 4, REACH 규정 시행

2008. 유럽화학물질관리청(핀란드 헬싱키) 운용 개시

b. 전기전자제춤 폐기(WEEE) 및 유해물질 사용제한(RoHS) 지침

■ 전지전자제품 생산자에 대한 관련 폐기물의 수거, 재이용 및 재활용 의무 부과, 유해물질(납, 수은, 카드뮴 등)의 사용을 금지하는 신규지침이 2003년 2월 발효되었다.

■ 전기전자제품 폐기(WEEE) 지침 주요 내용

- 매립처분량 삭감과 자치단체의 쓰레기 소각 부담 저하를 위해 폐전기전자제품을 분리수거하고 제조자가 회수장소에 폐기된 제품을 회수, 재생 및 리사이클 하는 책임을 규정한다.
- 재생 및 리사이클은 대형가전, 소형가전 등 10개 품목 군으로 구분, 품목 군별로 재생 비율을 의무화하여 2006. 12. 31일부터 적용하였다.

2006. 12. 31일 이후 적용 의무비율(대당 중량평균비율)

	제품으로부터의 최저 재생 비율	부품, 재료, 소재의 최저재이용률, 리사이클 비율
대형가전, 자동판매기	80%	75%
정보통신, 전기통신기기, 소비자용기기	75%	65%
소형가전, 조명기기, 전기전자 공구, 완구, 레저용품	70%	50%
가스방전램프	–	80%
의료기기	2008. 12. 31까지 설정	

주) 각 품목별 비율은 모두 준수해야 함

재생 : '복원' 으로도 불리며, 열에너지로 이용 및 재활용 포함

재이용 : 동일용도 재사용

리사이클 : 에너지 회수를 제외한 여타용도 재사용

• 당초 2005.8.13일까지는 각 회원국은 최종소비자로부터 폐전기전자제품을 무료로 거두는 제도를 갖추도록 하였으나 2006년 초까지 영국 등이 국내 법제화를 완료되지 않는 등 시행이 상당기간 지체되었음

■ 유해물질 사용제한(RoHS) 지침의 주요 내용

• 전기전자업체는 2006.7월 이후 발매하는 제품에 대해 카드뮴, 납, 수은, 6가크롬 등 4개의 중금소과 PBB, PBDB 등 2개 난연재(브롬 함유로 소각시 다이옥신 발생 가능성 제기) 등 총 6개 물질의 사용을 금지하는 것을 골자로 함

＊ PBB(폴리브롬화 비페닐), PBDB(폴르브롬화 디페닐에테르)은 TV모니터 등의 외장 플라스틱에 난연성을 주는 혼잡재료로 주로 활용

• 단, 사용 금지된 물질 가운데 대체물질 적용이 어려운 경우, 잠정적으로 예외 적용을 인정
• 우리나라는 전자산업진흥회 주도로 PDP 내 산화납의 사용 예외를 신청하였으며 지난 6.28일 표결을 통해 동 건이 승인된 바 있음
• 각 회원국의 국내법제화 일정은 WEEE와 마찬가지로 당초 2004.8.13일까지였으며 프랑스, 영국 등 일부 국가의 입법과정이 지체를 겪었으나 2006.7.1일부터 EU 전역에서 실시되고 있음

■ 유럽에 전기전자제품을 수출하는 우리 업체는 현지에 폐전기전자제품 분리수거를 위한 시설을 확보하고 사용금지물질에 대한 대체물질 등의 개발이 필요함

• EU집행위원회가 발표한 "전기전자제품 폐기와 관련한 EU정책 Q&A"에 따르면, WEEE 지침 준수를 위한 비용은 EU전역에서 연간 5~9억 유로로 산정됨. 이 가운데 3~6억 유로가 회수에, 2~3억 유로는 재생, 리사이클 등에 소요되는 비용이라고 함
• 또한, WEEE 및 RoHS 도입에 따라 냉장고, TV, 모니터 등은 2~3% 정도의 가격상승 부담이 생기고 여타제품은 1% 정도의 가격상승 부담이 발생하는 것으로 알려짐
• 우리 수출기업은 RoHS 지침 발효에 따라 사용이 금지된 6개 물질의 대체재 확보와 공정 개선에 따를 추가비용 부담을 안게 됨. 또한, EU 회원국마다 별도의 시행법 내용 및 범칙금 규정을 가지게 되어 적지 않은 혼란과 비용 부담을 우려

c. 자동차 폐차(ELV) 지침

■ EU는 2000년에 발효시킨 폐차(End of life Vehicle, ELV) 지침에 의거, 역내 자동차의 리사이클을 추진

- 동 지침에 의하면 리사이클을 방해하는 유해물질 사용의 억제와 함께 생산자가 폐차 회수 비용을 부담하도록 하고 있음
- 또한, 폐차로부터 제거할 부품의 지정, 목표 리사이클 비율 설정, 폐차 회수 및 처리 시스템 확립 등을 요구

■ 유해물질 검사 및 리사이클 목표율 달성을 위한 시스템 구축을 요구하고 있으나 동 검사 방법 및 시스템의 양상에 대해서는 회원국의 독자 판단에 맡기고 있음

- 유해물질 검사 관리당국 역시 국별로 일원화되지 못하고 다양하게 편제됨

■ 동 지침은 2003년 7월부터 신차에 적용되기 시작하였으며 오는 2007년 1월 이후로는 폐차를 포함, 모든 차량에 대해 적용됨

d. 자동차 및 비도로 운행기계 배출 가스 규제

■ 승용차 및 2.5톤 이하의 소형화물차의 경우 일산화탄소, 탄화수소, 질소산화물 및 미세먼지에 대한 적용 기준이 존재하며, 2~3륜차의 배출 가스 기준을 규제하고 있음

e. 에코라벨 제도

■ 1993년부터 친환경 제품에 대해 에코라벨을 부여하고 있는데 최근에는 그 영역이 제품뿐만 아니라 서비스 분야(숙박업소 및 캠핑장 서비스)에까지 확대됨

유럽공동체(Communaute Europeenne: CE) 마크제도

■ EU의 통합규격인증 마크제도로 공중 보건, 안전, 환경보호 및 소비자 보호를 위한 제도지만 인증에 소요되는 절차, 시간 및 비용 등으로 우리 기업에 상당한 부담으로 작용하고 있음

■ 전자제품의 경우 CE 마크 획득에 평균 2~3개월, 자동차는 7개월의 기간과 1억 7천만원의 비용이 수반되어 우리 주력수출품목의 시장 확대에 불리하게 작용

■ EU 회원국들은 일부 품목에 있어서 상이한 표준, 시험 및 인증 절차를 유지하고 있어 EU 내에서 상품의 자유로운 이동에 장애 요인으로 작용

참고문헌

김영생, 이종원(2003), "EU의 무역 및 환경연계정책과 우리나라의 대EU 무역에 미치는 영향", 「유럽연구」, 17권, pp. 67~93.

김학노(2004), "EU의 환경정책과 이익정치의 초국가화", 「영남지역발전연구」, 33집, pp. 1~26.

변재웅(2006), "EU 환경정책과 한국기업의 대응에 관한 연구", 「유럽연구」, 제23권, pp. 33~54.

산업자원부(2005), "하이브리드연료전지차 시대를 앞당긴다", 「보도자료」.

안기철(2002), "EU 전기전자제품 관련 환경규제 논의와 우리의 대응", 「KIET산업경제」, 47호, pp. 26~36.

오호성(2002), 『환경경제학(전정판)』, 서울: 법문사.

외교통상부(2006), "신화학물질관리제도(REACH)의 무역장벽화 가능성 검토", 외교통상부.

유상희(2001), "유럽시장의 환경관련 무역장벽: 영향과 대응방안", 「유럽연구」, 14호, pp. 143~169.

유상희(2001), "EU의 환경규제와 통상문제", 「동의논총」, 제34집, pp. 509~528.

이광은(2005), "해외환경규제에 대한 국내 중소기업 현황 및 대응방안", 리차드컨설팅.

이종원(2006), "EU 환경정책의 발전단계와 주요 원리 그리고 규제현황", 「유럽학회 하계정

책세미나집」, pp. 9~27.
임동순(2004), "유럽의 환경정책 동향과 국내 산업환경정책에 대한 시사점", 「KIET산업경제」, 67호, pp. 13~23.
전국경제인연합회(2005), "EU 환경규제 동향과 시사점", 「FKI 연구보고서」, 전국경제인연합회.
정홍열(2005), "유럽연합의 부분별 환경정책에 대한 일고", 「유럽연구」, 제22집, pp. 209~239.
최광림(2005), "LG전자 해외 환경규제대응 및 협력업체 지원사례", LG전자 품질센터.
최은경, 유의상, 박영환(2005), "섬유환경 및 EU 에코라벨 인증 체계 이해", 「섬유기술과 산업」, 제9권 1호, pp. 38~53.
KOTRA(2005), 『유럽환경시장이 보인다: 유럽 환경시장 진출 가이드』, KOTRA.
환경부(2005), 『EU 대기환경규제 동향 및 국내 대응전략』, 환경부.
河村寬治(2004), 三浦哲男(編), 『EU環境法と企業責任』, 東京: 信山社.
Knill, C., and Lenschow, A., Implementing EU Environmental Policy: New Directions and Old Problems, (ed.), Manchester University Press, 2000.
Lenschow, A., Environmental Policy Integration: Greening Sectoral Policy in Europe, (ed.), Earthscan, 2002.
McCormick, J., Environment Policy in the European Union, The European Union Series, Palgrave, 2001.
Usui, Y., "Evolving Environmental Norms in the European Union", European Law Journal, vol 9(1), 2003, pp. 69~87.

〈기타 인터넷 자료〉

『디지털타임즈』, 2005년 8월 1일
『조선일보』, 2005년 6월 22일
『한국경제신문』, 2005년 10월 18일

제 10 장

EU 해외투자유치 사례: 영국의 투자유치정책

제10장

EU 해외투자유치 사례: 영국의 투자유치정책

【I】 서 론

FDI(Foreign Direct Investment) 유치가 경제에 미치는 긍정적인 효과로는 경제성장 촉진의 효과, 무역규모 확대 및 국제수지 개선효과, 고용창출효과, 기술이전효과가 있다. 일례로 해외직접투자는 국내의 자본형성과 국내기업의 생산성향상을 증가시켜 경제성장을 촉진하는 긍정적인 효과가 있다.[1] 국내로 유입된 해외직접투자 자본은 직접적으로 유입된 산업의 생산력을 증가시키고, 고용창출을 통해서 부가가치 창출에 영향을 미치게 된다. 관련 산업의 생산증가와 부가가치 창출 등 다양한 파급효과(Spillover Effect)로 궁극적으로는 국내의 경제성장을 촉진하는 효과가 있다. 이러한 해외직접투자의 여러 가지 긍정적인 효과로 각국은 적극적인 해외투자를 유치하고자 노력하고 있다. 9장은 유럽의 투자 유치 사례로 성공적인 해외직접투자 유치국으로 관심이 증대되고 있는 영국사례를 분석한다.

영국의 해외투자 유치 전략은 매우 적극적 이여서, 2007년 기준으로 세계 2위의 투자유치국이며, 세계 6위 무역대국이다.[2] 영국은 해외투자가 경제성장, 고용창출에 기여할 뿐 아니라 산업경쟁력을 직접 · 간접으로 강화시키는데 기여한다고 판단하고 해외투자 유치에 적

---

1) Blomstrom, M. and F. Sjoholm. "Technology Transfer and Spillovers: Does Local Participation with Multinationals Matter." European Economic Review. 43 (1999). pp. 915-923. Cai, H., Y. Yodo, and L. Zhou. "Do Multinational's R&D Activities Stimulate Indigenous Entrepreneurship? Evidence from China's Silicon Valley". NBER Working Paper 13618. (2007). Grossman, S. and E. Helpman. "Innovation and Growth in the Global Economy". Cambridge, M.A.: MIT Press. (1995).

2) UNCTAD. World Investment Report 2007. New York: UNCTAD, http://www.unctad.org. (2008년 10월 20일 검색).

극적이다.

영국은 철저한 내외국기업 평등주의에 입각하고 있어 외국인투자가에 대한 차별이 없다. 주요 EU 회원국 중 가장 낮은 수준의 법인세율을 실시하여 세금공제 전 경상이익의 30%를 보장하며, EU 최저 수준의 개인세율로 경쟁력 있는 세제환경을 제공한다. 또한 영국은 해외투자를 위한 각종 보조금제도와 지원정책을 추진하고 있으며, 지역별 투자유인 보조금 제도를 운영하고 있다. 뿐만 아니라 투자기업의 연구개발 및 교육훈련 지원의 특혜를 공여하고 있다. 다양한 외국인투자 유치를 위해 보조금 지원제도, 공장부지, 건물지원 및 사회간접자본 시설지원, 외환이동 및 세제 지원, 기업규제 완화와 투자기업 보호 등의 다양한 정책을 통하여 해외투자를 유치하고 있다.

영국의 투자유치를 담당하는 기관은 비즈니스규제개혁부(Department of Business and Enterprise Regulatory Reform) 산하 영국무역투자청(UKTI: UK Trade and Investment)이다.[3] UKTI는 영국 내의 국제적인 기업 및 영국에서 사업을 확장하고자 하는 해외기업을 지원해주는 정부기관이다. UKTI는 영국에서 사업을 시작하고자 하는 외국기업에게 정보와 서비스를 제공하며, 부지선정, 사업자등록, 직원채용, 제휴 파트너 물색, 기술 확보 등 사업설립에 필요한 모든 지원과 조언을 제공한다.[4]

최근 한국의 경우도 국가차원에서 뿐만 아니라 지방자치단체에서도 외국인투자를 유치하기 위해 적극적이다. 경제자유구역이 지정됨으로서 FDI 유치가 경제자유구역의 성공에 중요한 요인으로 작용하고 있다. 이러한 맥락에서 외국의 해외투자 유치정책의 성공요인 분석의 필요성이 더욱 증대된다. 하지만 외국의 해외투자 유치정책의 성공요인 분석에 관한 연구는 아직까지 적은 실정인데, 특히 영국의 해외투자 유치정책의 성공요인 분석에 관한 연구는 부족한 실정이다.

10장은 영국의 해외투자 유치정책의 성공요인을 분석하기 위하여, 제 2절에서 영국의 투자유치정책 및 제도, 제 3절 영국의 투자유치성과 및 성공요인을 분석하고, 마지막 제 4절에서 결론과 시사점을 각각 도출한다.

---

3) 과거 영국의 통상산업부(Department of Trade & Industry: DTI) 내에 외국인투자 유치업무를 전담하는 대영국투자유치국(Invest in Britain Bureau: IBB)을 설치하여 투자유치 업무를 총괄하였으나 부서 명칭을 변경하였다.

4) "영국의 투자환경", http://www.uk.or.kr/new/amblog.html. (2008년 10월 15일 검색).

【Ⅱ】 영국의 투자유치정책 및 제도

① 영국의 투자유치정책

1) 외국인투자 유치를 위한 보조금 지원제도

영국정부는 외국인투자 유치를 위한 무상지원 보조금 제도를 운영하고 있다.[5] 지역선별보조금(Regional Selective Assistance: RSA)은 무상지원 보조금제도로 지역경제 활성화 및 고용증진을 위해 공장, 사무실 부지구입비, 부지 및 건축비, 플랜트 및 기계설비 등 자본비용(Capital Cost)을 지원하는데 투자개시 3년간 지원하는 것을 원칙으로 하고 있다. 지원기준은 사업내용을 심사하여 경쟁력이 기대되는 사업으로 고용증대 효과에 따라 그 지원 규모가 결정된다. 지원규모는 지역에 따라 다르고 같은 지역 내에서도 고용증대 효과, 기술수준 등에 따라 다르다.

이러한 지역선별보조금은 정부의 재량적 보조금(Discretionary Grant)으로 정부가 특정 프로젝트의 성공을 위하여 필요하다고 판단하는 경우에 지원하는데 과거 스코틀랜드, 웨일즈, 아일랜드 지역 외국인투자유치에 적극적으로 활용하였다.[6] 이 제도의 특징은 기본적으로 대기업에 의한 대규모 자본투자(Large Scale Capital Investment) 촉진을 목적으로 하며 외국인투자에 차별 없이 적용되며, 고용창출효과와 투자규모를 고려하여 지원액이 결정된다. 영국은 외국인 투자를 지역개발의 추진 요소로 판단하고 적극적으로 유치하고 있다. 영국의 지역개발정책은 다양한 형태로 지속적이며 성공적으로 추진되고 있다.[7]

---

5) 기본적으로 EC의 지역원조 가이드라인(European Commission Guidelines on Regional Aid)으로 지정된 낙후지역에 대해 차등 지급한다. "영국의 지역분류제도". http://www.koreanembassy.org.uk/kor/eu/gbr/main/index.jsp, (2008년 10월 7일 검색).

6) *"The main form of support is the Selective Finance for Investment scheme in England, which aims to encourage significant investment in projects that lead to long-term improvements in productivity, skills and employment. It is a discretionary grant that may be offered to overseas companies (and UK owned companies) opening a new operation, or expanding/ modernising an existing operation in an Assisted Area. It is available to both manufacturing and service projects meeting certain criteria. Scotland, Wales and Northern Ireland also offer a set of grants and incentives. Companies also benefit from R&D tax relief, with small and medium-sized enterprises able to deduct 150 per cent of qualifying expenditure on R&D activities when calculating their profit for tax purposes and large companies 125 per cent. The government intends to extend additional R&D tax credit support to companies with 250-500 employees, subject to the outcome of state aids discussions with the European Commission".*
"UKTI". http://www.ukinvest.gov.uk/Press/10400/ko-KR.html?print=true. (2008년 12월 9일 검색).

2) 공장부지, 건물지원 및 사회간접자본 시설지원(Industrial and Commercial Premises)

영국은 외국인투자 기업이 지원 대상지역으로 지정된 개발지역에 투자할 경우 영국정부가 소유하고 있는 새로 지은 공장 또는 유휴공장을 저렴하게 구입 또는 임차하여 사용할 수 있도록 주선하고 있다. 공장부지 및 건물을 구입 또는 신축할 경우에는 현지 상업금융기관으로부터 공장구입을 위한 융자를 받을 수 있도록 주선하며, 북아일랜드의 경우에는 북아일랜드개발청(IDB)이 소유하고 있는 부지에 투자가가 요구하는 대로 공장을 지어 실비로 임대하거나 매각하기도 한다. 외국인도 영국에서 아무런 제약 없이 자유롭게 부동산을 취득할 수 있다.

3) 외환이동 및 세제지원

영국은 1979년 외환관리법이 폐지된 이래 외국인투자(해외투자 포함)를 포함한 국제자본의 거래 및 이동이 완전 자유화되어 외국인투자를 관리하는 법규 및 규제사항이 전혀 없다. 다만 국가안보를 위태롭게 하는 불법적인 거래만 통제될 뿐이다. 영국정부는 해외투자기업에 대한 과실송금과 재투자에 대해 아무런 규제조치도 시행하고 있지 않다. 따라서 해외투자기업이 자유롭게 과실소득을 송금하거나 자체유보 혹은 재투자 할 수 있다.

영국에서 자본금에 관한 규제가 없는 이유는 외자에 대해서는 고용창출, 지역개발에 대한 공헌, 신제품, 신기술의 도입, 경영관리 기술의 활성화 등을 촉진하기 위해서 영국 국내자본과 차별 없이 자유롭다. 구체적인 세제 및 인센티브 제도는 다음 절에서 살펴본다.

4) 기업규제 완화와 투자기업 보호

영국은 정부기관인 비즈니스규제개혁부(Department of Business and Enterprise Regulatory Reform)를 설치 · 운영함으로서 기업 활동에 지장을 주는 각종 법규를 철폐하고 행정 철차를 간소화하려고 노력하고 있다는 점이 특징이다. 이는 정부 규제로 인한 비용을 최소화하고 기업경영의 효율을 극대화하기 위해서이며, 영국 정부는 또한 투자기업 보호를 위해 다른

7) Hughes, James. "The Role of Regional Development Agencies in Regional Policy: an Academic and Practitioner Approach", Urban Studies. (1998). pp. 615~626. Roberts, P. and G. Lloyd. "Regional Development Agencies in England: New Strategic Regional Planning Issues?". Regional Studies. (2000), pp. 75~79.

EU 국가들보다도 적극적인 자세를 취하고 있다.

영국에서 외국인 투자를 위한 특별한 인허가 절차는 없다. 내국 기업에 준하여 자유로이 투자가 가능하다. 다만, 전략물자 취급업체(롤스로이스, BAE 시스템 등)에 대한 투자는 외국인 인당 전체지분의 15% 지분 소유가 금지되어 있다. 또한 방송미디어의 경우 정부로부터의 인허가 획득이 필요하며, 영국 은행지분의 10% 이상 초과 구매 시 Financial Services Authority 신고 의무가 발생한다.

5) 첨단산업 유치전략

영국은 외자 장려 업종으로 고부가가치 분야나 영국이 앞서 있는 산업 분야, 즉 IT, 전자공학, 바이오 등의 하이테크 산업, 자동차, 연구개발 등에 우선순위를 두고 있다. 이를 위하여 외국투자에 대해 체재 허가를 부여하는 제도가 있다. IT 등 전문직의 노동허가증 발급 규제를 완화 하고 있어 첨단 분야의 외자유치를 적극 유도하고 있다. 또한 각종 R&D 촉진을 위한 인센티브와 조세제도가 있다.[8)]

② 영국의 투자유치제도

본 절은 투자유치에 중요한 영향을 미치는 영국의 조세제도와 투자 인센티브제도를 중심으로 살펴본다.

1) 조세제도

영국은 외국투자자들을 위해 낮은 세율환경을 유지하고 있다. 영국은 1980년대 초 50% 이상이었던 법인세율을 지속적으로 인하하여 2008년 4월부터는 최고 법인 세율이 28%로 인하되어 선진국 중 가장 낮은 수준이다. 또한 영국의 최고 개인 소득세율은 40%인데 유럽연합에서 가장 낮은 수치 중 하나이다.[9)] 소득세(Income Tax)와 법인세(Corporation Tax)를 중심으

8) "Key Advantage", http://www.ukinvest.gov.uk/investment-report/ko-KR-list.html. (2009년 1월 9일 검색).

9) "The UK has a corporate tax rate lower than any other G7 country with a headline rate of 28 per cent (introduced in April 2008). An extensive network of double taxation treaties ensures that overseas businesses coming over here will not have their income taxed twice. Generous tax allowances such as R&D tax credits add to the UK's attraction

로 살펴보면 다음과 같다.

먼저 소득세의 근로소득세율은 근로소득액에 따라 각각 3단계로 세율이 적용된다. 개인소득세(Personal Tax Rate)는 ￡5435까지 감면된다. 그 다음 단계인 Basic Rate는 22%로 ￡36,600 미만 소득에 대해 적용한다. 그리고 년간 ￡36,600 이상 소득에 대해 적용되는 Higher Rate는 최고 40%의 근로소득세율이 적용되는데 이는 유럽 국가 중 가장 낮은 적용률이다.[10)]

다음은 법인세를 살펴보면 법인세율은 크게 3가지로 구분하여 적용한다. 당해 연도 기업이익 ￡300,000 미만 회사에게 적용하는 가장 낮은 수준인 Small companies' rate는 21%이다. 이보다 높은 ￡300,001~￡1,500,000 기업이익을 내는 기업은 중간 규모인 Marginal relief를 적용하고, ￡1,500,000 이상 기업이익을 창출하는 큰 규모의 기업은 Main Rate로 28%의 법인세를 최근 2008년 4월부터 적용하고 있다.[11)] <표 1>은 주요국의 법인세율을 보여주는데, 영국의 법인세는 EU 회원국 중 최저세율 적용국가중 하나로 외국인투자 유치를 촉진하는 요인이 되고 있다.[12)]

<표 1> 주요국 법인세율 비교

국가	법인세율(%)	국가	법인세율(%)
인도	42.43	독일	30~33
일본	40.1	스페인	30
미국	39.5	오스트리아	30
벨기에	33.99	중국	28
프랑스	33.33	영국	28
캐나다	32~38.1	네덜란드	25.5
이태리	31.4	덴마크	25

자료: UKTI. Key Facts. London: UKTI. 2008.

---

for overseas investors. Personal tax rates are also highly competitive and individuals becoming UK residents are entitled to a basic tax-free allowance." UKTI. Information Sheet, Tax, Londen: UKTI. (2008).

10) 개인세도 영국은 40%인데 이는 스웨덴(61%), 네덜란드(52%), 프랑스(51%), 독일(47.5%), 이태리(45.2%), 스페인(43%) 보다 낮다. UKTI. Key Facts, London: UKTI. (2008).

11) UKTI. Information Sheet, Research & Development, London: UKTI. (2008).

12) 이병기(2008)에 따르면 법인세의 증가는 외국인 직접투자를 감소시키며, FTA 체결은 FDI의 증가를 가져오는 것으로 분석되고 있다. 이에 따라 세계 주요 국가들은 FDI 유치를 위하여 법인세 인하경쟁을 하고 있는 실정이다. 이병기. "외국인 직접투자 환경과 제도개선 과제". 『정책연구 2008-07』(서울: 한국경제연구원, 2008).

외국 투자자를 위한 영국정부의 조세지원제도의 특징은 최근 R&D 분야 업체에 상당한 혜택을 줄 수 있는 세금우대 정책을 도입하였다. 이러한 정책은 해외기업의 R&D 분야 투자를 촉진하고 영국을 이 분야에 있어서 매력적인 투자국가로 인정받도록 하는 것을 목적으로 하고 있다. 새로운 조세정책은 기업규모에 따라 크게 중소기업과 대기업으로 구분하여 적용한다.[13]

대기업에 대한 세금우대 정책은 총 R&D 분야에 대한 비용의 최대 125%까지 세금감면을 신청할 수 있다. 한편, 대기업의 경우에는 R&D 업무 이후에 발생되는 지적재산권의 소유 유무와는 무관하게 세금 감면을 신청할 수 있다. 해외의 모기업과 영국 내에 위치하고 있는 자회사간의 연구개발 업무에 대한 계약에 의하여 업무가 진행되는 경우에는 영국 내 자회사만이 혜택을 받을 수 있다.

중소기업 및 대기업은 반드시 12개월 내에 소요된 총 R&D 비용이 최소 만파운드 이상이어야 세금 감면 신청이 가능하며, 이러한 비용 중 자본금에 해당하는 금액은 제외된다. 한편, 토지매입을 제외한 해당 R&D 업무와 관련된 고정 자산에 투입된 모든 비용도 세금 감면 신청이 가능하다.

한편 중소기업에 대한 세금우대 정책은 총 R&D 분야에 대한 비용의 최대 150%까지 세금 감면을 신청할 수 있다. 즉, R&D 분야의 세금공제(tax credit) 요건에 해당하는 자본손실(tax losses)이 있는 경우, 이에 해당하는 세금공제를 신청할 수 있다. 외부 보조금 또는 장려금으로 운영되는 R&D 업무와 다른 업체로부터의 하도급으로 진행되는 R&D 업무는 해당사항이 없으며, 해당 연구개발 업무 이후에 발생되는 지적재산권은 반드시 해당 업체의 소유인 경우에만 세금 감면요청이 가능하다.[14]

또한 영국은 VAT가 17.5%로 스웨덴(25%), 아일랜드(21%), 이태리(20%), 프랑스(19.8%), 독일(19%)에 비해서 낮으며, 영국의 사회보장비용도 12.8로 프랑스(45), 이태리(35), 스웨덴(32.4) 등 다른 유럽국가보다도 낮다는 유리한 점이 있다.[15]

---

13) UKTI. Information Sheet, Tax, London: UKTI. (2008).

14) UKTI. Information Sheet, Research & Development, London: UKTI. (2008).

15) UKTI. Key Facts, London: UKTI. (2008).

2) 투자인센티브제도

투자인센티브제도는 일반적인 인센티브와 R&D 촉진을 위한 인센티브로 구별하여 분석한다. 일반적인 인센티브제도는 크게 선택적인 재정보조금제도(Selective Finance for Investment in England: SFIE)와 지역선별 보조금(Regional Selective Assistance: RSA)이 있다.[16] 투자인센티브제도는 몇가지 특징이 있는데 이를 살펴보면 다음과 같다. 첫째, 선택적인 재정보조금제도(SFIE)는 투자지원지역(Assisted Areas: Tier1, Tier2, Tier3로 분류)을 설정하여 실업문제 해결 및 당해 지역의 경제 활성화를 위해 투자지원 지역에 투자하는 업체에게 보조금을 제공한다.

이 보조금의 지원범위는 생산성과 기술의 파급효과에 따라 협상에 의해 결정되며 최소 10,000 파운드를 무상현금형태로 분할 지급한다. 주로 총 고정투자비용의 10~15%인데, 중소기업의 경우 좀 더 많은 지원이 있을 수 있다. 중기업의 경우 지원한도는 대기업보다 10%, 소기업은 20% 높다.

EU자원에서 경쟁력이 없는 철강, 석탄, 합성섬유, 자동차, 농업, 그리고 어업분야는 지원가능 산업분야에서 제외한다. 또한 투자지원지역에서 고용을 창출하거나 유지하는 것이 아닌 고용대체 프로젝트일 경우 지원이 제한된다.

둘째, 지역선별보조금(Regional Selective Assistance: RSA)은 유럽공동체법의 지원 대상지역(Assisted Area)에 의해 지역정부 지원 대상지역의 투자 및 고용창출을 장려하기 위한 것이다. 제공하는 인센티브의 주된 형태는 무상현금보조로 자본투자비용, 고용창출규모에 따라 지원 규모가 달라지나 보통 총 프로젝트 자본 비용의 10~20% 형태로 제공된다. 자본투자가 비교적 적은 프로젝트의 경우, 지원금은 새로운 프로젝트가 창출하는 일자리에 주어지는 처음 2년간의 급여에 따라 산정된다.

<표 2>는 2006년 회계연도 영국의 외국인 투자유치 인센티브제도인 지역선별 보조금(RSA)과 재정보조금제도(SFIE)의 지출규모를 보여준다. 지역선별 보조금(RSA)은 평균 프로젝트 수는 상대적으로 재정보조금제도(SFIE)보다 작은 263건이지만, 지원금액은 재정보조금제도(SFIE) 많이 보조되었다. RSA의 경우 영국내 상대적 낙후지역인 스코틀랜드와 웨일즈에 프로젝트건수 및 지원 금액이 집중적으로 보조된 것을 알 수 있다.

---

16) "영국의 지역분류제도", http://www.koreanembassy.org.uk/kor/eu/gbr/main/index.jsp. (2008년 10월 7일 검색).

<표 2> 영국의 투자유치인센티브제도(RSA와 SFIT) (2006년, 단위: 수, 천파운드)

구 분	프로젝트 수	지원 금액 (£)
RSA	263	149,666
스코틀랜드	151	59,415
웨일즈	109	89,679
잉글랜드	3	572
SFIE	401	80,833
총 계	**664**	**230,499**

자료: UKTI Annul Report. London: UKTI, 2006.

셋째, R&D 촉진을 위한 인센티브가 있다. 예를 들면 유럽 내 첨단 기술산업의 경쟁력 향상을 위해 각국정부가 지원하는 인센티브제도(EUREKA), 산업정보기술에서 일상생활, 사회과학에 이르는 광범위한 분야의 공동프로젝트 소요자금지원을 통하여 업체 간 연구개발 및 산학협동체제를 촉진하기 위한 제도(EU Framework Programme for R&D), 그리고 개인과 기업의 첨단 기술개발을 촉진하기 위한 펀드제도(Grant for R&D)가 있다.[17] <표 3>은 위에서 언급한 영국의 해외직접투자 유치제도의 특징을 조세제도와 투자인센티브제도로 구분하여 정리하면 다음과 같다.

<표 3> 영국의 해외직접투자 유치제도

<table>
<tr><td rowspan="3">투자
인센티브
제도</td><td rowspan="2">일반적
인센
티브</td><td>선택적인
재정보조금
제도(SFIE)</td><td>· 투자지원지역을 설정하여 실업문제 해결 및 당해 지역의 경제 활성화를 위해 투자지원 지역에 투자하는 업체에게 보조금 제공</td></tr>
<tr><td>지역선별
보조금
(RSA)</td><td>· 유럽 공동체법에 의해 지역정부 지원 대상 지역의 투자 및 고용 창출을 장려
· 인센티브의 주된 형태는 무상현금보조로 자본투자비용, 고용창출규모에 따라 지원규모가 차이.
보통 총 프로젝트 자본 비용의 10~20% 형태로 제공</td></tr>
<tr><td colspan="2">R&D 촉진을 위한
인센티브</td><td>· EUREKA, EU Framework Programme for R&D, Grant for R&D</td></tr>
</table>

17) UKTI, Information Sheet, Research & Development, London: UKTI. (2008).

조세제도	소득세	• 근로소득세율은 기본 ￡5435 까지 감면, Basic Rate, Higher Rate에 따라 22~40% 차등 적용 • 세금경감혜택 제공: 각종 개인공제, 주택구입 대출금, 고령자에 대해 일정 한도까지 세금 공제
	법인세	• 영국은 철저한 내외국기업 평등주의에 입각하고 있어 외국인투자가에 대한 차별 없음 • 법인세 28%는 EU국 중 최저세율로 영국의 외국인투자 유치에 일조 • 주요 EU 회원국 중 가장 낮은 법인세율을 실시하여 세금 공제 전 경상이익의 30% 보장 • 법인세율은 Small companies' rate, Marginal relief, Main rate에 따라 21~28% 차등 적용
	R&D 촉진을 위한 조세제도	• 최근 R&D 분야의 입제에 상당한 혜택을 술 수 있는 세금 우대 정책 도입 • 이러한 정책은 해외기업의 R&D 분야투자를 촉진하고 영국을 이 분야에 있어서 매력적인 투자국가로 인정받도록 하는 것을 목적 • 대기업과 중소기업에 대한 세금우대 정책은 총 R&D 분야에 대한 비용의 최대 125%, 150%까지 각각 세금감면

자료: 변재웅(2009), p. 307.

【Ⅲ】 영국의 투자유치 성과 및 성공요인

1. 영국의 투자유치성과

영국은 많은 외국기업의 투자유치에 성공하면서, 해외투자유치 분야에 선두 국가로 부상하였다. 영국에 투자한 주요 국가는 미국, 유럽, 일본 등 선진국 함께 중국, 인도 등 고성장국가의 투자가 함께 이뤄지고 있다. 영국은 해외투자유치에서 경쟁력을 가지고 있는 산업 위주의 핵심 산업분야를 지정하고 있는데, R&D, 창조산업, 에너지, 금융서비스, 정보통신(ICT), 방위산업, 보안 산업 등이 있다.

구체적 특징을 UNCTAD(2007), UKTI(2006, 2007, 2008) 자료를 통하여 살펴보면 다음과 같다. <표 4>는 주요국의 외국인 직접투자누적을 보여주는데, 영국은 FDI 누적유입액 기준으로 세계 2위의 투자유치 성공국가이다. UNCTAD의 세계투자보고서(World Investment Report, 2007)에 의하면 2006년 말 기준 영국의 FDI 누적액은 1조 1352억 달러로 유럽에서 선두이며,

미국에 이어 세계 제 2위의 투자유치국이다. 이러한 괄목할만한 성과에 대해서 영국무역투자청(UKTI)은 영국경제의 안정성, 공정성과 효율적인 관련법규 및 혁신을 위한 영국정부의 지원 등의 결과라고 본다.[18)]

〈표 4〉 주요국의 외국인 직접투자누적

(단위: 백만 달러)

순위	국가	1990년	2000년	2006년
1	미국	394,911	1,256,867	1,789,087
2	영국	203,905	438,631	1,135,265
3	프랑스	86,845	259,776	782,825
4	홍콩	45,073	455,469	769,029
5	벨기에	NA	NA	603,432
6	독일	111,231	271,611	502,376
7	네덜란드	68,731	243,733	451,491
8	스페인	65,916	156,348	443,275
9	캐나다	112,843	212,176	385,187
10	이탈리아	59,998	121,170	294,790

자료: UNCTAD. World Investment Report 2007. New York: UNCTAD.

최근 3년간 주요국 외국인직접투자 유입액을 살펴보면, 영국은 2004년 세계 2위, 2005년 세계 1위의 세계투자 유입 국가이며, 2006년 FDI 유입규모도 1395억 달러로 미국(1753억 달러)에 이어 2위이다. 따라서 영국은 그동안 꾸준히 해외투자를 유치한 국가이며, 2005년 이후 외국인투자(Inward FDI)가 대외투자(Outward FDI) 보다 많다. 대외투자는 2005년 837억 달러, 2006년 794억 달러이고, 동기간 유입은 각각 1937억 달러, 1395억 달러이다.[19)]

영국무역투자청(UKTI) Annual Report(2006)에 의하면 영국에는 2만개가 넘는 외국기업들이 200만 명이 넘는 직원들을 고용하고 있다. <표 5>는 국가별 투자유치 현황(프로젝트 건수 기준)을 보여주는데, 미국 및 캐나다의 북미지역 회사가 전체의 1/4을 차지하고, 일본과 유럽 국가 기업들이 주요 투자기업들이다. 총 1220건의 투자를 유치하였으며, 이를 통해 한 해 동

18) UKTI. Annual Report, London: UKTI. (2007). http://www.uktradeinvest.gov.uk. (2007년 9월 8일 검색).

19) UNCTAD. World Investment Report 2007. New York: UNCTAD. http://www.unctad.org. (2008년 10월 20일 검색).

안 34,077명의 고용효과가 발생하였다.

영국의 2006~2007 회계연도 동안의 해외투자 유치실적을 살펴보면 다음과 같다.[20] 총 48개 국가의 1573개의 FDI 프로젝트를 유치하여 FDI를 통해 창출된 일자리는 4만 5000개이며, FDI를 통해 유지된 일자리는 5만 8000개이다. 이는 전년에 비해 10% 증가하였으며, 4년 연속 증가세이다. 외국인 투자 중 42%는 신규 투자프로젝트이며, 28%는 증액투자, 30%는 M&A 프로젝트이다. 전년 대비 신규 프로젝트는 9% 증가하였고, 증액투자 증가는 최고의 수치를 기록하였다. 따라서 외국기업들의 영국투자로 고용창출이 상당히 되었음을 알 수 있다. 이러한 고용을 통한 산업전반의 연쇄효과가 더욱 크다는 점을 고려할 때 외국인 투자유치의 중요성을 알 수 있다.

〈표 5〉 국가별 투자유치 현황 (프로젝트 건수 기준) (2006년)

순위	국가	프로젝트(건수)	고용창출(명)
1	미국	446	14,431
2	일본	84	2,054
3	인도	76	1,449
4	캐나다	75	1,938
5	독일	67	1,822
6	프랑스	59	2,780
7	호주	53	1,047
8	아일랜드	44	1,104
9	네덜란드	30	680
10	노르웨이	28	212
기타	기타	258	6,560 (중국 1,017)
총계		1,220	34,077

자료: UKTI Annual Report, London: UKTI, 2006.

산업별 투자유치 분야는 소프트웨어, IT, 인터넷, E-commerce, 제약 및 바이오, 금융, 전자 등의 첨단 분야의 투자가 많다. 최근 영국의 해외투자유치로 산업별 성과는 영국이 혁신 및 지식기반 산업에서 최고의 국가로 인식되었고, 유럽에서 R&D와 관련된 FDI 유치에 1위를

20) UKTI. Annual Report. London: UKTI. (2006). http://www.uktradeinvest.gov.uk. (2007년 3월 9일 검색).

차지하였다 점이다. 2007년 한해 R&D 투자는 83% 증가, 전체프로젝트의 2/3가 혁신 혹은 지식기반 첨단산업이다. 투자유치 분야는 정보통신(ICT), 생명과학, 금융서비스, 창조산업, 환경관련 기술, 선진엔지니어링 등으로 전반적으로 좋은 성과를 달성하였다. 따라서 영국은 그동안 각종 정책과 R&D 인센티브 제도를 통하여 전략적 투자유치 분야를 잘 유치하여 왔음을 알 수 있다.[21)]

① 투자유치 성공요인

영국의 투자유치 성공요인은 글로벌 기업으로 성장을 위한 디딤돌 역할을 제공한다는 점이다.[22)] 외국 기업이 영국투자에 주요 이점은 첫째, 친기업 환경, 최소의 법 규제로 최고의 비즈니스 환경을 제공하며, 둘째, 세계수준의 R&D, 자동차 디자인 기술, 건축, 디지털 게임, 미디어 관련 상품 등 창조 및 혁신분야에서 세계 선두국가 중 하나다. 셋째, 네트워킹 지원, 이미 조성된 비즈니스 서비스 단지, 전세계 비즈니스 컨텍(contact) 포인트가 집중되어 있어 세계와 연결되는 입구의 역할을 한다는 점이다.[23)]

기업들의 글로벌화 추세로 특정 국가의 경계 내에 머물지 않고 효율적으로 자금, 기술, 시장접근성이 용이한 국가로 근거지를 옮기는 현상을 초래한다. 따라서 기술 관련 첨단기업의 영국진출은 전 세계로의 네트워크가 용이하다는 입지적 이점을 이용하기 위해서이다. 일례로 영국정부는 2003년 이후 GEP(Global Entrepreneur Programme)을 실시했고, 이후 100여 개의 첨단기술 관련 기업이 영국에 본사를 설립하기 위해 투자하였다.

---

21) ...*"Many leading global businesses focus their R&D expenditure on the UK and benefit from access to first-class resources. In fact, 70 per cent of foreign-owned companies undertake more R&D activity here(UK) than in their home territories. Government support for innovation is strong with generous R&D credits for companies undertaking R&D in the UK. A range of Government-backed and private schemes support R&D skills development in the UK."*... "UKTI R&D". http://www.ukinvest.gov.uk/R%26D/ko-KR- list.html. (2008년 12월 15일 검색).

22) ...*"The UK's excellent ability to attract international investors is thanks to its compelling mix of business friendly environment, political and economic stability, world-class creative talent, and strong research and development base. A powerful magnet for overseas companies seeking to globalise, the UK continues to punch above its weight against international competition, maintaining its position as the largest recipient of foreign direct investment in Europe and second only to the US world-wide."*...
"Key Advantage". http://www.ukinvest.gov.uk/investment-report/ko-KR-list.html, (2009년 1월 9일 검색).

24) UKTI. Annual Report, London: UKTI. (2007). http://www.uktradeinvest.gov.uk, (2007년 11월 9일 검색).

영국은 다양한 외국인투자 유치를 위해 보조금 지원제도, 공장부지, 건물지원 및 사회간접자본 시설지원, 외환이동 및 세제지원, 기업규제 완화와 투자기업 보호 등의 다양한 정책을 통하여 해외투자를 적극 유치하고 있다. 영국의 투자유치의 성공요인을 자세히 살펴보면 다음과 같다. 영국 해외직접투자 유치의 성공요인을 정리하면 <표 6>과 같다.[24)]

〈표 6〉 영국 해외직접투자 유치의 성공요인

요인	내용
혁신적인 비즈니스규제개혁부 신설	• 투자유치를 위하여 투자에 걸림돌이 되는 각종 규제와 제도 개선을 담당하는 비즈니스규제개혁부(Department of Business and Enterprise Regulatory Reform) 신설
One-Stop Service 제공	• 영국무역투자청(UKTI)은 영국내 국제적인 기업 및 영국에서 사업을 확장하고자 하는 해외기업을 신속히 지원하는 정부기관
다양한 투자인센티브 제도	• 영국은 철저한 내외국기업 평등주의에 입각하고 있어 외국인 투자가에 대한 차별 없음. • 외국인 투자기업에 대해 유럽 최저수준의 법인세율 부과 • 개발촉진지구에 투자하는 경우 공장건설을 위한 자본비용 및 R&D 비용의 100%에 대해 세금 면제. • 사업용도의 건물, 기계류 구입비용에 대해 연 25% 감가상각비를 인정, 세제혜택 부여
첨단산업 유치 확대	• 고부가가치 및 하이테크 산업을 투자유치 역점사업으로 선정 (IT, 전자공학, 바이오 등의 하이테크 산업, 자동차, 연구개발 등에 우선순위) • 새로운 조세정책은 업체의 규모에 따라 크게 중소기업과 대기업에 따라 총 R&D 분야에 대한 비용의 최대 125%, 150%까지 각각 세금감면
금융, 교통, 통신, 교육 등 유리한 기업 환경 제공	• 영국은 금융, 교통, 통신, 교육 등 유리한 기업 환경 조성, 특히 런던은 유럽의 사업 중심지 • 효율적인 교육시스템을 구축하고 교육투자 확대 • 시장성 면에서 영국은 매우 유리한 조건 제시

24) 외국인투자 유치를 위해 영국이 사용하고 있는 대표적인 유인책은 유리한 각종 조세제도 및 공제혜택, 중앙정부와 지방정부 차원의 보조금 및 행정적인 지원, 비교적 안정적이고 우호적인 노사관계 및 숙련된 노동공급 조건, 시장성 면에서 영국은 매우 유리한 조건 제시, 효율적인 교통 · 통신망, 영국의 저렴한 에너지 공급과 저렴한 가격 등이다. 민강휘.『영국의 지역발전기구와 정책 시사점』(서울: 산업연구원, 2001). 김치호, 박의범(2008)은 외국인 투자를 성공적으로 유치하기 위해서는 기업환경의 개선, 경제자유규역 등 경제특구의 적극적 활용, 선순환형 기업유치 전략의 수립이 필요성을 주장한다. 김치호, 박의범. "다국적기업의 효과적 유치방안에 관한 연구".『국제경영리뷰』(2008). 제12권 2호. pp. 77~97. 한편, 이석희(2004)는 지역산업전략과 연계한 외자유치 활성화를 주장한다. 이석희.『지역산업전략과 연계한 외자유치 활성화 방안』. (대구: 대구경북연구원, 2004).

유리한 기업설립과 신속한 행정적 지원정책	• 회사를 설립하는데 유럽 평균은 32일, 영국은 단지 13일 소요. • 영국은 건축계획 승인절차의 간소화 등 신속한 행정적 지원정책 제공

자료: 변재웅(2009), p. 312.

첫째, 영국은 원활한 투자유치를 위하여 투자에 걸림돌이 되는 각종 규제와 제도 개선을 담당하는 비즈니스규제개혁부(Department of Business and Enterprise Regulatory Reform)를 설치 · 운영함으로서 기업 활동에 지장을 주는 각종 법규를 철폐하고 행정 철차를 간소화하려고 노력하고 있다는 점이 특징이다. 이는 정부 규제로 인한 비용을 최소화하고 기업경영의 효율을 극대화하기 위해서이며, 이러한 혁신적인 정부부처의 역할이 영국이 주요 투자 수용국이 된 중요한 성공요인 중 하나이다.

둘째, 영국은 투자 유치시 신속한 One-Stop Service를 제공해 주고 있다. 영국무역투자청(UKTI)은 영국 내의 국제적인 기업 및 영국에서 사업을 확장하고자 하는 해외 기업을 지원해 주는 정부기관으로 외국기업에게 정보와 서비스를 제공하며, 부지 선정, 사업자 등록, 직원채용, 제휴 파트너 물색, 기술 확보 등 사업설립에 필요한 모든 지원과 조언을 제공한다. 그리고 해외에 있는 관련기관들의 영국 마케팅 활동과 직원들의 친절한 상담이 영국 투자를 촉진하는 원동력이 되고 있다.[25)]

셋째, 다양한 조세 및 투자인센티브 제도를 제공해 주고 있다. 영국은 철저한 내외국기업 평등주의에 입각하고 있어 외국인투자에 대한 차별이 없다. 영국은 그동안 법인세를 지속적으로 인하하여 최근 최고 법인 세율이 28%로 인하되었다. 이는 EU 회원국 중 가장 낮은 법인세율로 세금 공제 전 경상이익의 30%를 보장한다. 영국의 최고 개인 소득세율 40%는 유럽연합에서 가장 낮은 수치 중 하나이다. 또한 개발촉진지구에 투자하는 경우에는 공장건설을 위한 자본비용 및 R&D 비용의 100%에 대해 세금을 면제해 주며, 사업용도의 건물, 기계류 구입비용에 대해 연 25% 감가상각비를 인정, 세제혜택을 부여해 준다.

25) FDI 유치과정에서 정부의 신속한 행정지원과 역할의 중요성은 아일랜드의 사례에서도 알 수 있다. 김윤형. “FDI 유치와 정부의 역할: 아일랜드와 네델란드의 성공사례”. 『경제경영연구』. (2002), 제21권. 한국외국어대학교 부설경제경영연구소. pp. 49~69. 김승민, “아일랜드 외자유치의 성공요인과 시사점”. 『국제학논총』. (2004), 제9집. 계명대학교국제학연구소. pp. 105~127. 외국인 투자유치는 자국(아일랜드)의 경제발전에 기여한다는 주장이 있다. Kim, K. and Bang, H. “The Impact of Foreign Direct Investment on Economic Growth: A Case Study of Ireland”. KIEP Working Paper 08-04. Seoul: KIEP. (2008).

넷째, R&D 등 첨단산업 유치 확대이다. 외국 투자자를 위한 영국정부의 조세지원제도의 특징은 최근 R&D 분야의 업체에 상당한 혜택을 주는 세금우대 정책을 도입하였다. 이러한 정책은 해외 기업의 R&D 분야 투자를 촉진하고 영국을 이 분야에 있어서 우수한 투자국가로 인정받도록 하는 것을 목적으로 하고 있다. 새로운 조세정책은 업체의 규모에 따라 크게 중소기업과 대기업으로 구분하여 총 R&D 분야에 대한 비용의 최대 125%, 150% 까지 각각 세금감면을 적용한다. 영국은 해외투자유치에서 경쟁력을 가지고 있는 산업 위주의 핵심 산업분야를 지정하고 있는데 R&D, 창조산업, 에너지, 금융서비스, 정보통신(ICT), 방위산업, 보안 산업 등이 있다.

다섯째, 금융, 교통, 통신, 교육 등 유리한 기업환경 제공이다. 영국은 금융, 교통, 통신, 교육 등 유리한 기업 환경을 조성하고 경쟁력을 지니고 있다. 특히 런던은 유럽의 사업 중심지이며, 전 세계의 자금 및 투자 시장의 필수적인 구성요소가 되고 있다. 런던시는 유럽의 다른 어느 도시보다도 경쟁력있는 증권 거래소, 외환 사업체, 국제 채권 업체들이 많다. 또한 그곳은 유로화 거래, 유로 은행 거래, 보험업, 선물매매, 선택매매 그리고 펀드운용의 주요한 중심지이다. 파리에 280개, 프랑크푸르트의 250개에 비해 런던에는 70개국 550개 이상의 은행들이 있다. 또한 영국은 경쟁력 있는 교육시스템을 구축하고 교육투자를 확대하여 경쟁력을 제고 하였다.[26)]

여섯째, 유리한 기업설립과 신속한 행정적 지원정책이다. 영국에서 회사를 설립하는데 13일이 걸리는 반면, 유럽 평균은 32일이다. 그리고 영국은 건축계획 승인절차의 간소화 등 신속한 행정적 지원정책을 해외투자가에게 제공하고 있다.[27)]

③ 영국의 투자유치 사례

2007/2008년 사이 영국에 투자한 국가(Global Overview)를 지역별로 살펴보면 다음과 같다.[28)] 첫째, 미국은 영국의 전체 유입 FDI의 30%를 차지하는 제 1 투자국으로 영국이 세계 선두의 금융센터라는 인식으로 MetLife사가 영국에 2개의 비즈니스를 설립했다.

---

26) http://www.uktradeinvest.gov.uk. (2008년 11월 11일 검색). 영국 런던은 다른 도시에 비하여 경쟁력을 지닌 도시로 평가되고 있다. Ernst & Young. European Investment Monitor. London: Ernst & Young, (2008).

27) http://www.ukinvest.gov.uk/Key-advantages/ko-KR-list.html. (2008년 11월 11일 검색).

28) UKTI. Annual Report. London: UKTI. (2008). http://www.uktradeinvest.gov.uk. (2009년 4월 7일 검색).

둘째, 유럽은 영국의 최대 교역 상대이며, 영국에 많은 직접투자를 하고 있는데 특히 첨단 기술 산업에 주로 투자를 하고 있다. 일례로 독일의 풍력발전기 제조업체인 Nordex Energy GmbH사는 증액 투자로 많은 고용을 창출했다. 프랑스의 IT기업인 Sword사는 고부가가치 프로젝트의 입지로 인도를 고려하다가 영국으로 결정했고, 이에 따라 200개의 일자리를 창출했다. 스웨덴의 전자기업인 Ericsson사는 R&D센터의 확장으로 650개의 신규 일자리를 창출했다. 핀란드의 노키아와 캠브리지 대학은 장기 공동연구 프로젝트를 실시하기로 했고, 노키아 연구소를 캠브리지 대학에 설치하였다. 기타 벨기에, 덴마크, 포르투갈, 스위스, 터키 등으로부터 투자를 유치하였다.

셋째, 아시아지역에서 인도, 중국 기업들은 비즈니스 활동의 국제화 필요성으로 하이테크 산업 관련 회사들이 영국에 사업체를 설립해 안정된 비즈니스 환경과 지적재산권의 보호의 혜택에 많은 관심이 있다. 인도는 지난 한해 영국에 직접투자액이 최고의 증가율을 보인 국가로서 IT와 생명과학분야의 투자가 많다.

인도기업 Tata사는 영국철강기업인 Corus사와 자동차 회사인 재규어, 랜드로버사, 인도 Amteck사는 영국 Triplex-Ketlon Group, Bharat Forge사는 영국 주조공장을 각각 인수했다. 중국 상하이자동차는 유럽 디자인기술센터 영국 설립, 중국 CCTV는 런던에 유럽본사 설립, Guangzhou Xiangxue Pharmaceutical Factory사는 중국 전통의학연구소를 캠브리지에 설립, 홍콩의 Truly 반도체 회사는 연구소를 영국에 각각 설립하였다. 일본은 아시아에서 제일 큰 투자국으로 영국의 재생에너지 산업에 관심을 가지고 있으며, 일본 재생에너지의 선두기업인 Yanmar사는 첫 연구소를 영국에 설립하였다. 그리고 싱가포르의 E2E Infoware사도 영국에 투자하였다.

영국정부도 쾌적한 주거환경과 훌륭한 지역사회 인프라가 투자유인이 될 수 있음을 인식하고 생활정보, 문화적 차이 익히기 등 비즈니스 외적인 서비스까지도 상세히 제공하며 적극적으로 마케팅하였다.

【Ⅳ】 결 론

10장은 EU 회원국 중 세계 2위의 투자유치국인 영국의 해외투자 유치정책과 해외투자 유치정책의 성공요인을 분석하였다. 해외투자가 경제성장, 고용창출에 기여할 뿐만 아니라 산업경쟁력을 직접 · 간접으로 강화시키는데 기여한다는 점을 고려하여 영국의 해외투자 유치 전략은 매우 적극적이며 성공적으로 평가 할 수 있다. 특히 R&D 관련 첨단산업의 유치를 전략적으로 유도하고 있다.

영국은 그동안 다양한 외국인투자 유치를 위해 보조금 지원제도, 공장부지, 건물지원 및 사회간접자본 시설지원, 외환이동 및 세제 지원, 기업규제 완화와 투자기업 보호 등의 다양한 정책을 통하여 해외투자를 적극 유치하고 있다. 영국은 또한 철저한 내외국기업 평등주의에 입각하고 있어 외국인투자가에 대한 차별이 없으며, 주요 EU 회원국 중 가장 낮은 수준의 법인세율을 실시한다. 외국 투자자를 위한 영국정부의 조세지원제도의 특징은 최근 R&D 분야 업체에 상당한 혜택을 줄 수 있는 세금우대 정책을 도입하여 첨단 분야의 투자를 상당히 유치하였다.

영국무역투자청(UKTI)은 영국 내 국제적인 기업과 영국에서 사업을 확장하고자 하는 해외기업을 지원해 주는 정부기관으로 신속한 One-Stop Service를 제공해 주고 있다. 또한 영국은 친기업적인 법규와 행정지원, 세계 최고의 금융 서비스 허브 역할, 교통, 통신, 교육 등의 분야에서 양질의 환경을 제공하며, 세계 최대 규모의 단일시장인 유럽연합(EU)으로 통하는 관문 역할을 한다. 영국투자유치는 투자가의 요구에 부합하는 인프라 구축 등 다양한 투자유치정책, 유기적인 협력체계 구축, 산업경쟁력 창출을 위한 끊임없는 노력, 투자유치를 위한 적극적인 마케팅 전략을 추진하였다.

영국의 투자유치 성공 사례를 통하여 한국에 몇 가지 시사점을 알 수 있다. 첫째, 투자유치 관련 세제의 개편, 특히 법인세제의 대폭 인하가 필요하다. 현재 세계 주요국은 법인세 인하 경쟁이 치열한 상태인데 한국의 법인세율이 약 27.5% 수준으로 높다. 이는 이미 유럽은 EU를 중심으로 법인세 인하경쟁을 치열하게 전개하고 있는 상태로 외국인 직접투자의 확대를 위해 법인세의 인하가 필요하다. 법인세 인하는 외국인투자 유치의 확대와 함께 국내 기업의 투자 확대를 가져오는 요인으로 작용한다. 외국인 직접투자의 획기적인 증대를 위해서는 외국인 투자기업이 국내에 들어와 활동할 수 있는 법제도의 선결이 매우 중요하며, 법인세율 인하는 이 같은 정책 중의 하나가 될 수 있다.

둘째, 영국은 외국인 R&D 센터의 유치를 위해 각종인센티브 정책을 수행하고 있는 한국에 중요한 정책적 시사점을 제공하고 있다. 외국인 투자기업의 국내 기업 및 경제에 미치는 효과에 대한 여러 실증 연구결과들은 한국이 현재 중점적으로 추진하고 있는 외국인 투자유치정책, 그 중에서도 외국인의 연구개발 투자를 적극적으로 유치하고 있는 정책의 실효성 등에 대해 보다 면밀한 실증적 분석이 필요함을 의미한다고 할 수 있다.

셋째, 외국인투자 행정체계의 강화가 필요하다. 이를 위해 외국인 직접투자 활성화를 위해서는 공무원 조직의 혁신이 필요하다. 영국은 원활한 투자유치를 위하여 투자에 걸림돌이 되는 각종 규제와 제도개선을 담당하는 비즈니스규제개혁부(Department of Business and Enterprise Regulatory Reform) 있다. 이러한 혁신적인 정부부처의 역할이 영국이 주요 투자 수용국이 된 중요한 성공요인으로 한국도 이러한 부처의 도입이 필요하다. 또한 영국은 UKTI 활동을 통해 적극적인 외국인 투자기업 유치 활동 전개하고 있다. 따라서 외국인투자 유치 담당하는 모든 부처 및 인력은 부처가 외국인투자 기업을 위한 행정서비스를 스스로 창출하려는 의지와 적극적인 실천자세가 필요하다.

넷째, 정치 · 경제의 안정이 필요하다. 정치안정뿐만 아니라 경제안정은 FDI를 촉진하는 중요한 요인의 하나이다. 정부안정성 및 법질서, 부패문제 등과 같은 정치제도의 안정뿐만 아니라 거시경제의 안정성은 FDI 유치를 위한 선결조건이다.

다섯째, FDI 관련 제도의 선진화가 필요하다. 투자 유치국과 투자국 제도의 근접성이 양방향 FDI를 증가시킨다는 결과를 보여주고 있다. 조세제도, 창업의 용이성, 낮은 부패수준, 투명성, 계약법의 준수, 재산권의 안정, 사법절차의 효율성 등과 같은 공공부문의 효율성이 FDI를 유인하는 주요 요인이며, FDI를 유인하는 데 있어서 제도의 질을 높이려는 정책노력이 중요하다고 강조한다. 따라서 제도의 질, 투자국의 제도수준 개선, 노사관계, 법인세제, FTA, 법질서유지 등과 같은 제도를 선진국 수준으로 개선하면 FDI 유입을 촉진하는 계기가 될 수 있다.

참고문헌

김치호, 박의범(2008). "다국적기업의 효과적 유치방안에 관한 연구." 『국제경영리뷰』. 제12권 2호. pp. 77~97.

김윤형(2002). "FDI 유치와 정부의 역할: 아일랜드와 네델란드의 성공사례." 『경제경영연구』. 제21권. 한국외국어대학교 부설경제경영연구소. pp. 49~69.

김승민(2004). "아일랜드 외자유치의 성공요인과 시사점." 『국제학논총』. 제9집. 계명대학교 국제학연구소. pp. 105~127.

민강휘.『영국의 지역발전기구와 정책 시사점』. (서울: 산업연구원. 2001).

변재웅(2009). "영국의 해외투자 유치정책의 성공요인 분석",『유럽연구』. 제27권 3호. pp. 297~320.

이병기(2008). "외국인 직접투자 환경과 제도개선 과제."『정책연구 2008-07』. (서울: 한국경제연구원.

이석희(2004).『지역산업전략과 연계한 외자유치 활성화 방안』. (대구: 대구경북연구원).

Aitken, B. and A. Harrison. "Do Domestic Firms Benefit from Direct Foreign Investment? Evidence from Venezuela." The American Economic Review. 89(2). (1999). pp. 605~618.

Alfaro, L. A. Chanda, S. Kalemli-Ozcan, and S. Sayek. "FDI and Economic Growth: The Role of Local Financial Market." Journal of International Economics. 64. (2002). pp. 89~112.

Balasubramanyam et al., V. N. Balasubramanyam, M. Salisu and D. Sapsford. "Foreign Direct Investment and Growth in EP and IS Countries". Economic Journal. 106. (1996), pp. 92~105.

Barry, F., H. Goerg, and E. Stroble. "Foreign Direct Investment and Wages in Domestic Firms in Ireland; Productivity Spillover versus Labour-Market Crowing Out". International Journal of the Economic Business. 12. (2005). pp. 67~84.

Barry, F. "FDI and Irish Economics Development over Four Stages of European Integration." Dublin: University College Dublin. (2006).

Bellak, C. and M. Leibrecht. "Effective Tax Rates as a Determinant of Foreign Direct Investm- ent in Central and East European Countries: A Panel Analysis." SFB International Tax Coordination, Discussion Paper. No.7. (2005).

Bénassy-Quéré, A., M. Coupet. and T. Mayer, "Institutional Determinants of Foreign Direct Investment." World Economy. (2007). pp. 764~782.

Borensztein, E., J. De Gregorio. and J. W. Lee. "How does Foreign Direct Investment Affect Economic Growth?" Journal of International Economics. Vol 45. (1998).

Blomstrom, M. and F. Sjoholm. "Technology Transfer and Spillovers: Does Local Participation with Multinationals Matter." European Economic Review. 43. (1999). pp. 915~923.

Cai, H., Y. Yodo, and L. Zhou. "Do Multinational's R&D Activities Stimulate Indigenous

Entreprene-urship? Evidence from China's Silicon Valley." NBER Working Paper 13618. (2007).

Djankov, S. and B. Hoekman. "Foreign Investment and productivity Growth in Czech Enterprises." World Bank Economic Review. 14 (2000). pp. 49~64.

Ernst & Young. European Investment Monitor. London: Ernst & Young. (2008).

Grossman, S. and E. Helpman. "Innovation and Growth in the Global Economy." Cambridge. M.A.: MIT Press. (1995).

Gorg, H. and E. Strobl. "Multinational Companies and Productivity Spillovers: A Meta-Analysis." The Economic Journal. Vol. 111. (2001). pp. 723~739.

Haddad, M. and A. Harrison. "Are there Positive Spillovers from Direct Foreign Investment? Evidence from Panel Data for Morocco." Journal of Development Economics. 42 (1993). pp. 51~74.

Haskel, J., S. Pereira, and M. Slaughter. "Does Inward Foreign Direct Investment Boost the Productivity of Domestic Firms?" NBER Working Paper. (2002). 8724.

Hughes, James. "The Role of Regional Development Agencies in Regional Policy: an Academic and Practitioner Approach." Urban Studies. (1998). pp. 615~626.

Kim, K. and Bang, H. "The Impact of Foreign Direct Investment on Economic Growth: A Case Study of Ireland." KIEP Working Paper 08-04. Seoul: KIEP. (2008).

Oteng-Abayie, E. F. and J. M. Frimpong. "Bounds Testing Approach to Cointegration: An Examination of Foreign Direct Investment Trade Growth Relationships." American Journal of Applied Sciences. 3(11). (2006). pp. 2079~2085.

Ruane, F. and A. Ugur. "Foreign Direct Investment and Productivity Spillovers in Irish Manufacturing Industry: Evidence from Firm Level Panel Data." International Journal of the Economics of Business. 11(3). (2005). pp. 53~66.

Roberts, P. and G. Lloyd. "Regional development Agencies in England: New Strategic Regional Planning Issues?" Regional Studies. (2000). pp. 75~79.

Stein, E. and C. Daude. "Institutions, Integration, and Location of Foreign Direct Investment." (2001). Inter-American Development Bank. mimeo.

UNCTAD. World Investment Report 2007. New York: UNCTAD. http://www.unctad.org. (2008년

10월 12일 검색).
UKTI. Annual Report. London: UKTI. (2006). http://www.uktradeinvest.gov.uk. (2007년 3월 9일 검색).
UKTI. Annual Report. London: UKTI. (2007). http://www.uktradeinvest.gov.uk. (2007년 9월 8일 검색).
UKTI. Annual Report. London: UKTI. (2008). http://www.uktradeinvest.gov.uk. (2009년 4월 7일 검색).
UKTI. Key Facts. London: UKTI. (2008).
UKTI. Information Sheet. Tax. London: UKTI. (2008).
UKTI. Information Sheet. Research & Development. London: UKTI. (2008).
Wasantha Athukorala. "The Impact of Foreign Direct Investment for Economic Growth: A Case Study in Sri Lanka". 9th International Conference on Sri Lanka Studies. (2003).

〈기타 인터넷 자료〉

"영국의 지역분류제도". http://www.koreanembassy.org.uk/kor/eu/gbr/main/index.jsp. (2008년 10월 7일 검색).
"영국의 투자환경". http://www.uk.or.kr/new/amblog.html. (2008년 10월 15일 검색).
http://www.ukinvest.gov.uk/Key-advantages/ko-KR-list.html. (2008년 11월 11일 검색).
http://www.uktradeinvest.gov.uk. (2008년 11월 11일 검색).
"Key Advantage". http://www.ukinvest.gov.uk/investment-report/ko-KR-list.html. (2009년 1월 9일 검색).
"UKTI". http://www.ukinvest.gov.uk/Press/10400/ko-KR.html?print=true. (2008년 12월 9일 검색).
"UKTI R&D". http://www.ukinvest.gov.uk/R%26D/ko-KR-list.html. (2008년 12월 15일 검색).

제 11 장

한-EU FTA

제11장 한-EU FTA

【I】 서 론

EU는 2006년 10월, "Global Europe: Competing in the World" 이란 제목의 신통상 경쟁전략을 발표했다. 이에 따르면 EU는 아시아의 신흥시장에서 주요시장(new frontier)으로 자리매김한 한국, 아세안, 인도 등의 국가와 FTA 체결을 제안했다. 그 후, EU는 이들 여러 국가(지역)와 FTA 교섭을 차례로 시작했으며, 한국과 유럽연합(EU)간의 자유무역협정(FTA)은 최근 타결되고 한-EU FTA의 가서명을 통하여 2011년 7월 발효될 것으로 전망된다. 한국은 수출시장 확대, EU는 전략적 고려가 주요 추진 배경이다.

한국은 세계 최대 경제권인 EU에 대한 수출 확대의 돌파구를 마련하는 계기가 되었다. EU는 5억 인구에 GDP는 총 18조 3,300억 달러로서 세계 최대 시장이며, 2008년 한국의 제2의 교역국(583.7억 달러, 비중 13.8%, 2위)이자 최대 무역 흑자국(184억 달러)이다. 한국과는 2000년 이후 연평균 12% 정도의 수출입 증가세를 보이면서 2008년 기준으로 중국에 이어 두 번째 교역국으로 미국과 일본보다 교역규모가 크다. 무역흑자도 증대되고 있으며, 외국인직접투자(FDI)도 급증하여 한국으로서는 상당히 중요한 시장이다. EU도 동아시아 시장의 미국 영향력 확장 견제와 교두보로 한국을 활용하게 된다.

협상타결의 의의로는 미국에 이어 EU와 FTA협상 타결로 본격적인 FTA시대 개막의 신호이다. 한국은 글로벌 경제의 양대 축인 EU 및 미국과 FTA를 타결한 유일한 아시아 국가이며, 세계적 경제위기 속에서 한국과 EU간의 교역과 성장의 새로운 기회를 창출한다. 또한 교착상태에 빠진 한-미 FTA와 협상중인 FTA(중국, 일본)에 긍정적 영향으로 작용할 수 있다는 점이다.

EU 이사회가 최근 한-EU FTA 정식서명을 승인함으로서 EU는 유럽의회에 즉각 동의안을 송부하게 되고 한국은 2010년 10월 정식서명 이후 국회에 비준동의안 제출 등 후속 절차를 진행하게 된다. 그리고 2011년 7월 한-EU FTA 잠정발효하기로 합의했다. 다음은 지금까지 한-EU FTA 추진과정은 다음과 같다.

〈표 1〉 한국-EU FTA 주요 일지

일 자	주요 내용
2003.8월	중장기 FTA 추진 대상국으로 EU 선정
2006.5.15	한-EU 통상장관회담(필리핀), 한-EU간 예비협의 개최 합의
2006.7.19	한-EU FTA 1차 예비협의(브뤼셀)
2006.9.26 ~ 27	한-EU FTA 2차 예비협의(브뤼셀)
2007.1.26	한-EU 통상장관회담(스위스)에서 한-EU FTA 준비상황 점검
2007.5.1	대외경제장관회의에서 한-EU FTA 협상 출범 결정
2007.5.7 ~ 11	한-EU FTA 제1차 협상(서울)
2007.7.16 ~ 20	한-EU FTA 제2차 협상(브뤼셀)
2007.9.17 ~ 21	한-EU FTA 제3차 협상(브뤼셀)
2007.10.15 ~ 19	한-EU FTA 제4차 협상 (서울)
2007.11.19 ~ 23	한-EU FTA 제5차 협상 (브뤼셀)
2008.1.28 ~ 2.1	한-EU FTA 제6차 협상 (서울)
2008.5.12 ~ 15	한-EU FTA 제7차 협상(브뤼셀)
2009.3.23 ~ 24	한-EU FTA 제8차 협상(서울), 잠정 타결
2009.5.23	한-EU 정상, 한-EU FTA 조기타결 합의
2009.7.13	한-EU 정상, 한-EU FTA 타결 선언
2009.10.15	한-EU FTA 가서명(브뤼셀)
2010.8.16	한국, 한-EU FTA 협정문 의결
2010.9.10	EU 특별외교이사회, 한-EU FTA 협정문 논의
2010.9.13	EU 일반이사회, 한-EU FTA 협정문 승인 실패
2010.9.16	EU 정상회의, 한-EU FTA 2011년 7월1일 발효 합의
2010.9.16	EU특별외교이사회, 한-EU FTA 승인
2010.10.6	한-EU FTA 정식 서명 예정(브뤼셀)
2010.10.6 ~ 2011.06.30	한국 국회, EU의회 한-EU FTA 비준동의 완료 예정
2011.7.1	한-EU FTA 잠정발효

또한 한-EU FTA는 한-미 FTA보다 경제적 효과가 더 클 것으로 추정된다. 한-EU FTA는 교역을 통한 경제적 이익 증가가 크며, 한국은 對EU 무역수지 흑자를 유지하는 '수출우위' 상황이므로 관세인하에 따른 효과는 종합적으로 한국에 이득이 예상된다. 전반적으로 농업과 기계산업을 제외한 분야는 긍정적인 효과가 예상되지만, 업종별로 그 명암이 교차되어 이에 대한 분석과 대책이 필요하다.

한-EU의 FTA 체결시 교역(수출) 확대를 위해 해결되어야 할 과제가 많은데 그 중에서 EU의 비관세무역장벽의 해소가 필요하다(김득갑, 2007). 또한 한-EU FTA 체결에 따른 관세인하의 효과를 극대화하기 위해서는 비관세장벽에 대한 대책과 준비가 필요하다. 이러한 점에서 2장은 비관세장벽(기술표준, 환경기준)에 대해서도 살펴보며, 무역협회 등 관련기관의 최근 통계자료를 중심으로 주요 산업별 관세효과를 분석한다.

한-EU FTA 관련 최근 연구는 주로 경제적 효과분석과 추진과정에 관한 연구들인데 강유덕(2009a, 2009b), 김득갑(2007), 김형주(2007), 김형주, 이서원(2008), 이종원, 변재웅(2008), 방청록(2009), 안유석(2009), 외교통상부(2009), 이명구(2009), 이종규(2009), 전국경제인연합회(2007), 황나영, 박형중(2009), 田中信世(2008), Nicolas(2009), Smith et al(2008) 등이 있다. 그리고 산업분석 관련연구는 조대성(2009), 하나금융연구소(2009)가 있다. 본 장에서는 산업별 관세효과를 중심으로 분석하며, FTA 극대화를 위한 정책제언을 함으로서 선행연구의 공백을 메우고자 한다.

제2절에서 관세양허, 원산지 및 관세환급, 비관세장벽 등 한-EU FTA 주요 이슈를 먼저 분석하고, 제3절에서 자동차, 전자, 농축산, 섬유, 기계 등 주요 산업별 관세효과를 각각 분석한다. 그리고 제4절은 한-EU FTA의 대응전략에 대해서 분석한 후, 제5절에서 결론을 도출한다.

【Ⅱ】 한-EU FTA 주요 이슈 분석

본 절에서는 한-EU FTA 주요 이슈 분석으로 교역에 영향을 미치는 관세(상품)양허, 관세환급제도와 원산지, EU 진출의 주요 장애요인으로 비관세장벽으로 작용할 가능성이 있는 EU의 기술표준과 환경기준에 대해서 각각 살펴본다.

① 관세양허

<표 2> 관세철폐 주요품목 및 시기

철폐 시기	EU측 (한국의 對EU 수출)	한국측 (EU의 對한국 수출)
즉시	자동차부품(4.5), 냉장고(1.9), 편직물(8), 무선통신기기(2~5), 평판디스플레이(3.7)	자동차부품(8), 선박(5), 직물의류(8~13), 계측기(8), 칼라TV(8), 냉장고(8), 타이어(8), 복사기(8) 등
3년	타이어(2.5~4.5), 전자레인지(5), 베어링(8), 합성수지(6.5), 중대형승용차(10)	의약품(6.5), 화장품(8), 기타정밀 화학제품(5~8), 무선통신기기부품(8), 펌프(8), 중대형승용차(8) 등
5년	광학기기부품(6.7), 순모직물(8), 컬러TV(14), TV카메라 및 수상기(14),	화학제품(5~8),무선통신기기부품(8), 시멘트(8), 합성고무(8), 하이브리드카(8), 소형승용차(8)
7년	없음	건설중장비(8),밸브(8), 베어링(8), 순모직물(13), 합판(8~12), 인쇄기계(8), 기타 기계류(16)

자료: 외교통상부(2009). 참고: ( ) 안은 관세율임.

한국과 EU는 한-EU FTA에서 관세(상품)양허에 대해 타결을 하였는데 <표 2>는 관세철폐의 주요품목과 시기를 보여주는데 몇가지 특징을 살펴보면 다음과 같다. 첫째, 공산품의 경우, EU는 전 품목에 대해 5년 내 관세를 철폐하고, 한국은 일부 민감 품목에 대해 7년내 관세를 철폐하기로 합의했다. 품목기준으로는 한국이 다소 유리하지만 금액기준으로는 5년 이상 장기철폐 비중이 비슷한 수준에서 타결되었다는 점이 특징이다.

조기철폐비율(즉시철폐 및 3년내 철폐)은 한국은 품목기준 96%, 금액기준 92%를 3년내에 철폐하기로 하였으며, EU는 품목기준 99%, 금액기준 93%를 3년내 철폐하기로 했다. 이는 한미 FTA에서 미국이 양허한 3년내 품목 91.4%, 금액 92.4%의 철폐수준보다 높은 수준의 양허를 확보하였다는 점이 특징이다.

양측 모두 중대형(배기량 1,500cc 초과)은 협정발효 후 3년 내, 소형(배기량 1500cc 이하)은 5년내에 관세를 철폐하게 되며, 자동차부품은 양측 간 즉시 철폐한다. EU의 경우 냉장고(1.9), 편직물(8), 무선통신기기(2-5), 평판디스플레이(3.7)는 즉시 철폐하며, 타이어(2.5-4.5), 전자레인지(5), 베어링(8), 합성수지(6.5)는 3년 내, 광학기기부품(6.7), 순모직물(8), 컬러

TV(14), TV카메라 및 수상기(14), 하이브리드카(10)는 5년 내에 각각 관세를 완전 철폐하기로 합의했다.

둘째, 농축산물의 경우, 주요 민감 품목에 대해 10년 이상의 장기 철폐기간을 확보하였으며, 양허제외, 현행관세유지, 계절관세 도입 등의 예외적 취급(경우)도 확보하였다는 점이 특징이다. 농업분야에서 조기철폐비율은 한국은 52% 수준인 반면, EU는 100%의 조기철폐를 실시하는 등 한국의 양허품목이 EU에 비해 많다는 점도 특징이다. 이는 한국농업의 민감성을 반영하여 예외적으로 취급하여 냉동돼지고기(25%의 관세) 삼겹살의 경우 한-미 FTA 결과보다 장기인 10년 내로 철폐하기로 했다. 쌀이나 고추 마늘, 양파 등은 현행관세를 유지하고 오렌지, 포도는 계절관세를 부과한다.[1)]

② 원산지 및 관세 환급

한-EU 원산지규정 관련 주요 합의내용의 특징은 다음과 같다. 첫째, 한국의 주요 수출품목인 기계, 전기전자, 자동차 등에서 역외산 재료 비중이 높은 산업구조의 특성을 반영한 수준에서 품목별 원산지기준을 채택하였다. 그동안 우려해온 기계 · 전기전자 품목에서 세번변경 또는 역외부가가치 45~50%의 선택기준으로 합의하였다. EU는 처음으로 EU측이 체결해온 FTA에 반영한 원칙을 수정하였는데 엄격한 결합기준(세번변경과 역외산 부가가치기준) 대신 보다 완화된 선택기준(즉, 세번변경 기준이나 혹은 역외산 부가가치기준)도 수용하였다.[2)] 섬유는 Yarn-forward, 의류는 Fabric forward 방식을 적용하고[3)], 자동차부품의 경우는 역외산 부품사용비율을 50%까지 각각 적용하기로 합의했다.

둘째, 개성공단의 원산지는 한-미 FTA 방식을 채택, 발효 1년 후 한반도 역외가공위원회를 설치하여 상세한 내용을 결정하기로 합의하였다. 현행 관세환급 제도를 유지하며, 필요시

---

1) 한국보다 EU측이 다소 조기에 관세를 철폐하는 비대칭적인 관세철폐 방식이다. 농업분야에서의 한국의 양허안이 EU에 비해 예외적으로 취급을 받는 품목수가 많다. 제조업의 경우 EU측의 빠른 관세철폐는 우리의 제조업분야에서 대EU 수출이 증가할 것으로 예상된다(강유덕, 2009b: 51).

2) EU의 특혜원산지규정은 각 협정에 따른 원산지규정 및 절차의 상이로 인한 복잡성 및 불명확성으로 FTA 협정시 많은 문제점으로 대두되었다. 1997년 원산지규정을 통일하여 EU원산지규정인 PanEURO 원산지규정을 도입하였다(이명구, 2009)

3) EU는 제3국의 원단을 사용한 제품의 경우 부가가치가 한-EU 당사자가 아닌 원재료 생산국에게 돌아간다는 이유로 원사기준(Yarn-forward)을 주장하며, 의류제품에 대해 원사수입은 인정하되 원단수입은 인정하지 않는 Fabric forward 방식을 채택하였다.

보호 장치제도 도입을 합의했다.[4)]

셋째, 원산지와 관련된 관세환급은 한-EU간 핵심 쟁점사항으로 결국 EU가 허용하는 방향으로 타결하였지만 양측은 중대한 변화가 있으면 관세환급상환을 5%로 적용하는 방안을 마련하기로 합의하였다. EU는 역내소싱이 활발하여 기본적으로 관세환급과 FTA 특혜관세는 이중혜택이라는 입장이었다(하나금융연구소, 2009).

③ 비관세 무역장벽: 기술표준 및 환경기준

한-EU의 FTA 체결시 수출 확대를 위해 해결되어야 할 과제로 까다로운 EU의 기술표준과 환경기준이 있는데 이는 비관세무역장벽의 성격을 지니고 있다(전국경제인연합회, 2007). 첫째, 기술표준은 EU 회원국들이 일부품목에 있어서 상이한 표준, 시험 및 인증절차를 유지하고 있어 EU 내에서 상품의 자유로운 이동에 장애요인으로 작용하고 있다. 따라서 기술표준의 정보를 수집 교류함으로서 관련 수출기업은 EU표준과 기술규제 정보를 쉽게 활용하여 조기 대응이 가능하다. 한-EU간 기술표준 합의의 몇가지 특징은 다음과 같다.

2009년 7월 한국측과 CEN/CENELEC[5)]간에 기술표준협력을 위한 MOU를 체결하고, 정기적으로 유럽기술규제에 대한 정보를 입수 할 수 있게 되어 기업의 문의사항이나 애로사항을 해결 할 수 있는 창구를 개설하였다. 그동안 유럽에서 유럽표준이 제 · 개정 될 때마다, 정보의 입수가 늦어 많은 어려움을 겪어왔다. 특히, 유럽의 환경규제와 CE마크[6)] 등 많은 기술규제로 인하여 한국기업들의 애로가 가중되었기 때문에 이번 MOU가 한국기업들에게 주는 의미가 크다.[7)]

---

4) 협정발효 5년 후부터 역외산 원자재 조달방식의 중대한 변화가 있을 경우 해당 품목의 환급 관세율 상한을 설정할 수 있는 보호 장치제도를 도입한다. 직접운송 원칙에 따라 對EU 수출품이 FTA 관세인하 해택을 받으려면 엄격한 원산지 기준을 충족해야 한다. 해외 생산네트워크를 운영하는 기업은 직접운송 원칙을 준수해야 한다. 일례로 중국에서 생산, 선적한 제품은 한국산 부품을 일정비율 사용했더라도 직접운송 원칙을 위배하면 '한국산' 으로 인정받을 수 없다.

5) CEN(유럽표준화위원회), CENLEC(유럽전기전자표준위원회). 유럽의 기술규제에 관한 법령은 유럽집행위원회(EC)에서 제정하지만, 세부적인 기술기준은 민간 표준화기구인 CEN/CENELEC에서 제정한 유럽표준(EN)을 따른다.

6) 유럽공동체(Communaute Europeenne: CE) 마크제도는 EU의 통합규격인증 마크제도로 공중 보건, 안전, 환경보호 및 소비자 보호를 위한 제도지만 인증에 소요되는 절차, 시간 및 비용 등으로 한국 기업에 상당한 부담으로 작용하고 있다.

자동차 안전 · 환경기준과 관련하여 자국 기준과 UN/ECE기준과의 동등성 인정 및 동등성 인정 범위를 점진적으로 확대하였다. 기술표준은 자동차 안전, 환경 기준관련, 자국 기준과 UN/ECE[8] 기준과의 동등성을 인정하고 있다. 이는 자동차관련 국내 안전기준 42개 중 34개에 대해 UN/ECE 기준과 동등성을 인정하며, EU가 채택하고 있는 자동차 기술표준을 인정하였다. 향후 한-EU FTA 발효와 함께 한국기업들이 유럽의 표준과 기술규제에 대한 정보를 보다 쉽게 접근하고, 이에 대해 효율적으로 대응하기 위하여 종합 기술규제 정보센터의 운영이 가능하다(지식경제부, 2009).

Mcqueen(2002)의 분석에 의하면, EU는 FTA협정을 통하여 EU절차를 국제기준으로 만들고 EU의 조건과 약정 그리고 표준 및 각종 기준들을 제시한다. EU는 미국 및 일본과 표준을 놓고 세계시장에서 경쟁하고 있다. 결국 EU로서는 표준화와 관련한 이점을 최대한 확보나 손실 최소화라는 측면에서 한국과의 FTA를 선택했다고 볼 수 있다(김형주, 2007).

둘째, 무역규제 효과를 수반하는 EU의 주요 환경기준도 비관세무역장벽의 성격을 지닌다. EU의 무역규제 관련 환경정책은 크게 화학물질규제(위험평가, REACH규정, 자동차 및 비도로 운행기계 배출 가스 규제 등), 제품규제(WEEE, RoHS, ELV 지침, 에코라벨 제도 등)로 구분된다. 특히 EU는 신화학물질관리제도(REACH)를 도입하여 화학물질 등록, 평가 및 승인절차를 요구하고 있으나, REACH 제도의 전문성 부족, 업계의 비용 부담 증가 등 실질적인 비무역장벽이 존재할 수 있어 FTA 효과가 반감될 수 있다. 결국 CE인증, 유해물질관리제도(RoSH) 등과 같은 까다로운 인증제도 및 환경규제가 EU 진출에 여전히 부담요인으로 작용할 수 있다.[9]

---

7) 기술표준원은 지난 7월 노르웨이와 스웨덴의 표준화기구(각각 SN, SIS)와 표준분야 MOU를 체결하고, 국제표준화 강국인 북유럽 지역과도 기술 · 표준협력을 강화하기로 하였다.

8) UN/ECE(UN 유럽경제위원회) : United Nations Economic Commission for Europe

9) EU는 2008년 실리콘, PET Chip, PSF(폴리에스터단섬유) 등에 대해 수입규제를 진행하였다. 이에 비해 EU는 한국의 기술장벽과 기준, 한국 국내성과기준, 자동차산업 인수 및 합병에 관한 경쟁정책, 투자정책 등을 지적하고 있다. "Important non-tariff issues include: Technical Barriers and Standards: this includes EU emission and safety standards, and Korean domestic performance standards; Services regulations affecting distributors and after sales service; Competition Policy, in particular as it impinges on mergers and acquisitions in the automotive industry; and Investment Policy and Regulations" (Murray G. Smith et al, 2008)

【Ⅲ】 산업별 관세효과

본 절에서는 한국-EU FTA 타결에 따른 한국의 주요 산업별 관세효과를 자동차, 전자, 농축산, 섬유, 기계 산업에 대해서 각각 살펴본 후 종합적인 산업별 관세효과를 분석한다.

① 자동차산업

자동차산업은 對EU 수출 중 18.5%를 차지하는 최대 관심분야 중 하나이다. 자동차의 경우, 현재 관세율이 10%에서 FTA로 세율이 철폐됨에 따라 가격경쟁률 상승이 예상된다. 자동차부품관세는 현재 4.5%가 즉시 철폐된다. 한국측 최대 관심품목인 자동차의 경우 배기량에 따라 3~5년내 관세 철폐하게 되며 기간을 상이하게 조정한다. 자동차는 양측 모두 민감 품목이어서 즉시 철폐대상에서 제외하였고 양측 모두 중형/대형(배기량 1500cc 초과) 자동차에 대해 3년내, 소형(배기량 1500cc 이하) 자동차에 대하 5년내 관세철폐를 각각 실시한다. EU의 중대형차량 현 관세 10%를 3년내에 철폐시 매년 3.3%의 관세 인하 효과를 기대할 수 있으며, 현재 미국 관세 2.5%를 감안할 때 FTA 즉시 철폐의 효과를 기대할 수 있다.

그리고 EU시장은 미국보다 규모가 상대적으로 커서 시장 진출여건 개선 효과가 클 것으로 기대된다. 또한 관련 부품산업 또한 관세철폐가 예상되어 완성차 공장과의 시너지 효과도 기대된다. 하지만 국내선호도가 높은 중대형차와 친환경 (소형)자동차의 수입이 증대로 국내 시상섬유율이 높아 실 것으로 예상된다.

<표 3>은 자동차 산업관련 2009년 현재 관세율을 보여 주는데, EU에 비해 한국의 관세가 조금 더 높다. 한국의 경우 EU가 승용차 관세율(10%)을 철폐할 경우, 수출과 이에 따른 매출 증가가 예상된다. 특히 EU의 고관세 품목인 트럭(3.5-22%)의 경우 관세 철폐효과가 아주 클 것으로 예상되며, 버스(10-16%)와 자동차부품(3-4.5%)도 관세철폐로 EU 수출에 긍정적 영향이 예상된다. 완성차의 대EU 수출은 현대, 기아차의 현지공장 완공으로 2007년 이후 다소 감소하였지만 2008년 수출액(52억달러)이 수입액(15억달러) 보다 많다.[10)]

10) 하나금융경영연구소(2009), p. 6.

<표 3> 자동차 산업관련 관세율 (2009년 현재)

구분	승용차	트럭	버스	부품
EU	10%	3.5%~22%	10%~16%	3%~4.5%
한국	8%	10%	10%	8%

자료: 한국자동차공업협회(http://www.kama.or.kr/)

② 전자산업

전자제품은 관세 인하효과로 많은 수혜가 예상되는 분야이다. <표 4>는 주요 전자제품 관세철폐 연도별 품목별 분류이다. 일반휴대전화, 반도체 등의 WTO 정보기술협정 관련 품목은 이미 관세가 철폐되었으며, 특히 신제품의 트렌드에 민감한 LCD TV, 3G휴대폰 등 인기 전자 제품군의 종전 관세 10%가 철폐됨에 따라 경쟁국에 비해 경쟁력이 확보되기 때문에 이미 세계적인 수준인 국산 전자제품의 EU 시장 점유율이 점차 증대될 것으로 예상된다.

<표 4> 주요 전자제품 관세철폐 연도별 품목별 분류

철폐시기	한국	EU
즉시	컬러TV, 냉장고, 계측기	냉장고, 평판디스플레이, 전자부품
3년 내	무선통신기기 부품	전자레인지
5년 내	–	광학기기 부품, 컬러TV, 카메라/수상기기

자료: 한국무역협회

하지만 향후 국산 전자제품의 유럽진출에는 한국기업의 일방적인 이득만이 존재하지 않는다. 정보기술협정, 환경기준, 포장재 규제 등 여러 가지 요인들에 의해서 이번 FTA의 관세철폐 등의 가격하락요인에도 불구하고 경쟁력이 더 이상 발생하지 않는 경우도 생길 수 있다. 그리고 상대적으로 기술력이 부족한 정밀기기, 전자 의료기기, 소형가전 제품군에서 전자산업에 타격이 예상된다. 일례로 반도체, 일반 휴대폰, 복사기, PCB, TV 기능이 없는 LCD 판넬 등의 제품들은 정보 기술협정에서 이미 수출 관세가 없어진 상품이거나 혹은 현지공장 생산에 의해 관세가 없기 때문에 별다른 혜택이 없을 것이다.

또한 EU 진출의 주요 장애요인은 EU의 인증제도이다. EU에서는 에너지, 환경, 안전 등의 인증제도가 시행중에 있고 EU에서 상품을 판매하기 위해서 인증을 받아야 하는데 EU인증제도가 까다롭다(변재웅, 2006). 포장재와 포장 폐기물 등의 환경적 규제 등에 의한 제한도 장애요인이다.

한국과 EU간 무역구조를 살펴보면, EU에 대한 전기전자 수출은 2008년 수출액은 209억달러, EU로부터의 전기전자 수입은 76억달러를 각각 기록하였다. EU와의 무역에서 전기전자 품목은 지난 22년간 연속 흑자를 기록 중이며 무역흑자는 꾸준히 증가해 2007년 150억달러를 달성하였다.[11] 전기전자는 교역 전체에서 EU가 차지하는 비중은 수출의 경우 16~18%, 수입은 9~10% 수준을 유지하고 있다.

③ 농축산업

<표 5> 한-EU FTA 농축수산업 부문 주요 관세 합의 내용

구분	EU→한국
축산	쇠고기(15년간 관세 점진철폐 예상), 닭고기 (10~12년간 관세 점지철폐), 돼지고기 냉동(25%), 돼지고기 (삼겹살 제외) 5년내 관세 폐지, 냉동삼겹살 및 냉장(22.5%), 돼지고기 (10년내 관세 폐지)
농산	감자(13년뒤 관세철폐), 맥주보리(무관세 TRQ 1만톤, 즉시시행), 오렌지(무관세 TRQ 20톤 즉시시행, 7년뒤 관세 철폐(3~8월)), 키위(15년간 45% 관세 점진철폐), 사료(4.2~5%) 철폐, 기타 사료 (TRQ, 50~70% 관세 소폭 인하 전망)

자료 : 하나금융경영연구소(2009), p. 38.

<표 5>는 농축산물에 대한 FTA 관세 합의내용이다. 한국의 농산물 관세율이 49%이고 EU는 15%이며, 무관세 품목비중이 한국은 5.6%, EU는 39.7%이다. 농산물은 일부 품목에 대해 관세를 점진적으로 철폐하거나 TRQ를 시행한다.[12] 품목별로는 돼지고기는 10년 내, 닭고기, 쇠고기 10~15년 관세의 점진철폐, 감자, 보리, 오렌지, 키위 등도 관세를 점진 철폐하되 TRQ를 시행한다. 일반사료 관세는 철폐하고 양허제외 사료는 TRQ 또는 관세인하하며, 합판, 목

11) 2008년 기준 전체 무역수지가 133억 달러 적자였음에도 불구하고 대EU 전기전자 무역수지는 134억 달러 흑자를 기록하였다(하나금융경영연구소, 2009).

12) TRQ(관세할당)은 어느 상품의 수입에 있어서 일정량까지 작은 관세율을 매기다 일정량이 넘을 경우 높은 관세를 부과하는 제도이다.

초액 등 임업분야는 점진적으로 관세를 철폐하며 쌀은 개방하지 않는다. 쇠고기, 냉장 돼지고기, 사과, 설탕, 인삼 등 9개 품목은 농산물 세이프가드 대상품목으로 지정한 점이 특징이다. 따라서 세이프가드는 특정 품목마다 미리 정해둔 물량을 초과할 경우 이를 막는다.

축산물은 한-EU FTA 협상에서 가장 취약한 품목이다.(이종원, 변재웅, 2008) 우선 가격경쟁력 등에서 EU제품과 경쟁이 어려워 FTA 이전부터 수입이 많았던 산업이다. FTA가 체결되면 돼지고기, 과일류, 사료, 주류 등도 관세인하에 의하여 수입증가로 농업 전반에 상당한 영향이 예상된다.[13] 반면, 관세인하로 EU측은 낙농업 수출이 활성화 되는 반면, 한국제품의 수입이 적어 별다른 영향이 없을 것으로 예상된다.

특히 돼지고기, 닭고기 등의 수입증가가 예상되며, 농산물에서는 감자, 오렌지 등 일부품목에서 수입증가가 예상된다. 사료 수입량은 크지 않지만 관세철폐로 유럽산 수입증가 가능성이 있다. 한국은 낙농업, 일부 농산물 피해가 예상되며, EU는 낙농업 수출이 활성화 되는 반면, 한국제품 수입은 적어 별다른 영향 없을 것으로 전망된다.

EU에서 한국으로 유입되는 농임축수산업물 수출대비 수입액은 상당히 높다. 특히 축산물은 수입액이 수출액의 180배인데, 이는 이미 수입 포화상태를 보여준다. 유일하게 수출대비 수입액의 우위를 보이는 것이 수산물일 뿐이어서 다른 품목에서는 별 다른 경쟁력을 보이지 못하고 있는 실정이다. 농축산물 관세인하와 철폐요인 이외에도 농업기피현상, 가격경쟁력 저하, 국내시장에서 EU산 시장점유율 잠식, EU제품에 대한 국내 소비자들의 선호 경향도 국산 농수산품 경쟁력 하락에 영향을 준다.

④ 섬유산업

<표 6> 한-EU FTA 섬유산업 즉시 관세철폐 예외품목

국 가	5년내 철폐	7년내 철폐
EU → 한국	순모사, 양모사(기타 섬유혼방), 양모직물(200g/㎡이하), 양모직물(200g/㎡375g/㎡), 양모직물(375g/㎡이상), 양모직물(인조장 섬유와 혼방)	
한국 → EU	순모사, 기타 모직물, 화섬혼방 모직물	양모직물

자료: 섬유정보센터(www.textopia.or.kr)

13) 2008년 수입 돼지고기 점유율은 EU는 44.2%, 미국 28.6%, 캐나다 14.5%이다.

<표 6>은 한-EU FTA 섬유산업의 즉시 관세철폐 예외품목을 보여준다. 한국측은 현재 8~13%의 관세를 부과하고 있는 직물제 의류 품목에 대해 관세를 즉시 철폐하며, 순모직물(13%)은 7년 이후 폐지하기로 합의하였다. EU측은 각각 8%의 관세를 부과하고 있는 편직물에 대해선 즉시 폐지, 순모직물에 대해서는 3년 후 폐지를 각각 합의하였다. 따라서 의류는 편직제 의류수출 비중이 높은데다 원료와 원사 수출도 상당규모에 이르고 있어 관세 폐지시 합섬직물을 중심으로 한 수출이 크게 증가할 것으로 예상된다.

한-EU 섬유산업 수출입 현황을 살펴보면, 2008년 기준으로는 중국에 이어 제 2위 섬유교역국이며, 무역흑자를 기록하고 있다. 2005년 섬유쿼터 폐지 이후 한국의 對EU 섬유수출은 감소추세인 반면, 對EU수입은 90년대 후반 이후 증가추세이다. 2008년 기준 한국의 섬유, 의류 대(對) EU 수출은 11억 8,000만달러, 수입이 9억 6,500만달러를 기록하고 있다.

품목별로는 섬유원료(1억 7,000만달러), 원사(1억 8,600만달러), 직물류(5억 6,400만달러), 의류제품(2억 6,500만달러)으로 합섬직물류 수출 비중이 가장 크다. 반면, 수입은 원사(6,800만달러), 원료(9,400만달러), 직물류(1억 9,900만달러), 패션의류(6억 달러)인데, 의류는 이탈리아와 프랑스산 고급의류가 대부분을 차지하고 있어 한-EU FTA 체결 후 더욱 증가 할 것으로 예상된다.

⑤ 기계산업

<표 7>는 한-EU FTA 합의 기계 부문 주요 관세율이다. 기계산업은 분야가 방대하며 한국은 약 6.4%, EU는 약 2%의 관세철폐를 합의하였다. 베어링은 EU에서 3년내 관세를 철폐, 한국은 계측기, 복사기, 서류전단기 등을 즉시 철폐하는 것으로 합의하였다. EU의 평균관세율은 한국보다 낮아 수입면에서 EU가 유리할 것으로 전망된다.

〈표 7〉 한-EU FTA 기계 부문 주요 관세 합의 내용

구분	EU → 한국	한국 → EU
기계제품류	약 6.4%	약 2%
주요품목	계측기, 복사기, 서류절단기(8%), 무선통신기기 부품 등(8%), 건설중장비, 밸브, 베어링(8%), 기타 기계류(16%)	엔진부품(4.2%), 밸브(2.2%), 펌프(1.7%), 무선통신기기(2~5%), 베어링(8%), 포크리프트 트럭(4.5%)

자료: 하나금융경영연구소(2009) p. 41.

한-EU 기계산업 수출입 현황을 살펴보면, 일반기계와 정밀기계 부문의 수입은 일본, 미국 비중이 높아 EU와의 FTA 이후 EU 제품의 수입이 증가할 것으로 보인다. 한국은 일반기계와 범용기계의 수출이 많은 반면 기술력을 요구되는 정밀기계는 EU로 부터 수입이 많다(하나금융경영연구소, 2009). EU 현지에서 건설기계, 선반, 금형 등의 분야는 일본, 중국과 경합하고 있어 해당 제품의 경쟁력 제고가 예상된다(조성대, 2009).

운송기계 중 자동차를 제외한 선박류는 대부분 현재 관세가 거의 없어 FTA 영향은 없을 것으로 예상되며 항공분야는 교역량이 적어서 영향은 제한적이다. EU산 기계류의 수입은 일본산 기계수입의 수입선 다변화와 대일무역수지적자 해소에 도움이 될 수 있다. 田中信世(2008)에 의하면 EU의 한국으로부터 수입은 공업품이 321억 유로(05년)로 총 수입량의 96.3%을 차지하며, 그중 기계류(전기, 전자기계 자동차 등 포함)가 185억 유로로 25.7%를 차지하며, 그 대다수가 일본제품과 경합분야이다.

⑥ 각 산업별 관세효과 종합분석

<표 8> 한-EU간 양측 평균실행관세율 비교 (단위: %)

	한국	EU	미국
전품목	11.2	4.2	3.7
농산물	41.6	5.9	–
비농산물	6.7	4.0	3.3

자료: WTO(2006) World Trade Report 2005.

<표 8>은 한-EU간 양측 평균실행관세율 비교인데, 한국은 전품목에서 EU에 비해 고관세율을 적용하고 있는데, 특히 한국의 농산물 수입관세율은 41.6%로 EU에 비해 상대적으로 상당히 고관세율을 적용하고 있다. 따라서 한-EU FTA를 통하여 관세율이 하락할 경우 농산물은 큰 타격을 비농산물의 경우, 특히 자동차의 경우 수혜를 입을 것으로 예상된다. EU는 또한 미국보다 전품목과 비농산물분야에서 관세가 높아 FTA에 따른 관세효과가 미국보다 크다.

한-EU FTA에 따른 산업별 관세의 영향 분석을 종합하면 <표 9>와 같다. 한-EU FTA 체결에 따른 산업별 영향은 관세철폐 일정에 따라 상이하게 나타날 전망이다. 관세가 조기에(즉시

및 3년 이내) 철폐되는 상품 중 한국이 수출 경쟁력을 갖추고 있으며, 무역수지 흑자폭이 큰 상품이 가장 먼저 수혜를 입을 가능성이 크다. 수출 금액 자체가 큰 자동차 부품과 무선통신기기 부품, 합성수지의 수출에 긍정적인 효과를 예상한다. 전기전자는 현지 생산용 부품에 대한 관세철폐 효과가 기대되며, 가전제품은 관세가 비교적 낮아, 가격인하 효과보다는 FTA 체결로 인한 브랜드 이미지 개선효과가 기대된다. 반면 농축산업, 석유화학, 기계류는 수입 증가가 예상된다.

〈표 9〉 산업별관세와 영향 분석

품목	한국	EU	전 망
자동차 부품	8%	4.5%	• EU자동차 업체에 OEM 납품 확대 기회
*자동차	8%	10%	• 승용차, 트럭 수출 확대. • 유럽산 친환경자동차 수입 증대 예상.
전자	8%	14%	• 반도체 · 휴대전화는 이미 무관세로 거래. • 첨단기술형 융합제품(TV 수신기능 탑재 LCD 모니터, 동영상 송수신 3세대 휴대전화)은 일반가전으로 분류해 10%대의 관세. • TV용 브라운관(14%), VCR(8~14%), 전자레인지(5%) 등 EU 수출 증가 예상
**농축산	41.6%	5.9%	• EU산 농축산물 수입 확대 및 국내 수입 가격인하에 민감할 것으로 예상 • EU산 돼지고기류 이미 국내시장에 경쟁력 확보 • 포도, 키위, 분유, 치즈 등 수입증가 예상
섬유 · 의류	8~13%	7.56%	• 4~12%의 관세철폐로 화학섬유원사, 화섬소재와 화섬 등은 유럽시장에서 유리 • EU로부터 고급의류 수입 수요 급증 예상 • EU내 선진국뿐만 아니라 동유럽 신규 가입국으로의 접근 확대 기대
서비스	–	–	• 관련 서비스 분야의 국내 진출 확대 • 한 · EU FTA가 체결될 경우, 양국간 서비스 교역의 증가 추세는 강화 전망 • 그러나 對EU 서비스 수지 적자는 증가할 가능성이 높음
기계	6%	2%	• 기계 · 화학부분은 경쟁력과 브랜드 인지도가 낮아 관세가 없어져도 고도의 원천기술을 가지고 있는 유럽시장 진출 어려움 • 관세가 철폐될 경우, EU측 일반기계의 국내 시장 점유율은 높아질 것으로 예상 • 대일 기계 수입선의 다변화 가능성

석유 · 화학	5~8%	6.5%	• 한국의 높은 관세율로 관세장벽 철폐시 한국이 상대적으로 불리. • EU가 무관세 장벽인 신화학물질 관리제도(REACH)로 수출 경쟁에서 약세. • 중국 수출의존도 줄이고 EU시장 접근성을 제고 측면은 긍정적.

참고: %는 관세율. *자동차는 승용차 기준. **농축산은 2006년 관세기준

자료: 하나금융연구소(2009), 조성대(2009) 참조하여 작성

관세율에서 알 수 있듯이, 한-EU간 FTA가 체결되면 양측간 관세율이 높아 교역을 통한 경제적 후생 증가효과가 클 것으로 기대된다.[14] 이번 한-EU FTA는 관세철폐를 통해 양국간 교역 규모의 확대가 예상된다.[15] 과거 한국과 FTA를 맺었던 칠레, 싱가포르 등의 경우도 FTA 체결 이후 교역규모가 급속히 증가하거나 해당국의 시장점유율이 높아졌다. 한편 최근 EU 수입 시장 내에서 일본과 대만, 한국 등 아시아 주요국들의 시장 점유율이 하락 혹은 제자리를 보이는 가운데 저가 상품을 앞세운 중국의 시장 비중이 빠르게 확대되어 왔다는 점은 한국이 EU와의 FTA를 통해 가격 경쟁력을 갖출 경우 EU시장에서의 시장점유율 확대에 성공할 수 있을 것임을 시사한다.[16] 또한 EU는 개별 국가가 아니라 다양한 개발 단계와 수요를 지닌 다채로운 성격의 시장이기 때문에 FTA 체결 효과가 다양하게 나타날 수 있을 것으로 예상할 수 있다(황나영, 박형준, 2009). 전반적으로 Nicolas(2009)는 한국이 EU보다 다소 유리한 FTA 협상이라고 평하고 있다.

한편 田中信世(2008)에 따르면 일본은 한-EU의 FTA 체결에 의한 일본기업의 경쟁률 저하를 피하고 일본기업이나 일본제품이 EU시장에서 점유율을 유지하기 위해서라도 일본-EU 간의 신속한 FTA를 포함한 EPA 교섭의 개시가 필요하다고 주장한다.

---

14) 반면 한미 FTA의 경우 직접투자, 학습효과, 기술이전 등 비교역 경로를 통한 효과가 클 전망이다(김현주, 이서원, 2008). 하지만 방청록(2008)은 비관세장벽 철폐, 서비스시장 개방에 따른 부정적 사회경제적 파급효과 분석이 필요하다는 입장이다.

15) 이재득(2009)의 연구결과에 의하면 한국과 EU간에 제품별 산업내 무역 분석에서 대체로 양측은 산업내 무역의 비중이 높다.

16) EU시장에서 한중일 3국의 수출경쟁력분석에 따라면 한국의 유럽시장 점유율은 2007년 1%로 지난 5년간 보합세를 보인 반면 일본은 지속적인 하락세, 중국은 큰 폭의 상승세를 보익도 있다. 그동안 한국은 중화학공업제품의 점유율은 소폭 상승하였지만, 경공업의 점유율은 하락하였다(박필재, 2008).

【Ⅳ】 한-EU FTA의 대응전략

본 절에서는 한-EU FTA의 관세효과에 따른 대응전략 및 향후과제에 대해서 산업별로 살펴본다. 첫째, 자동차산업은 국산차가 EU시장에서 성공적으로 경쟁하기 위해서는 브랜드 인지도 제고, 에너지, 환경 관련 기술 개발을 통하여 시장점유율을 확대 할 필요가 있다. 자동차분야는 최대 수혜산업으로 예상되지만, 노력 여하에 따라서는 효과가 적을 수도 있다. 일례로 현대 체코(2008년, 연산 30만대), 기아 슬로바키아(2006년, 연산 30만대) 현지공장에서 생산하는 자동차는 이미 관세효과가 없기 때문이다. 또한 한국에서 인기 있는 유럽산 자동차(친환경자동차)에 대한 수요가 관세철폐로 더욱 증가 할 수 있다.

둘째, 전자산업은 세계 최대시장인 EU시장에서 한국산 전자제품의 경쟁력은 매우 높은 편이다. 품질과 가격 면에서 이미 EU의 소비자들은 만족하고 있다. 그러나 EU에서 살아남기 위한 몇 가지 과제가 있는데, 그중에 중요한 점은 탄력적 생산체제 구축이다. FTA로 인해 관세가 철폐됨에 따라 관세회피의 목적으로 건립된 해외 생산공장 등의 탄력적 생산에 대한 대책이 강구되어야하고 마케팅, 환경문제, 국산 제품의 인지도 향상 등에도 노력해야 한다.

셋째, 농축산산업은 가장 큰 피해산업으로 FTA에서 도출된 내용은 한국 농축수산업 전반적으로 불리한 조건으로 경우에 따라서는 급격한 국내시장 잠식이라는 상황도 간과 할 수 없다. 따라서 국내 농산품의 경쟁력을 높이고 그것을 계기로 EU시장 확대까지 효과가 갈수 있도록 조치를 취해야 한다. 이를 위해서 중요한 것은 정부의 노력이며, FTA에서 창출되는 이익을 공정하게 재분배 되어야 한다. 농업전반의 지원확대로 연구개발, 기간사업 등으로 생산성과 품질을 극대화 시키는 등의 내부적 노력도 필요하다.

넷째, 섬유산업은 평균 7.56%의 EU 섬유관세가 철폐될 경우, 한국 섬유산업이 EU시장에서 저가의 중국, 대만제품과 경쟁 한다는 점에서 가격 경쟁력 강화로 화섬제품 등 주력 품목의 수출확대가 예상된다. 또한 EU내 선진국 뿐 아니라 동유럽 시장으로의 접근 기회가 확대됨에 따라 섬유 수출시장의 다변화도 기대할 수 있다. 한편 개성공단의 경우 한-미 FTA방식을 채택하여, 발효 1년 후 결정하기로 합의하였으며, 북한산 제품이 한국산으로 인정될 경우 개성공단에 진출해 있는 국내 의류업체의 수혜가 예상된다.

따라서 저렴한 가격 보다는 고품질 제품으로 시장을 공략하는 전략이 필요하다. 이번 협상은 EU와 한국 상호간 높은 수준의 시장개방이 이루어지는 것으로 세계 최대의 단일시장 EU는 역내 교역비중이 높고 회원국간 산업 분업화와 수직 계열화가 형성되어 있어 저렴한 가격보다는 고품질 제품으로 시장을 공략해야 유리하다. 또한 한-EU FTA 특혜관세를 최대한 활용해야 하며, 납기단축, 물류 개선, 브랜드 홍보 등 각국 트렌드를 신속하게 대응하는 현지화 전략이 요구된다.

다섯째, 기계산업은 EU와의 FTA로 기계분야에서는 상호교역을 증가시킬 것으로 판단된다. 한국의 경우에는 범용기계 및 일반기계 수출이 많은 반면, 기술력을 필요로 하는 고가 기계류가 주로 수입되고 있어서 상호 교역량이 증가할 전망이다. 특히 유럽과의 교역이 증가한다면 일본산이나 미국산 고가제품을 대체하는 수요가 발생할 수 있을 것으로 판단된다. 따라서 고부가 가치화를 위한 R&D 지원 강화, 친환경제품 개발, CE마크(유럽공동체 제품인증)등 획득 지원과 함께 수출확대를 위한 마케팅 지원 확대정책이 필요하다.

마지막으로 서비스산업은 서비스 경쟁력 강화를 위한 정책적 지원의 필요성이 대두된다. 서비스 산업의 경우, 제조업과 달리 영업형태, 노하우 등에 있어서 빠른 습득과 성장이 가능한 만큼, 시장개방과 동시에 국내 서비스 산업의 경쟁력 향상을 위한 정책적 지원이 필요하다.

한-EU FTA는 서비스산업 경쟁력 강화를 위한 발판이 될 수 있다(강유덕, 2009a). EU 일부 국가의 경우 서비스산업 경쟁력이 한국보다 뒤떨어지는 경우도 있으며, 실제로 이 국가들을 상대로 산업별 서비스수지 흑자를 기록하고 있다는 점에 주목하여, 시장 방어적 자세보다는 해외시장 진출에 보다 적극적인 노력을 기울여야 한다.

다음은 한-EU FTA 효과 극대화를 위한 향후과제에 대해서 살펴본다. 첫째, FTA 타결 이후 철저한 대책 마련이 필요하다. 상품양허 등 실제 협상결과를 바탕으로 산업별 영향분석이 필요하다. 비교우위 및 열위품목별로 대응방안을 마련하여 한-EU FTA 효과를 극대화해야 한다.

둘째, FTA 지원기관(단체)간 네트워크 구축이 필요하다. 지원기관(단체)간 실무협의회 정기운영, 기업의 FTA에 대한 통합지원 방안을 강구해야 한다.

셋째, 기업의 FTA활용을 위한 기반 조성이 필요하다. 기업을 대상으로 FTA 체결국가, 관세 철폐율 등 FTA 정보에 대한 실무활용방안 설명회 개최, 가이드북 발간 등이 필요하다.

넷째, EU의 수출시장 개척에 주력해야 하며, 국가별 특성에 맞는 전략품목의 진출 확대방안을 모색해야 한다. 예를 들면, 자동차부품은 체코와 독일, 기계는 독일, 전자는 중 · 동유럽, 그리고 섬유는 이태리와 프랑스로 진출 확대를 모색해야 한다.

다섯째, 부품소재, 첨단기술분야 등 전략산업의 투자유치를 적극 모색해야 한다. EU의 높은 기술경쟁력을 산업과 접목시키고 신성장 동력 발굴을 위해 적극적 투자유치 활동 전개와

對EU 수출 교두보 확보를 위한 외국인직접투자 확대를 위한 환경개선이 필요하다.

여섯째, 한국제품에 대한 브랜드 인지도, EU 역내의 물류, 유럽 현지의 A/S 개선과 유럽 현지 대형 유통업체와 협력관계 구축 등 마켓팅 및 물류체계의 개선이 필요하다(안유석, 2009).

마지막으로 한-EU 기업간 협력 확대와 유럽 전문가 육성이 필요하며, 한-EU FTA의 성공적인 발효를 위한 관련기관의 철저한 준비가 필요하다(조성대, 2009).

【V】 결 론

11장은 한-EU FTA 체결의 산업별 관세효과 영향과 대응전략에 대해서 분석하였다. EU의 평균관세율은 4.2%로 미국(3.8%)보다 높으며, 자동차(10%), TV(14%), 섬유(7.9%), 석유화학(최고 8.5%) 등 주요 수출품목의 관세율이 높은 실정이다. 따라서 교역을 통한 경제적 후생 증가효과가 클 것으로 기대된다. 한국-EU간 FTA가 체결되면, 경쟁국 보다 유리한 조건으로 진출 가능하며, 제품 이미지 개선 효과도 기대된다. 경쟁국인 중국, 일본이 EU와 FTA 체결이 당분간 어려울 것으로 예상 되므로, 경쟁력 제고에 당분간 안정적인 시장점유율 확대가 가능할 것으로 전망된다. 이미 무관세인 IT 제품이나, 현지에서 생산중인 자동차, 가전의 경우에도 FTA 체결에 따른 이미지 개선 효과를 기대하고 있으며, 제3국 진출시 EU 수출품이라는 프리미엄을 얻을 수 있을 것으로 전망된다.

일례로 한국의 자동차 산업은 한-EU FTA 체결 후 가장 큰 수혜를 보게 될 산업으로 전망된다. 자동차 및 자동차 부품의 수출 비중은 13%로 선박과 무선통신기기에 이은 3대 수출 품목이다. 자동차에 대한 EU의 관세는 한국보다 2% 높은 10% 수준이며, 부품도 4.5%로 높은 수준이다. 한-EU FTA체결로 배기량 1.5리터 이상은 3년, 이하는 5년 안에 각각 관세를 철폐하게 되면 수출이 크게 늘어날 것으로 기대된다.

반면 농업은 한-EU FTA 반대의 주요 산업이다. 대량생산으로 가격이 저렴한 농산물 수입은 한-EU FTA에서 한국에게 가장 민감한 부분으로 예상된다. 한국농업의 특수성을 고려해 협상을 진행한다고 하지만 우수한 품질과 가격경쟁력을 갖춘 EU 농산물의 한국 유입은 한국농업에 피해를 줄 것이다. 특히 이미 국내시장에서 경쟁력을 확보하고 있는 돼지고기류를 비롯하여 각종 낙농제품과 과일류의 수입이 증대되어 한국 농업이 타격을 받을 것으로 예상된다.

국내반응은 그동안 한-미 FTA의 대해 상대적으로 덜 반대적인 입장이다. EU가 협상 기간 중 미국에 비해 덜 공격적인 자세였으며, 한-EU FTA는 양돈농가 피해 외에는 크게 드러나는 이슈가 적고, 정치 외교적으로 한-미 FTA보다 부담이 적어 여론이 상대적으로 미미한 반응이었다. 또한 한-EU FTA가 한국경제에 미치는 영향이 크기 때문에 국내 반응도 좋은 편이다. 특히 산업부문에서 관세효과로 선박, 자동차, 무선통신기기, 기계류, TV 등 주력 수출품목 중심으로 유럽시장 점유율 확대 기회를 가질 수 있고, 농업부문은 곡물, 채소 등의 수출입 영향은 미미하나 냉동삼겹살 · 와인 등 일부 품목의 수입증가가 예상된다.

마지막으로 한-EU FTA 체결에 따른 관세인하의 효과를 극대화하기 위해서는 비관세장벽에 대한 대책과 준비가 필요하다. EU 회원국들은 일부 품목에 있어서 상이한 표준, 시험 및 인증 절차를 유지하고 있어 EU시장 진출에 장애요인으로 작용하고 있다.

참고문헌

강유덕(2009a). 한 · EU 서비스교역 동향과 한 · EU에 대한 시사점. KIEP 오늘 의 세계경제, 9(20), pp. 1~9.

강유덕(2009b). 한EU FTA의 협상결과 및 향후전망. 관세와 무역, pp. 48~54.

김득갑(2007). 한-EU FTA의 주요 쟁점과 협상전략. Issue Paper, 07-05, pp. 1~115.

김형주(2007). 한-EU FTA, 무엇을 기대하고 있나. LG 주간경제, pp. 34~38.

김형주, 이서원(2008). 한-EU FTA 이후 경제환경 변화와 시사점. LG경제연구원.

박필재(2008). EU시장에서의 한중일 수출경쟁력 분석. 무역연구, pp. 12~37.

방청록(2009). 한-EU FTA 협상과정과 그 의의에 관한 비판적 고찰. 한국유럽학회 하계세미나 발표논문집, pp. 115~131.

변재웅(2006). EU 환경정책과 한국기업의 대응에 관한 연구. 유럽연구, 23, pp. 33~54.

변재웅(2009), 한-EU FTA 체결의 산업별 관세효과, 관세학회지, 제10권, 4호, pp. 263~282.

안유석(2009). 한-EU FTA 10대 수출유망품목. Korta Executive Brief 09~016.

외교통상부(2009). 한-EU FTA 협상 현황 및 향후 일정. 외교통상부.

이명구(2009). EU의 특혜원산지제도(PanEURO). 관세와 무역, 17~25.

이재득(2009). EU의 한국의 교역구조 분석. 2009년 추계 한국유럽학회-부산대 PNU EU센터 공동학술대회 논문집, 35~60.

이종규(2009). 한-EU FTA의 주요 타결내용과 시사점. Issue Paper, 1~42.

이종원, 변재웅(2008). 한-EU FTA 추진 평가에 관한 연구. 한독사회과학논총, 18(1), 187~216.

전국경제인연합회(2007). 한-EU FTA 주요 업종별 영향과 대응전략. 전경련

조성대(2009). 한 EU FTA 타결에 따른 기대효과와 향후과제. 무역연구, 43~78.

지식경제부(2009). 한・EU 기술표준 협력 강화. 보도자료.

하나금융연구소(2009). 한-EU FTA의 산업별 파급효과 분석 하나산업정보, 제9호, 1~51.

황나영, 박형중(2009). 한-EU FTA, 관세철폐로 교역증가 기대. 이슈분석, 1~6.

田中信世(2008). EUの對韓國經濟關係とFTA交涉, 硏究ノート, 季刊 國際貿易と投資 Summer 2008, No. 72.

European Commission(2006). Global Europe: Competing in the World, (COM(2006)567 final-not published in the Official Journal).

Nicolas, Francoise(2009). Negotiating a Korea-EU free trade agreement: easier said than done.. Asia Europe Journal, 7(1), 23~42.

McQueen, Matthew(2002). The EU's Free-Trade Agreements with Developing Countries: A Case of Wishful Thinking. World Economy, 25, 1369~1385.

Smith, Murray G. et al(2008). Trade Sustainability Impact Assessment of the EU-Korea FTA. IBM Consulting Group: Brussels.

WTO(2006). World Trade Report 2005. WTO.

〈기타 인터넷 자료〉

EU(http://europa.eu/)

삼성경제연구소(www.seri.org)

LG경제연구원(http://www.lgeri.com)

한국무역협회(www.kotis.com)

외교통상부(www.mofat.go.kr)

섬유정보센터(www.textopia.or.kr)

대한양돈협회(http://www.koreapork.or.kr)

한국자동차공업협회(http://www.kama.or.kr)

관세청(http://www.customs.go.kr)

자유무역협정(http://fta.kita.net/)

【 찾아보기 】

[ㄴ]

[ㄷ]

[ㄹ]

[ㅁ]

[저자 소개]

변재웅 | 卞載雄

- 계명대학교 국제통상학과 교수.
- 홈페이지: http://hope.kmu.ac.kr

[학력]

- 영국 Leicester 대학교 경제학 박사.
- 영국 Warwick 대학교 경제학 석사 수료.
- 계명대학교 경제학사 (무역학 부전공).

[주요 경력]

- "Marquis Who's Who in the World" 2010년도 인명사전 등재.
- IBC 2010년도 인명사전 등재(2000 Outstanding Intellectuals of the 21st Century, Top 100 Professionals, Top 100 Educators, The International Plato Award for Educational Achievement, The International President's Award for Iconic Achievement).
- (현) 지식경제부, 대구시 자문위원.
  한영협회(The Korea-UK Association) 사무국장.
- (전) 계명대학교 산학협력단(산학연구처) 부단장.
  대구광역시 경제정책지원실 연구실장 (계약직 가급) 역임.

[학회]

- (전) 한국무역학회 부회장 (현) 한국무역통상학회 부회장, 한중경상학회 부회장, 국제지역학회, 한국유럽학회, 한국국제경영관리학회, 전문경영인학회, 중견기업학회 등 이사.

[주요 연구저서]

- 변재웅(2010), "해외직접투자론 I (이론 및 전략)", 비즈프레스.
- 변재웅 외(2010), "글로벌 무역경영", 비즈프레스.
- Jae-Woong Byun(2010), "A Global Brand of the Red Bull: The Successful Promotion Strategy", 유럽연구, 28(2).
- Jae-Woong Byun, C.C. Cheong(2007), "International Trade: an Application to the case of the U.S. Imports from France", Journal of Korea Trade, 11(2).
- Jae-Woong Byun, C.C. Cheong(2004), "Structural Relationships between Exchange Rate Volatility, Price Competitiveness, and Trade Volumes: Evidence from the UK", Journal of Korea Trade, 8(2).
- Jae-Woong Byun, S. Pudney(1994), "Estimation of Discrete Dynamic Models from Endogenously-Sampled Company Panel Data: An Analysis of Direct Investment by Korean Firms in the EU". No. 94/19. 외 다수 논문 발표.

이로리 | 李露利

- 계명대학교 법학과 교수.

[학력]

- 고려대학교 일반대학원 법학박사
- 고려대학교 일반대학원 법학석사
- 한국외국어대학교 문학사 (불어전공/ 법학 부전공).

[주요 경력]

- (현) 경북도청, 토지수용위원회 위원
- (현) 대구지방검찰청 형사조정위원회 위원
- (현) 대구시청, 정보공개청구심의위원회 위원
- (전) 고려대학교 통상법연구센터 책임연구원
- (전) 한국협상연구소 책임연구원
- (전) 고려대학교, 경찰대학교, 건국대학교, 숭실대학교 강사

[학회]

- (현) 대한국제법학회 이사
- (현) 한국국제경제법학회 이사
- (현) 한국조정학회 이사

[주요 연구저서]

- 한국국제경제법학회, 국제경제법(17인 공저), 법문사.
- Junji Nakagawa (Ed.) (2007), Anti-Dumping Laws and Practices of the New Users, Cameron May.
- 이로리(2010), "리스본조약 발효 이후 EU의 변화와 통상적 시사점 – 조약 및 EU기관 측면의 변화를 중심으로, 통상법률, 제94호, 법무부.
- 이로리(2010), "탄소세의 국경세 조정에 대한 WTO법적 검토, 국제법학회논총, 제55권, 대한국제법학회.
- 이로리(2009), "TRIPS협정상의 의약품 특허의 강제실시의 최근 동향", 통상법률, 제90호, 법무부.
- 이로리(2008) , "지역무역무역협정에서의 환경보호", 통상법률, 제81호, 법무부.
- 이로리(2006), "특허풀과 경쟁법과의 관계: 미국과 EU를 중심으로", 통상법률, 제69호, 법무부. 외 다수 논문 발표.

EU통상정책 특수문제연구 I

초판 인쇄 2010년 8월 25일
초판 발행 2010년 8월 30일

지은이 변재웅 · 이로리
펴낸이 신 일 희
펴낸곳 계명대학교 출판부
(704-701) 대구광역시 달서구 달구벌대로 2800
TEL: (053)580-6233
FAX: (053)583-5213
홈페이지: www.kmupress.com
출판등록: (제347-1998-1호)

ISBN - 978-89-7585-516-0 93320 정가 20,000원
*잘못된 책은 교환하여 드립니다.